快速城市化背景下我国经济增长
低碳化路径研究

顾剑华　著

中国财经出版传媒集团

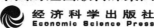

经济科学出版社
Economic Science Press

图书在版编目（CIP）数据

快速城市化背景下我国经济增长低碳化路径研究／
顾剑华著 . —北京：经济科学出版社，2019.6
ISBN 978 - 7 - 5218 - 0469 - 0

Ⅰ.①快… Ⅱ.①顾… Ⅲ.①中国经济 - 低碳经济 -
经济发展 - 研究 Ⅳ.①F124.5

中国版本图书馆 CIP 数据核字（2019）第 073691 号

责任编辑：白留杰 刘殿和
责任校对：杨 海
责任印制：李 鹏

快速城市化背景下我国经济增长低碳化路径研究
顾剑华 著
经济科学出版社出版、发行 新华书店经销
社址：北京市海淀区阜成路甲 28 号 邮编：100142
教材分社电话：010 - 88191355 发行部电话：010 - 88191522
网址：www. esp. com. cn
电子邮箱：esp@ esp. com. cn
天猫网店：经济科学出版社旗舰店
网址：http://jjkxcbs. tmall. com
北京密兴印刷有限公司印装
710×1000 16 开 18.25 印张 270000 字
2019 年 6 月第 1 版 2019 年 6 月第 1 次印刷
ISBN 978 - 7 - 5218 - 0469 - 0 定价：56.00 元
（图书出现印装问题，本社负责调换。电话：010 - 88191510）
（版权所有 侵权必究 打击盗版 举报热线：010 - 88191661
QQ：2242791300 营销中心电话：010 - 88191537
电子邮箱：dbts@ esp. com. cn）

前　言

在以"中高速、新动力和优结构"为主要特征的新常态下，我国经济发展正处于重要的转型时期，对能源、资源高度依赖的"三高一低"粗放型经济增长方式将难以为继。城市化快速发展将使我国面临能源资源紧缺和环境污染双重"瓶颈"，打破传统经济增长模式的"锁定"路径，推动经济增长向低碳方向转型，是实现我国经济可持续增长的必由之路。

在城市化发展的一般规律基础上，本书将我国城市化进程与经济增长相结合，对我国快速城市化背景下经济增长低碳化发展进行全面、系统的评价，探寻我国经济增长低碳化的机理，设计我国经济增长低碳化的总体战略和推进路径，剖析我国经济增长低碳化的关键问题，总结我国经济增长低碳化的动力机制及其发展模式，提出促进我国经济增长低碳化的相关政策建议，以期为我国经济增长低碳化转型的路径选择提供有益的借鉴和决策参考。本书的主要研究工作包括：

第一，以"创新、协调、绿色、开放、共享"五大发展理念为思想指导，重点围绕经济增长低碳化的相关理论和研究综述进行梳理。首先，构建具有新型城市经济发展、新型城市人口发展、新型城市社会建设、新型城市生态环境和新型城乡一体化五个子系统的低碳新型城市化水平指标体系，评价我国低碳新型城市化发展水平和进度。其次，根据我国经济发展的规律和特点，具体分析三个方面的趋势：一是在城市化与工业化互动机制下我国重化工业的发展趋势；二是城市功能定位与产业选择驱动下的城市建设扩张和城市交通演变；三是与我国经济快速增长相伴随的居民收入不断升高而带来的居民消费扩张与升级。

第二,基于我国能源消耗、资源与环境、二氧化碳排放现状,针对我国快速城市化进程中能源消耗与碳排放不断增长问题进行研究。首先,提出城市化驱动经济增长的作用机制,构建城市化与经济增长的计量模型分析城市化通过直接效用促进经济增长,并且通过城市化的规模经济效应,强调消费、投资、出口的传递渠道对经济增长的间接驱动,运用链式法则进行贡献力度测量,分析当前我国城市化驱动经济增长机制的特点,结果表明:城市化对经济增长具有正向直接效用,城市化通过消费、投资、出口的渠道间接对经济增长产生正向促进作用;城市化驱动经济增长以间接效用为主导,其中投资贡献作用突出。其次,随着我国城市化的快速推进,城市化成为影响能源消耗的关键因素,运用引入城市化、居民消费因素的 LMDI 模型,将能源消耗变动分解为能源结构、能源强度、消费抑制、城市化、居民消费和人口规模六大因素效应,分析其对我国能源消耗的影响效应,结果表明:居民消费是推动我国能源消耗持续增长的主导因素,城市化是导致能源消耗增加的重要因素,而能源强度则是抑制能源消耗增长的主要因素。再次,我国城市化快速发展所带来的碳排放问题日趋严重,运用引入城市化因素的 LMDI 模型,将碳排放变动分解为能源强度、经济结构、能源结构、经济规模、城市化和人口规模六大因素效应,分析在城市化快速发展阶段我国碳排放量持续增长的原因,结果表明:经济规模是推动我国碳排放持续增长的主导因素,城市化是导致碳排放增加的重要因素,而能源强度则是促进碳排放减少的主要动力。最后,运用 Logistic 模型对我国城市化发展趋势进行预测,在上述城市化与经济增长、能源消耗、碳排放关系的实证研究基础上,结合我国未来城市化发展趋势对经济增长、能源消耗总量以及碳排放增量进行预测分析,以探讨我国快速城市化背景下的节能减排压力。

第三,建立快速城市化背景下我国经济增长低碳化评价模型。首先,经济增长低碳化过程是由多个子系统共同组成的复合系统,评价经济增长低碳化应将各子系统之间的相互关联考虑在内，本书将经济增长低碳化过程分为两个子系统：经济生产子系统和环境治理子系统。其次，构建包含非期望产出的超效率网络 SBM 模型和 GML 生产率指数，从经济生产子系统和环境治理子系统视角，对我国经济增长低碳化进行动态评价。研究结果显示：（1）从整体效率来看，我国低碳经济增长效率 GML 指数呈现正的增长态势，技术效率接近持平、技术进步也呈现正的增长态势；低碳经济增长效率 GML 指数存在明显的地区差异，呈现沿海地区高于东北、黄河中游地区，长江中游地区高于西南地区、西北地区的空间格局。（2）从子系统效率来看，我国低碳经济增长效率、经济生产效率与环境治理效率变化趋势基本一致；低碳经济增长效率处于经济生产效率与环境治理效率之间，经济生产效率明显高于环境治理效率，且整体协调水平偏低，大多数省域呈现出经济生产效率高于环境治理效率的不协调趋势。

第四，运用探索性时空数据分析框架对我国经济增长低碳化的时空差异、空间关联以及时空跃迁进行空间统计分析，测度了我国经济增长低碳化的时空跃迁特征及类型；进一步探寻经济增长低碳化时空演进的动力因素，将分位数回归与时空跃迁类型进行嵌套，揭示不同动力因素对我国经济增长低碳化时空跃迁的动力机制，构建我国经济增长低碳化的动力机制模式。

第五，探讨我国快速城市化背景下经济增长低碳化机理和路径。在我国快速城市化条件下，城市建设的扩张及与之相伴随的产业发展、消费扩张与升级、建筑与交通发展等问题都需要有效地嵌入低碳技术，分别探讨了低碳主导下的产业发展、城市建设扩张、城市交通发展、消费方式转变，提出我国快速城市化背景下经济增长的低碳化机理。从"低碳+"视角，结合产业结构、能源发展、技术结构、制度建设以及新型城市化五个方面构建我国经济增长低碳化的路径体系。

第六，从转变经济发展方式、发展低碳能源、提高能效水平和促进节能环保产业的快速发展等方面提出面向政府、产业和社会公众层面的促进我国经济增长低碳化的政策建议。

本书得到国家社会科学基金项目"快速城市化背景下我国经济增长低碳化路径研究"的资助，在研究过程中参考了众多国内外学者的研究成果，在此一并表示感谢。

顾剑华

2019 年 5 月

目　　录

第一章 引 言

第一节 问题的提出

　　21 世纪以来，全球气候变化和环境问题已成为世界各国和社会公众关注的焦点，以煤炭、石油和天然气等化石为主导能源的"高能耗、高排放、高污染、低效益"的要素驱动型经济增长模式，导致二氧化碳过度排放，出现气候变暖、海平面上升、冰川消融、"厄尔尼诺现象"极端气候事件、粮食减产、干旱与洪涝频发、土地沙漠化加剧等一系列现象，原有生态系统平衡被打破，资源耗竭和环境污染之间的矛盾日益严重，已成为制约人类持续生存和社会经济健康稳定可持续发展的双重"瓶颈"。从 1992 年首个国际气候合作协议《联合国气候框架公约》的确立到 1997 年《京都议定书》的制定，从 2007 年《巴厘岛路线图》的议程部署到 2009 年"哥本哈根会议"、2011 年德班气候大会、2012 年多哈气候大会的召开，以及 2015 年巴黎气候大会上世界各国签订的《巴黎协议》，越来越多的国家作出了碳减排承诺，明确了各自的碳减排目标，为解决全球气候问题而努力，确立了以低能耗、低排放、低污染为特征，实现经济增长和环境保护"共赢"的低碳发展方向。因此，如何协调资源、环境、经济增长三者之间的平衡发展，实现经济增长低碳化转型，寻求资源环境约束下经济可持续增长道路是世界各国亟须解决的重要问题。

目前，我国经济已经进入以"中高速、新动力和优结构"为主要特征的新常态[1]，GDP增长速度从2008年金融危机开始呈现持续下降的趋势，2015年降至最低点6.9%，表明经济已由高速增长转向中高速增长，对能源、资源高度依赖的"三高一低"粗放型经济增长方式已难以为继，以高能耗和高排放产业为主的经济结构、重工业为主的产业结构造成了环境污染负荷加重，付出了环境资产损失和经济损失的代价，加剧了我国经济发展的不可持续性。因而，推动经济增长低碳化转型的需求迫在眉睫，是我国到2030年在2005年的基础上实现60%~65%的碳排放强度下降目标，保持经济平稳增长的关键所在。

随着1996年我国城市化率超过30%以后，我国进入快速城市化阶段。快速城市化使得人口迅速向城市聚集，给我国的能源、资源、环境、土地、基础设施和公共服务设施带来巨大的挑战，能源资源短缺和生态环境脆弱的问题进一步加剧。城市化建设的蓬勃发展对能源资源需求刚性仍将在较长一段时期内存在，以煤炭为主的能源消费"高碳"模式无法在短期内得到有效改善，势必会继续产生一定数量的碳排放量，对能源供给和环境保护带来空前的压力。长期以来，我国数量型经济增长的资源环境代价沉重，使得资源大量消耗和环境污染持续恶化，大气污染、水污染、土壤污染等问题频频发生，工业废气排放总量从2000年138145亿立方米增加至2015年685190亿立方米，尤其是2013年以来全国大面积雾霾多次爆发，废水排放总量从2000年432.9亿吨增加至2015年735.3亿吨，2015年碳排放量占全球总排放的22.3%，能源消费占全球消费的23%，面临着严峻的节能减排压力，经济增长质量提升与数量扩张的非一致性问题突出[2-3]，经济增长效率严重不足，经济增长模式面临转型。我国政府在"十一五"和"十二五"期间提出节能减排约束性指标，积极应对气候问题，推动经济发展由高碳向低碳、绿色方向发展，建立资源节约型、环境友好型社会；2014年的中央经济工作会议提出了"新常态"经济发展模式，以经济增长质量和效率的提升为核心，实行创新驱动机制，加强资源要素的合理配置与高效利用，注重生态环境保护问题，促使我国经济增长迈入节能、高效、低碳的中高速增长阶段；"十三五"规划提出"创新、协调、绿色、开放、共享"五大发展理念，更加重视经济增长的质量和效益。这些都充分表明，在城市化快速发展进程中，我国经济增长低碳化转型的重要性和紧迫性。经济增长低碳化是资源节约、环境保护条件下，我国经济可持续增长的内在要求与必然趋势。

资源和环境是人类社会生存和发展的前提和物质基础，20世纪以来，随着全球工业化、城市化发展的步伐不断加快，一方面推动了全球经济快速增长，改善了人类的生存质量，但另一方面大量化石能源的使用导致能源消耗持续上升，环境污染日益严峻，特别是二氧化碳等温室气体的排放量急剧上升带来的全球气候变暖，破坏了全球生态平衡，对全球经济发展带来了巨大挑战。全球气候变暖和环境污染恶化逐步制约了资源、环境和经济的可持续发展，经济活动是资源枯竭和环境污染的重要根源，如何实现经济低碳发展引起世界各国普遍重视，积极响应低碳发展理念。我国作为新兴发展中国家，经济增长奇迹带动我国综合国力逐步增强，人民生活水平不断提高，同时也付出了较大的资源环境成本，消耗了大量的资源，以二氧化碳为主的温室气体排放增长迅速，能源消耗总量和二氧化碳排放总量位居世界前列，导致环境污染不断恶化，生态环境破坏严重。2010年我国超过日本跃居全球第二大经济体，然而《中国环境经济核算研究报告2010（公众版）》显示，2010年我国生态环境退化成本高达15389.5亿元，占2010年GDP比重的3.5%，其中环境退化成本11032.8亿元，占GDP比重的2.51%，生态破坏损失成本4417亿元，占GDP比重的1.01%。这意味着我国经济经历30多年的高速增长，人口红利、资源环境红利等正在逐步消失，资源约束和环境污染危机对经济可持续增长的影响日趋严重，环境污染代价与治理成本不断攀升。现在我国正处于城市化的快速推进时期，对能源资源的需求将大幅度增加，高碳排放的问题无法回避，预计到2050年能源消费将达到52.5亿吨标准油当量[4]，大量的能源消耗导致我国资源环境约束持续加剧，同时2030年左右二氧化碳排放将达到峰值[5]，二氧化碳减排面临巨大压力，使得经济可持续增长举步维艰。因此，人类社会的生存和发展不能以资源环境为代价，保持资源、环境与经济增长的协调发展，实现经济增长低碳化转型是促进我国社会经济可持续增长的关键所在。

综上，"高能耗、高排放、高污染、低效益"的粗放型经济增长模式虽然成就了我国经济高速增长的黄金时期，但同时也带来了资源的大量浪费、能源的高度消耗、环境的严重污染，以资源环境为代价换取经济增长的传统模式亟待转型。当前，我国经济发展正处于重要的转型时期，城市化快速发展将使我国面临能源资源紧缺和环境污染双重"瓶颈"，必须打破传统经济增长模式的"锁定"路径，推动经济增长向低碳方向转型，是实现我国经济可持续增长的必由之路。因此，本书在城市化发展的一般规律基础上，将我国城市化进程与经济增长相结合，对我国快速城市化背景下经济增长低碳化发展进行全面、系统的评价，探寻我国经济增长低碳化的机理，设计我国经济增长低碳化的总体战略和推进路径，剖析我国经济增长低碳化的关键问题，总结我国经济增长低碳化的动力机制及其发展模式，提出促进我国经济增长低碳化的相关政策建议，以期为我国经济增长低碳化转型的路径选择提供科学的决策依据。

第二节　文献回顾

一、经济增长低碳化的相关理论与研究综述

（一）经济增长相关理论

1. 低碳经济理论

（1）低碳经济内涵。低碳经济是应对当前气候变化、能源问题而提出的一种新的经济发展模式。它以可持续发展为指导理念和最终目的，以减少化石能源消耗、降低温室气体排放为主要目标，以技术创新、制度创新、产业转型、新能源开发为实现手段，是一种经济、能源、环境

系统协调发展的经济发展形态[6]。中国科学院在《中国至 2050 年能源科技发展路线图》中将低碳经济定义为：以低能耗、低污染、低排放为基础的经济模式。

（2）低碳经济提出背景。首先，随着全球人口和经济规模的不断增长，能源使用带来的环境问题及其诱因不断暴露在人们眼前，全球气候变暖成为提出低碳经济理念的最直接和最根本的原因。其次，世界上经济增长模式已经演变，发达国家已经迈过将高碳能源作为主要动力的发展阶段，它们减少了对高碳能源的依赖。最后，煤炭、石油等能源资源耗竭成为遏制工业化、城市化进程推进的重要"瓶颈"，严重阻碍经济平稳运行，发展低碳经济成为应对当前能源危机的有效途径。归根结底，低碳经济的本质即提高能源效率、优化能源结构、实现经济发展特征由"黑色"向"绿色"转变，核心在于通过技术、创新转变发展理念和发展模式[7]。

2. 可持续发展理论

（1）可持续发展理论内涵。"可持续发展"的概念于 1987 年在《我们共同的未来》报告中首次提出，被描述为"既满足当代人的需要，又不对后代人需要的满足构成危害的发展"[8]。可持续发展理论是将所有关于可持续发展的相关概念、定义及研究成果进行整理，总结出一套相对全面的综合论述。随着时代的发展其内涵不断丰富，该理论的核心是以公平性、持续性、共同性为三大基本原则，以经济、生态、社会三大系统的良性发展为主要内容。

（2）可持续发展理论提出背景。人类进入近代工业时期之后，世界各国工业化进程快速推进，与此同时工业化对环境的威胁也越来越明显。自然资源大量消耗，生物物种不断灭绝，温室效应愈发恶劣以及一些不可再生资源逐步枯竭，这一切现象使人类不得不反思自身行为，并找出应对这些问题的方法。在此背景下，1972 年召开的联合国人类环境会议拉开了世界各国政府共同探讨当代环境问题的帷幕，此后的相关报告与会议中先后提出了可持续发展理论，并在各个国家的探讨中不断完善。

3. 环境库兹涅茨理论

（1）环境库兹涅茨曲线内涵。1955 年库兹涅茨在研究经济增长与收入分配关系时发现两者关系呈现"倒 U 型"，提出库兹涅茨曲线。随后受到广泛关注，并在诸多领域进行运用。Panayotou 于 1996 年提出环境库兹涅茨曲线（EKC），用于表明环境污染与经济发展之间呈现的倒 U 型关系（见图 1-1）。

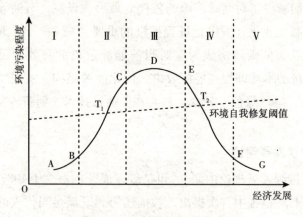

图 1-1 环境库兹涅茨曲线

（2）环境库兹涅茨曲线提出背景。对经济增长问题，学者在经济领域的研究长久不衰，库兹涅茨曲线着重分析了经济发展与人均分配之间的关系，并用"倒 U 型"的曲线来反映，进而提出库兹涅茨假说。随着世界高碳经济的发展，环境问题日渐突出，并影响深远，人们就此问题进行了广泛研究。1991 年，Grossman 和 Krueger 首次证实了环境质量与人均收入间存在"环境污染在初期随人均收入同步变化，到达某一拐点后，污染随收入的增加而下降。"的关系。1992 年，世界银行在《世界发展报告》中以"发展与环境"为主题，扩大了环境质量与收入关系研究的影响。1996 年 Panayotou 基于上述研究，提出环境库兹涅茨曲线（EKC），解释环境变化与人均收入之间存在"倒 U 型"关系。

4. 经济增长理论

经济增长是宏观经济研究的核心内容之一,其目的是分析影响经济增长的因素,找到促进经济增长的方法。经济增长理论流派众多,成果丰硕。影响较大的有古典经济增长理论、新古典经济增长理论、内生经济增长理论、新经济增长理论等。对于影响经济增长因素的研究演变趋势逐步由"外生"转向"内生"。

(1)古典经济增长理论。古典经济学家的代表人物亚当·斯密研究资本积累及其劳动分工、收入分配和人口增长等关系问题,他提出人们追求自身利益满足自身需求是维持经济增长的关键因素。大卫·李嘉图在他的著作《政治经济学与赋税原理》中提出了关于经济增长的一个重要内容,即边际报酬递减规律。边际报酬递减规律指的是在一定的技术水平条件下,不断地增加可变要素,当持续增加量达到特定值后,增加要素投入带来的边际产量呈现递减状态。利用这个规律理解经济增长进程,他得出结论:人口增长和资源消耗、资本积累是呈扩大之势的竞争,最终会使资本积累停止,经济增长进入停滞状态。20世纪40年代,英国经济学家哈罗德和美国经济学家多马提出了长期经济增长模型——"哈罗德—多马模型",该模型指出在资本—产出比不变的情况下,经济增长只取决于资本积累率。1912年,经济学家熊彼特在其著作《经济发展理论》中首次提出技术创新,认为技术创新是经济发展的内在动力。

(2)新古典经济增长理论。工业革命以后的经济增长逐步脱离了古典经济学的解释范围,引起众多学者的关注。基于卡多尔事实,新古典经济增长理论逐步形成,主要代表人物有索洛、库兹涅茨和丹尼森,他们将影响经济增长的诸多因素具体化、数量化,使得各个因素对总体增长的影响能够被区分开来。20世纪50年代,索洛在汲取哈罗德—多马经济增长模型优点的基础上,首次将技术作为变量引入模型,构建索洛经济增长模型,得出技术进步是影响经济增长的又一种因素;库兹涅茨给予大量实证数据研究表明技术进步、资本主义社会结构、制度以及意识形态是影响经济增长的重要力量。丹尼森认为生产要素投入规模和质量的提升以及全要素生产率的提升都是引起国民收入增长的原因。

（3）新经济增长理论。自资本主义世界进入"滞胀状态"，新古典经济增长理论失灵，新经济增长理论焕发生机。20 世纪 80 年代，Paul M. Romer、Robert E. Lucas Jr 为代表的经济学家以内生经济增长为核心，提出新经济增长理论，用来解释各国经济发展呈现差异的原因。该理论认为实现经济长期持续增长的机制不仅在于外部环境的推动，更在于内部要素的综合作用，特别是人力资本、技术进步、技术创新、知识创意等因素。罗默模型、卢卡斯模型即为典型的内生增长模型，二者分别强调了知识创意、人力资本对经济增长的驱动作用。

新经济增长理论是相对于过去的增长理论尤其是新古典经济增长理论而言的。过去的增长理论往往假定生产函数具有规模报酬不变的性质，认为技术和人口等的变动都是外生的并以此来说明经济增长，而新经济增长理论是用规模报酬递增和内生技术进步来说明一国经济长期增长和各国经济增长率差异的理论。这种理论最重要的特征是试图使增长率内生化，即认为促使经济增长的因素是模型内部决定的，因此新经济增长理论又称为内生增长理论。

（二）经济增长影响因素的研究综述

1. 国外文献研究综述

国外对经济增长的研究较为成熟，成型的经济理论也对学者之后的研究提供了良好的理论环境。早在 20 世纪 60 年代，就有学者从定义上对经济增长理论进行了阐述，Solow（1956，1988）[9][10] 在 Cass（1965）[11]、Koopmans（1967）[12] 的能源、环境和经济增长关系模型基础上进一步发展了经济增长理论，Solow 的新古典增长理论开创了模拟经济增长的先河。以下重点从几个角度对国外文献进行总结和梳理。

（1）能源消费因素。自工业革命以来，能源的重要性日渐凸显，成为经济增长中最显眼的因素之一。为了证实能源消费与经济增长的关系，学术界对此进行了大量的理论和实证研究，主要成果集中在两者因果关系检验以及能源对经济增长的传导机制、路径研究等方面。Kraft J. 和 Kraft A. 于 1978 年基于美国数据，发现能源消费与国民生产总值存在单向传导机制[13]。基于上述研究，Francis 等于 2007 年运用一些国家级数据证实了能源消费与人均 GDP 的双向格兰杰因果关系，并构建模型对其能源需求进行了预测[14]。随后有学者，如 Yang（2000）、Yuan（2008）等[15-16]，对能源类型进行了划分，进一步探讨各细分类能源消费与经济增长的关系，为理论研究和实证分析提供了更多资料。

（2）技术进步因素。科技是第一生产力，在现代经济运行过程中，科技进步带来的增长不可小觑。因而诸多学者认为科技进步是现代经济增长的内在驱动力。以熊彼特为代表的经济学家们认为，技术进步是引致长周期经济波动乃至经济增长的最终源泉。但对于科技进步发挥作用的渠道不同学者有不同的看法，如 Hu. A. G. Z 等（2005）基于 1995～1999 年大中型制造企业的面板数据，研究发现国内技术转移并不能有效推动生产率[17]。

（3）碳排放因素。随着全球气候变暖的现象引起了各个行业的关注，越来越多的学者对低碳经济发表了自己的观点。莱斯特·R. 布朗（2002）认为，要解决全球气候变暖问题，必须实现经济发展模式的转变，从以化石燃料为核心的经济，转变为以太阳、氢能为核心的经济[18]。Johnston 等（2005）[19] 和 Treffers 等（2005）[20] 分别探讨了英国、德国碳减排问题，认为利用现有技术和相关政策，到 2050 年实现 1990 年基础上减排 80% 是可能的。Koji 等（2007）构建了一种描述城市尺度低碳经济长期发展情景的方法，运用到日本滋贺地区进行分析[21]。Frankel 和 Romer 则明确指出，金融发展有利于促进经济发展和减少二氧化碳等污染物的排放，同时金融发展也可能对低碳经济转型起到抑制作用[22]。

2. 国内文献研究综述

多年来，我国 GDP 每年平均以 9% 速度递增，如此高速的经济增长受到全世界瞩目。随着低碳经济概念的提出与推广，国内许多学者对影响我国经济增长低碳化的因素进行了大量研究。

（1）能源消费因素。部分学者从能源消费的层面来研究经济增长的影响效应，如梁经纬（2013）构建非线性模型对我国能源消费与经济增长关系进行研究，二者相互影响，符合反馈理论[23]。刘亦文（2013）基于可计算一般可均衡分析，发现能源消费与经济增长呈双向互动的动态关系[24]。郭毓东（2015）发现我国能源消费与经济增长之间存在着单向因果关系和长期平衡关系，同时也存在着非线性的协整关系[25]。杨莎莎等（2015）通过 VAR 模型、协整检验等方法对我国能源消费、碳排放与经济增长数据进行实证分析，研究表明在某一技术阶段，三者之间存在着一个相互协调的匹配关系，能源消耗促进经济增长的同时也增加了碳排放，而碳排放将会延缓经济增长，从长期来看低碳经济会促进经济的健康可持续发展[26]。夏凌娟（2016）发现我国经济增长指标与能源消费关键指标的变化趋势总体保持一致，在最近的 20 年间均呈现出高速发展趋势，经济增长的变化与煤炭消费量、石油消费量、电力消费量、能源消费总量、碳排放消费总量之间存在间接的因果关系[27]。杨景海（2016）认为能源消耗是影响经济增长可持续性的重要宏观成本[28]。

（2）技术进步因素。部分学者从技术创新的角度探索经济增长低碳化的决定因素，如刘丹鹤等（2010）通过分析低碳技术对经济增长的影响机制，发现低碳技术具有保护环境和发展经济的双重功效[29]。于晓曦、孙英隽（2011）研究技术创新对区域增长的动力机制，证实了技术创新对于区域经济发展的重要作用[30]。刘小鲁（2011）通过中国面板数据研究表明我国各区域技术创新发挥作用的渠道存在地区差异[31]。张振刚等（2014）认为绿色创新各要素的外部冲击会给经济增长带来不同程度与方向的波动性影响[32]。李平、李蕾蕾（2014）基于内生增长理论，根据中国面板数据对技术拉动效应进行实证研究，研究结果表明技术进步是促进经济长期发展的关键因素[33]。张德茗、白秀艳（2016）对我国各省域的工业绿色增长进行研究，研究结果表明自主研发、技术引进对全要素生产率影响效应显著[34]。马一蕾（2016）分析了技术创新对区域绿色经济增长的影响，发现我国区域技术创新能力与区域绿色经济增长之间存在长期均衡关系，并且技术创新对我国各区域绿色经济增长均具有显著的正向影响[35]。吴文洁等（2017）发现绿色技术进步和我国东部、中部经济增长呈正相关关系，对我国西部地区经济增长无显著影响[36]。马大来、杨光明（2018）发现以专利授权量、对外贸易和外商直接投资为表征的技术进步均能显著地提升低碳经济增长效率[37]。

（3）碳排放因素。郭辉、董晔（2012）认为我国经济快速增长的源泉是高能耗和大量的资本投入，"高碳"经济发展特征明显，环境"瓶颈"越发明显，对于经济的平稳发展具有不利影响[38]。杨志明（2014）指出我国城市减排工作的压力要远大于节能工作的压力[39]。邹庆（2014）发现无论短期还是长期，我国二氧化碳排放与收入之间均表现为"倒U型"曲线关系，经济增长与二氧化碳排放仍表现为"倒U型"曲线关系，且两者间具有双向的作用关系，经济增长对碳减排产生不利影响，降低碳排放水平对经济增长也产生负面影响[40]。孙猛（2014）预测我国未来经济增长路径伴随能源强度的逐年下降而将变得平缓，不同情景下的碳排放路径呈"倒U型"曲线轨迹且在2035年左右达到高峰[41]。张尔俊（2014）认为我国碳排放总量大主要是由于人口基数大所致，人均GDP与碳排放总量之间存在着单向非线性格兰杰因果关系，即人均GDP是碳排放总量的非线性格兰杰原因，而碳排放总量不是人均GDP的非线性格兰杰原因[42]。谌莹、张捷（2016）发现碳排放增长会扩大技术无效率项并降低绿色全要素生产率，以及绿色全要素生产率增速比传统全要素生产率增速更快[43]。

（4）环境因素。部分学者认为环境因素与经济增长之间存在着相应的关系，如杨万平（2011）利用Tobit模型分析1995~2006年污染排放对经济增长约束的传导机制，转变了以往延续的低效粗放的发展模式，走集约型道路是我国经济增长可持续发展的重要源泉和动力[44]。张瑞（2013）构建"能源—环境—经济"的分析框架，研究环境对经济与能源、能源对经济增长的倒逼机制，研究结果表明环境尾端约束倒逼能效提高，以技术升级推动经济结构调整的作用机制，以及以能源控制倒逼能源消费方式更趋合理的倒逼机制[45]。周璇（2014）利用环境库兹涅茨曲线模型分析了我国各区域环境污染与经济增长的关系，通过对各项环境污染、经济增长指标进行空间面板数据模型研究，发现我国各区域经济增长给环境带来的污染十分严重，同时具有一定竞争力优势的行业是导致我国环境污染的主要原因[46]。唐李伟（2015）利用耦合协调度模型对环境系统与经济系统之间的协调水平进行测度，研究发现我国大部分省市环境系统与经济系统之间的协调度处在低度协调和中度协调区间[47]。杜颖（2016）从大气污染对经济增长的影响以及经济增长对大气污染的影响两个维度对河北省经济环境的互动影响及失衡原因进行分析，研究发现河北省大气污染对经济增长呈现负向影响，大气污染物排放量的增加不能显著促进经济增长，反而会带来巨大的经济损失[48]。张爱华（2017）从全国层面进行研究发现环境对经济增长表现出一定程度的抑制作用，但效果并不显著[49]。倪曾曾（2017）通过 VAR 模型进行脉冲响应分析，研究发现经济增长带来了污染物排放，同时污染物排放对山西省经济增长起到抑制作用[50]。

（三）经济增长低碳化的研究综述

目前国内外研究主要集中于研究经济增长与碳排放或可持续发展之间的关系，而在经济增长低碳化方面研究相对较少。

1. 低碳经济增长模型

从 20 世纪 70 年代开始，国外学者就开始讨论经济增长与环境可持续发展的问题。如 Dasgupta 和 Heal（1974）利用 CES 生产函数，将不可再生资源引入生产函数来研究经济增长问题[51]。Baumol（1986）指出虽然自然资源随着经济增长而不断消耗，但是经济如果能保持足够高的技术进步率，便可以抵消自然资源对经济增长存在的限制，从而达到实现长期经济增长的目的[52]。Bovenberg 和 Smulders（1995）[53]，Ligthart 和 Ploeg（1994）[54]，Stokey（1998）[55]，阿吉翁、霍伊特（2004）[56]等通过将污染或者生产技术清洁度变量加入生产函数，分析

最优路径下污染控制对于长期增长的影响，认为污染控制将拉低均衡
增长。

国内对经济增长低碳化的直接研究较少，大多学者是基于低碳约束
角度下对经济增长进行研究，采用不同的方法构建相应的模型。如部分
学者基于 DEA 构建绿色经济增长模型，杨文举（2011）基于跨期 DEA
及非期望产出生产率指数，构建绿色经济增长模型测度我国绿色经济发
展情况[57]。虞晓雯（2014）利用 DEA 和 Malmquist-Luenberger 指数模型
测算我国 1998～2011 年低碳全要素生产率增长，并对低碳系统建立
PVAR 模型进行分析[58]。解晋（2015）使用 DEA 技术和 SBM 模型，将
能源消耗和二氧化碳排放纳入其中，以超越对数函数为基础，利用索罗
残差法核算 1998～2012 年间我国各省域绿色全要素生产率，并对其驱动
因素进行分析，研究结果表明教育投入、自主研发投入、产业结构优化
和市场化改革对低碳经济增长具有正向推动作用[59]。雷明、虞晓雯
（2015）利用全局 Malmquist-Luenberger 指数测算我国 1998～2013 年低碳
经济增长，并运用面板 VAR 模型分析对外贸易、产业结构、能源消费
结构、外商投资和地方财政支出对低碳经济增长的动态影响[60]。程东祥
等（2016）基于南京市 21 年的面板数据，将灰色关联分析引入 VAR 模
型中，分析科技创新与低碳经济发展的相关关系以及作用机制[61]。

另一部分学者试图构建经济增长优化模型来寻找经济增长最优路
径，如公维凤等（2013）以全局最优为目标，以能耗强度和碳排放强度
为约束条件，构建多目标优化模型，为我国各区域优化能源结构奠定基
础，从而探索我国各区域能源消耗与经济发展相协调的最优路径[62]。李
爱华等（2017）基于经济增长与碳排放协调发展视角，考虑科技进步不
变与变化条件下，构建两者协调发展规划模型，探索在促进经济增长的
同时降低碳排放量的路径[63]。

此外，一些学者通过将经济增长中可能产生影响的变量或因素引入
经济增长模型，探讨我国经济增长在碳排放等约束下的增长趋势，如陈
诗一（2009）将碳排放量引入投入产出模型，测度我国工业全要素生产

率变化，并核算绿色增长程度，得出我国增长方式转变、技术进步对于可持续发展至关重要的结论[64]。袁富华（2010）结合我国主要宏观变量，构建状态空间模型对碳排放约束下我国经济长期增长趋势及影响因素进行了探讨，研究发现污染对经济增长变化的反馈机制相对较弱，指出环境问题仍然是"外部性"问题[65]。朱焕焕（2017）将环境质量、污染强度、能源三种因素引入经济增长模型，构建基于常数替代弹性生产函数的能源—环境—经济（3E）的经济增长模型，研究社会福利最大化是环境质量与经济增长能否同方向增长的问题[66]。

2. 低碳经济增长路径

国内学者提出的低碳经济增长路径主要有两个方面，其中一条路径是通过产业结构升级与技术进步得以实现，如孙菲菲（2011）对我国经济增长与碳排放的关系进行实证研究，提出加快技术进步和产业结构升级是实现碳减排下经济增长方式转变的重要途径[67]。乔榛（2012）从全球经济发展角度提出世界各国都要把发展低碳技术作为技术创新的方向，形成低碳产业推动产业结构新的升级，实现低碳经济增长[68]。另一条路径是通过资源优化或提高能源效率来实现低碳经济增长，如于雪霞（2011）提出低碳时代在资源约束条件下，我国经济增长的路径在于技术创新和资源的优化配置[69]。李文洁（2012）研究发现以能源和资源要素的高投入、高消耗为特征的增长方式并不能从根本上保持经济增长，从而转变经济增长方式、提高能源效率才是经济持续增长的关键[70]。王甜（2013）指出想要加快产业由不协调发展迈向低碳经济发展的速度，必须构建低碳能源体系，调整原有能源消耗结构，积极开发新能源，并同时提高能源使用效率[71]。

二、城市化与能源消费、碳排放的研究综述

（一）城市化与能源消费的研究综述

早在 20 世纪 90 年代，国外学者们就对城市化与能源消费之间的关

系展开了研究。Phetkeo Poumanyvong 等（2010）基于不同发展阶段和收入水平，以 1975~2005 年 99 个国家的面板数据为基础进行研究发现，在城市化不同阶段能源消耗存在显著差异[72]。Shaojian Wang 等（2014）以我国 30 个省域面板数据为基础进行研究，发现我国城市化、能源消耗之间呈现长期正向关系[73]。Tahsin Bakirtas 等（2018）对哥伦比亚、印度、印度尼西亚、肯尼亚、马来西亚和墨西哥等新兴国家城市化与能源消费之间关系进行分析，研究结果表明城市化与能源消费之间存在格兰杰因果关系[74]。

1. 能源消费对城市化的影响

在能源消费对城市化影响方面，大多数研究聚焦于能源对城市化的约束问题，如中国科学院可持续发展研究小组（1999）认为，我国城市化进程在 21 世纪将不可避免地面临六大基本挑战，其中就包括城市化快速发展过程中对于能源的大量需求与消费[75]。刘耀彬、陈裴（2007）构建向量自回归模型对我国能源消费与城市化的关系进行分析，研究表明能源消费与城市化之间存在协整关系[76]。关雪凌（2015）分析能源消费对城镇化的作用机制，研究表明能源消费对城镇发展具有支撑和推动作用，能源是城镇生活的必需消费品，居民生活离不开对能源的消费，同时能源是城镇生产投入要素，与资本、劳动力共同作用于经济发展[77]。谢利平（2015）研究能源消费与城镇化、工业化之间的关系，研究表明我国能源消费的最大决定因素是工业化，城镇化并不会带来能源消费的大幅上升[78]。徐盈之、王秋彤（2018）运用面板门槛模型研究能源消费对新型城镇化影响效应，研究表明能源消费对我国新型城镇化发展存在显著的门槛效应，当跨越门槛值后，能源消费对新型城镇化的推动作用显著提升[79]。

2. 城市化对能源消费的影响

关于城市化对能源消费的影响，国内学者基于不同的空间范围进行了实证研究。基于国家级层面来看，学者们就城市化对能源消费的短期影响和长期影响进行了分析，如梁朝晖（2010）按照世界城市化发展阶段，研究我国不同城市化阶段对于能源消费的影响，研究表明不同城市化阶段对能源消费的驱动作用不同[80]。马珩（2012）研究城市化、工业化对能源消费的影响，研究表明随着我国工业化与城市化进程推进，短期内能源消费仍会呈现上涨趋势，长期内则会逐步降低[81]。刘江华等（2015）基于62个国家数据和我国30个省域面板数据进行分析，研究表明城市化对于能源消费的影响在不同阶段存在明显差异[82]。

从省域研究范围来看，黄献松（2009）以陕西省为研究对象，构建因素分解模型测度城市化对于能源消费的影响力度，研究表明随着城市化进程的逐步推进，城市化对于能源消费的需求逐步降低[83]。袁晓玲等（2011）以中原城市群为研究对象，分析城市化与能源消费之间的关系，研究表明不同城市化水平对能源消费的作用方向以及作用大小不尽相同[84]。杨肃昌、韩君（2012）以甘肃省为研究对象，分析城市化对能源消费的影响，研究表明长期内两者同步变动，城市化进程是导致能源消费增加的主要原因[85]。

（二）城市化与碳排放的研究综述

高碳经济的不可持续性以及城市化发展的质量提升是当前国内外学者研究的重点，学者们对于城市化与碳排放的关注也与日俱增。关于城市化与碳排放研究主要有两种观点：一部分学者认为城市化对碳排放具有正效应，即城市增长率越大，其碳排放量会增长得越快；另一部分学者则认为城市化的增长在一定程度上降低碳排放。

Usama Al-mulali 等（2012）研究了东亚和太平洋、东欧和中亚、拉丁美洲和加勒比、中东和北非、南亚、撒哈拉以南非洲和西欧七个地区城市化水平与二氧化碳排放的长期关系，研究表明大多数国家城市化与二氧化碳排放呈现长期的正相关关系[86]。Yuan Wang 等（2016）基于金砖国家1985~2014年的面板数据对城市化与碳排放之间的关系进行研究，结果表明金砖国家城市化与碳排放之间存在长期因果关系，城市化可能会导致碳排放增加[87]。Xilong Yao 等（2018）基于中国30个省域面板数据，运用门槛回归模型和中介效应模型研究发现城市化对碳排放有显著影响[88]。

许泱、周少甫（2011）运用 STIRPAT 模型对我国 30 个省域面板数据进行分析，研究表明我国城市化会推动碳排放增长且碳排放增长速度高于城市化推进速度[89]。关海玲等（2013）通过实证研究表明我国城市化水平与碳排放之间存在稳定均衡的关系，城市化对碳排放起到积极推动作用[90]。张腾飞等（2016）对我国城市化对碳排放的影响及作用渠道进行研究，结果表明在研究期间内城市化对碳排放形成正向影响[91]。蔡梦宁（2016）认为城市化对碳排放的影响主要有以下几方面：人口规模和人口密度的增加会从消费和生产角度增加碳排放；城市数量的增加导致大量土地被占用，绿植的减少使得碳汇变为碳源；公共基础设施和商业化建筑的不断增加导致大量碳排放产生[92]。

反之，部分学者认为城市化进程会逐步降低碳排放，如 Zarzoso 和 Maruotti（2011）认为碳排放和城市化的关系呈倒 U 型[93]，Phetkeo Pou-manyvong 和 Shinji Kaneko（2010）对 99 个国家面板数据运用 STIRPAT 模型研究发现，城市化对碳排放的影响在不同的发展阶段是有区别的，中等发达国家的城市化对碳排放的影响比其他发展中国家更加显著[72]。薛冰等（2011）基于世界 112 个国家或地区的面板数据进行实证研究，研究表明城市化水平与人均碳排放之间存在倒 U 型关系，40% 是两者关系转变的拐点[94]。赵红、陈雨蒙（2013）利用协整检验和格兰杰因果检验研究 1978～2010 年我国碳排放与城镇化之间的关系，研究表明城镇化对碳排放存在负向影响[95]。何伟（2015）研究表明城市化的发展有利于能源的合理配置和使用，促进了碳排放量的减少，因而城市化与碳排放呈负相关性[96]。

（三）城市化与能源消费、碳排放的研究综述

Almulali 等（2012）运用完全修正普通二乘法对城市化、能源消费和二氧化碳排放之间的长期关系进行分析，研究表明三者关系在大部分

国家呈现正向关系[86]。林伯强、刘希颖（2010）根据我国经济增长和能源消费特征，在分析我国城市化现阶段碳排放影响因素和减排策略基础上，运用协整方法分析碳排放与城市化之间的长期均衡关系，研究表明在保持 GDP 增长的前提下，我国可以通过控制城市化速度、降低能源强度、改善能源结构来实现城市的低碳转型[97]。樊杰、李平星（2011）指出，虽然未来一段时间生产领域能源消费存在减缓增长甚至趋于稳定的态势，但由于生活能源的急剧增长，能源消费总量仍呈现出持续增长的趋势，因而近期内难以依赖能源消费的下降来实现碳排放的降低[98]。张馨等（2011）认为城市化进程的加快带动了城乡人口结构的变动，促使能源消费量增加，同时城镇人口增多、间接能耗增加，使得人口结构的改变及居民消费水平的提高成为碳排放新的增长点[99]。徐安（2011）指出城市化一方面导致了产业结构的演变升级，另一方面促进了城镇居民消费模式升级，推动城镇居民消费特别是耐用品消费的增长，导致能源消费和碳排放的共同增加[100]。卫平、周亚细（2014）利用亚太经合组织中 17 个国家 1986～2010 年的数据，基于 STIRPAT 模型研究城市化、能源消费对碳排放的影响，研究表明能源消费对碳排放的影响尤其突出，其次是城市化[101]。马大来（2015）指出能源消费结构、城镇化水平对碳排放效率具有显著的负向影响[102]。

三、低碳城市化的相关理论与研究综述

（一）低碳城市化相关理论

1. 城市生态学理论

随着生产力和社会经济的不断发展，城市化进程快速推进，使得城市人口无节制的增长，城市过度膨胀从而引发城市内部的交通拥挤、社会疾病传播、犯罪率上升、人口居住拥挤、教育与卫生滞后、住房紧缺和环境污染严重等多方面社会问题。在这种背景下，城市生态学的思想应运而生。随后学者们从不同角度对其进行探索和分析，城市生态的理

念不断深化，逐渐完善了城市生态学理论。

城市生态学是以城市空间范围内部生命系统和环境系统之间的联系为研究对象的学科。由于人是城市中生命成分的主体，因此城市生态学也可以说是研究城市居民与城市环境之间相互关系的科学[103]。最早对城市生态学作定义的是麦肯齐，他在 1925 年指出"城市生态学是对人们的空间关系和时间关系如何受其环境影响这一问题的研究"。随着国内外学者对城市生态学的了解与进一步深入研究，城市生态学的内涵得到了补充和深化。目前，一般将城市生态学定义为：城市生态学是研究城市人类活动与周围环境之间关系的一门学科，城市生态学将城市视为一个以人为中心的人工生态系统，在理论上着重研究其发生和发展的动因，组合和分布的规律，结构和功能的关系，调节和控制的机理；在应用上旨在运用生态学原理规划、建设和管理城市，提高资源利用效率，改善系统关系，增加城市活力[104]。

2. 低碳城市发展理论

工业革命实现了生产力由手工劳动向动力机器生产转变的重大飞跃，是人类发展历史上浓墨重彩的一笔。当人们享受着科技和生产力发展带来的成果时，工业革命存在的隐忧也日渐显现，全球变暖、生态失衡、环境破坏、能源危机等一系列问题成为人类可持续发展必须面对的难题。以化石能源为主的能源消耗方式，片面追逐规模扩张、"高碳"特征明显的低效粗放型经济发展方式都与现代城市发展的需求不相契合，低碳城市的内涵亟待人们填充与发展。2008 年国家建设部与世界自然基金会（WWF）以上海和保定两市为试点联合推出"低碳城市"以后，"低碳城市"迅速"蹿红"，掀起了国内的研究热潮。2009 年《中国可持续发展战略报告》绿皮书给出低碳城市研究框架，进一步推动了低碳城市的相关研究。卢婧（2013）基于经济学视角对低碳城市发展进行探索，构筑低碳城市发展框架[105]。吴健生等（2016）从低碳开发、经济、环境等五个方面构建低碳城市评价指标体系，并对其进行了空间分析[106]。张新莉（2017）基于熵权 TOPSIS 分析法，从经济、社会、环境以及综合发展四个视角构建低碳城市评价指标体系，为低碳城市发展政策研究提供理论依据[107]。

3. 隧道效应理论

经济学中的隧道效应最早在 1973 年，由赫希曼（Albert O. Hirschman）提出，原本指的是由于其他人的经济条件改善而导致个人效用增加以及更大的对更高的不平等程度的忍耐现象。将这一理论引申至城市低碳发展过程中发现，西方发达国家在经过工业革命之后，碳排放已经达到过排放量最大阶段，之后碳排放量会随着经济增长、清洁技术发展呈现降低态势；而发展中国家经济高速发展将导致碳排放仍旧处于上升阶段，不能重蹈"先发展后治理"的道路，需要在碳排放上升过程中开凿一条隧道，在保证经济发展的同时减小碳排放，实现真正意义上的低碳发展模式（见图 1 – 2）。

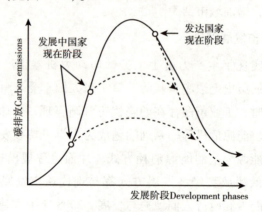

图 1 – 2　隧道效应理论图

资料来源：曲晓禹．中国低碳城市化发展的路径研究［D］．河北大学硕士学位论文，2012.

对于目前我国低碳化城市发展而言，需要依据"隧道效应"理论，在借鉴发达国家低碳发展经验教训的基础上，引进先进科学技术、依靠FDI 带来的科技创新与科技进步效应，积极提升自身研发实力和创新能力，实现"以我为主，为我所用"，进一步发挥后发优势，缩短达到碳排放的峰值时间，降低峰值的大小，摆脱发达国家"先发展后治理"的老路，为我国低碳城市化发展提供了理论基础。

4. 碳排放脱钩理论

脱钩理论是经济合作与发展组织（OECD）在 2002 年提出的，该理论认为脱钩是在保证经济增长的同时能够实现能源消耗、环境破坏不断改善。碳排放脱钩是指二氧化碳排放量的变化与经济增长之间关系问题，具体分析经济增长与温室气体排放之间关系不断弱化乃至消失的理想化过程，即在实现经济增长基础上，逐渐降低能源消费量。碳排放的经济增长弹性就是碳排放脱钩情况，成为衡量各地区低碳状况的主要工具。

碳排放脱钩理论为低碳化城市发展提供了评价标准，基于两者之间的关系，可以判断我国低碳城市化发展阶段，同时为低碳措施的选择提供了方向，对产业结构调整、能源消费结构优化提供了指导意见。

（二）低碳城市化的研究综述

1. 国外文献研究综述

城市化是一种综合的社会经济力量，西方国家对其研究历史较长，随着社会发展，城市化的内涵不断丰富。为应对环境污染、气候变化、能源危机等问题，低碳城市化逐渐成为研究热点，主要集中在以下几个方面。

（1）碳排放来源。Yin Long 等（2017）基于投入产出表对 49 个日本城市的间接家庭碳足迹进行评估，分析了 7 种碳排放来源，从而为后续的政策制定提供建议[108]。Xuemei Jiang 等（2018）模拟了全球国际贸易中二氧化碳成本在地理空间的转移，研究表明二氧化碳排放转移的主导是发达经济体，高技术产业的作用最为显著，并且二氧化碳排放转移将会刺激发展中国家排放更多的二氧化碳以刺激经济增长[109]。Xianchun Tan 等（2018）从二氧化碳排放大户——建筑行业出发，运用减排潜力模型估算 2016～2050 年二氧化碳减排潜力，研究表明建筑行业对于节能减排具有重要意义[110]。

（2）低碳城市化影响因素。低碳城市化是一个循序渐进的发展过程，在其发展中会受到诸多因素影响，研究持续时间最长的是人口因素对于城市化的影响。影响最为深远的理论有：T. W. Schultz 的人口迁移论、M. P. Todaro 的城乡人口迁移理论、S. Kuznets 的人口迁移理论，美国地理学家 Ray. M. Northam 提出了最著名的城市化发展阶段理论，城市人口比重与城市化程度密切相关[111]。此外，E. G. Ravenstein 提出了推拉因理论，该理论认为人口由农村向城市聚集受城市和农村共同作用，影响城市化进程与碳排放。

A. Krueger 和 G. Grossman 提出的环境库兹涅茨曲线[112]、钱纳里等提出的"多国发展模型"[113]以及 Ferdinand E. Bank（2000）研究表明经济发展与环境污染之间的动态关系[114]。这些研究从不同经济视角对城市化发展进行了分析，为低碳城市化研究提供理论基础。

（3）社会建设。低碳城市化在原有城市化发展理论基础上更强调"低碳发展"的概念，需要社会各界共同努力来实现低碳发展的目标。2008 年日本《低碳社会规划行为方案》阐述了实现低碳社会的三个原则；Batara Surya（2016）分析了城市化进程中的社会变迁，找出丹戎邦加地区城市化发展与其他地区发展的社会建设差异所在[115]。

2. 国内文献研究综述

（1）低碳城市化概念界定。关于低碳城市化的概念研究，国内还处在初级阶段。牟晶（2012）认为低碳化是未来城市发展的最明显特征，低碳城市化超越了简单的由农村向城市进行人口转移的狭义范畴[116]。郭宁（2012）基于我国城市化发展现状、能源消耗情况，进一步对低碳城市化发展进行探讨[117]。杜漪（2012）认为低碳城市化是低碳经济时代的城市化模式，是用低碳经济理念来引领的城市化，即以低能耗、低污染、低排放、高效率、高产出为特征的城市化[118]。

（2）低碳城市化评价体系。国内学者们对低碳城市化评价体系进行了大量研究，提出不同的评价指标体系，综合考虑城市经济、社会和环境的三方面协调发展。王玉芳（2010）提出关于低碳城市综合发展度的三个准则层：经济发展指数、低碳发展指数和社会发展指数。其中，包括人均地区生产总值、居民消费价格指数、人均二氧化碳排放量、绿化覆盖率、城镇登记失业率、恩格尔系数等 14 个具体指标[119]。辛玲（2011）根据低碳城市的特点，从经济低碳化、基础设施低碳化、生活方式低碳化、低碳技术发展、低碳制度完善和生态环境优良六个方面构建评价指标体系[120]。王赢政等（2011）将指标体系的准则层分为低碳经济、低碳社会、低碳能源、低碳生活理念、低碳环境及低碳政策六个子系统[121]。谈琦（2011）通过技术经济指标、空气环保指标、城市建设指标三方面来评价低碳城市，具体指标有工业废水污水排放率、第三产业比重、二氧化硫浓度年均值倒数、空气质量优良率、建成区绿化覆盖率、万人拥有公交车数等[122]。路正南、孙少美（2011）用社会进步基准、能源利用基准、环境保护基准评价城市低碳化发展情况，具体指标包括城市就业吸纳能力、人均 GDP、人均收入比、GDP 的能源消耗强度、能源消耗的碳排放强度、人均碳排放、单位 GDP 污水排放量等[123]。宋凯（2012）用环境指标、经济效益指标、弧弹性指标、碳排放强度指标等分析陕西低碳发展情况[124]。杨艳芳、李慧凤（2012）构建了包含三个层次的低碳城市评价指标体系，首先目标层是低碳城市，四个准则层分别是低碳生产、低碳消费、低碳环境、低碳城市规划，然后分析碳生产力、单位 GDP 排放、人均碳排放、污水处理率、清洁能源比例、公共交通出行比例等 14 个具体指标[125]。

（3）低碳城市化路径研究。刘军（2010）基于国际经验，结合我国发展现状，从城市交通、能源、规划等方面对我国低碳城市化实现路径进行探索[126]。郭万达（2010）指出要实现低碳城市化必须从城市形态、城市运行模式以及城市产业布局三方面出发[127]。王玉芳（2010）针对我国低碳城市发展现状提出我国需要构建低碳产业体系，优化能源结构，同时大力发展低碳建筑，建设节能低碳社区，大力发展公共交通系统，倡导低碳出行方式和低碳生活消费方式[119]。罗栋燊（2011）指出我国通过加快发展节能、环保、低碳、高性能、可再生循环利用的建筑材料，实现低碳城市化发展[128]。郭宁（2012）从我国低碳城市化实际情况出发，指出低碳城市化发展的具体路径：首先从经济角度出发，提出建立城市区域碳交易的试验平台，构建碳排放权交易的信息平台；其次要大力发展碳汇林业，优化城市绿地系统；最后，从城市建设角度上倡导低碳交通、低碳建筑，最重要的是充分发挥政府的主导作用[117]。卢靖（2013）认为低碳城市的有效运行依赖于市民行为，在推进低碳城市运行的过程中强调民众参与意识十分必要[105]。郝华勇（2013）研究表明我国低碳城市化发展由数量型转向质量型，发展理念、产业结构、空间形态、城乡关系必须全面协调，才能保证低碳目标的实现[129]。戴小文（2013）通过投入产出模型、Kaya 恒等式、LMDI 模型等对我国碳排放量进行全方位测算，进而对低碳城市化的建设提供思路[130]。刘强等（2016）将环境质量、低碳经济、能源消耗纳入新型城镇化指标体系，研究低碳城镇化的问题及对策选择[131]。Rui Xie 等（2017）基于改进的 STIRPAT 模型，分析我国交通基础设施对城市碳排放的影响及渠道，研究表明交通基础设施增加了城市碳排放总量及强度，为低碳城市化路径选择提供依据[132]。Dequn Zhou 等（2018）基于 MRIO 模型，运用我国区域面板数据分析区域碳排放来源以及碳排放转移[133]。Longyu Shi 等（2018）基于 LMDI 模型分析我国四大城市三大行业的碳排放来源，探索实现低碳发展的路径[134]。

第三节　研究框架

本书综合运用城市经济学、产业经济学、区域经济学、生态经济学、资源环境学、计量经济学、管理科学与系统科学等学科的理论和方法，采用规范和实证分析相结合的研究方法，对我国城市化快速发展背景下经济增长低碳化进行全面、系统的研究。具体安排如下：

第一章引言。主要对本书的选题背景及研究意义、文献回顾、研究框架等进行概述。

第二章城市化进程的一般规律。首先，在城市化发展一般规律的基础上，构建具有新型城市经济发展、新型城市人口发展、新型城市社会建设、新型城市生态环境和新型城乡一体化五个子系统的低碳新型城市化水平指标体系，评价我国低碳新型城市化发展水平和进度。其次，根据我国经济发展的规律和特点，具体分析三个方面的趋势：一是在城市化与工业化互动机制下我国重化工业的发展趋势；二是城市功能定位与产业选择驱动下的城市建设扩张和城市交通演变；三是与我国经济快速增长相伴随的居民收入不断升高而带来的居民消费扩张与升级。

第三章快速城市化背景下我国能耗与排放预测。基于我国能源消耗、资源与环境、二氧化碳排放现状的研究，采集世界及我国相关数据，首先提出城市化驱动经济增长的作用机制，构建城市化与经济增长的计量模型，分析城市化通过直接或间接效用对经济增长的影响。其次，随着我国城市化的快速推进，城市化成为影响能源消耗的关键因素，运用引入城市化、居民消费因素的 LMDI 模型，将能源消耗变动分解为能源结构、能源强度、消费抑制、城市化、居民消费和人口规模六大因素效应，分析其对我国能源消耗的影响效应。再次，我国城市化快速发展所带来的碳排放问题日趋严重，运用引入城市化因素的 LMDI 模型，将碳排放变动分解为能源强度、经济结构、能源结构、经济规模、城市化和人口规模六大因素效应，分析在城市化快速发展阶段我国碳排放量持续增长的原因，对城市化进程的碳排放增量进行了测算。最后，运用 Logistic 模型对我国城市化发展趋势进行预测，在上述城市化与经济增长、能源消耗、碳排放关系的实证研究基础上，结合我国未来城市化发展趋势，对经济增长、能源消耗总量以及碳排放增量进行预测分析，以探讨我国快速城市化背景下的节能减排压力。

第四章我国快速城市化背景下经济增长低碳化研究。首先，构建包含非期望产出的超效率网络 SBM 模型和 GML 生产率指数，从经济生产子系统和环境治理子系统视角，对我国经济增长低碳化进行动态评价。其次，运用探索性时空数据分析（ESTDA）框架探讨我国经济增长低碳化的时空演进，结合动力机制模型，构建我国经济增长低碳化的动力机制模式。

第五章我国快速城市化背景下经济增长低碳化路径。我国快速城市化条件下，城市建设的扩张及与之相伴随的产业发展、消费扩张与升级、建筑与交通发展等问题都需要有效地嵌入低碳技术，以促进我国快速城市化背景下经济增长的低碳化。首先，分别探讨低碳主导下的产业发展、城市建设扩张、城市交通发展、消费方式转变，提出我国快速城市化背景下经济增长低碳化机理。其次，从"低碳＋"视角，结合产业结构、能源发展、技术结构、制度建设以及新型城市化五个方面构建我国经济增长低碳化的路径体系。

第六章促进我国经济增长低碳化的政策建议。从转变经济发展方式、发展低碳能源、提高能效水平和促进节能环保产业的快速发展等方面提出面向政府、产业和社会公众层面的促进我国经济增长低碳化的政策建议。

第二章　城市化进程的一般规律

第一节　城市化

一、城市化定义

城市化是当今世界最为复杂综合的经济社会力量，其内涵随着时代的变迁而不断得到填充，其本质是社会生产力发展与科技进步的产物。在城市化进程中，人口结构、产业结构、就业结构逐步发生变化，具体体现为生产方式的改进促进了产业结构中非农产业规模和比重的上升，转变了固有的生活方式，促进了农村人口向城市迁移，城市人口规模和比重逐步攀升的现象。学术界对于城市化进程的研究成果丰硕，最为著名的就是诺瑟姆（1975）提出的世界城市化发展的一般规律。该规律认为城市化进程呈现出一条拉平的"S"形曲线，且分别以30%和70%为拐点，将城市化划分为起步、加速和后期3个阶段，每个阶段呈现出不同的发展态势（见图2-1）。

二、城市化发展规律

起步阶段：这一阶段的特点是城市化水平低于30%，经济社会发展速度较为缓慢，产业结构中农业占据主要地位，成为经济支柱产业，非

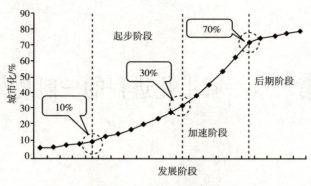

图 2 – 1　城市化发展规律

农产业较为弱小，发展基础薄弱；城乡差距较小，城市的吸引力尚不明显，人口迁移不频繁，城市人口规模和占比较小；社会中的生产要素不够活跃，物质资料和社会财富的积累受到生产力水平的限制而呈现出缓慢提升的态势。

加速阶段：这一阶段的特点是城市化水平介于 30% ~ 70% 之间，经济社会发展迅猛，产业结构中第二产业占比超过第一产业成为经济增长的驱动力，第三产业逐步萌芽；城乡差距拉大，城市吸引力和农村推动力共同推动人口迁移，城市人口规模和占比急剧扩大；生产要素在城市内部快速集聚，交易频繁，降低了非农产业发展成本，形成集聚效应，促进产业调整和就业结构变动，城市空间范围迅速扩大，社会财富加速积累，社会问题逐步凸显。

后期阶段：这一阶段的特点是城市化水平高于 70%，社会物质财富累积到一定程度，产业内部结构基本平衡，城市人居环境改善度基本饱和，城乡差距缩小，农村现代化生活条件基本满足，生产要素带来的规模红利基本消失，社会达到一种动态平衡的状态，城市化发展速度缓慢，"逆城市化"现象明显。

三、基于低碳转型的城市化水平测度

进入 21 世纪以来，我国经济增速举世瞩目，城市化进程推进加速。

截至 2015 年底，我国常住人口城市化率从 2000 年的 36.2% 上升至 2015 年的 56.1%，进入城市化快速提升时期。这种"外延式""粗放型"的城市化发展模式在促进消费需求和投资需求拉动经济增长的同时也造成资源、生态环境、社会和谐等方面的矛盾不断凸显，带来以人为本不够、城镇化效率不高、绿色发展不够、城镇规模结构不平衡、市场化不足、协调发展不够等一系列问题[135-137]。2010 年起我国实施新型城市化战略，强调"以人为本"的城市化，在注重城市规模和城市数量的同时，更加注重城市化质量。随着 2014 年《国家新型城镇化规划（2014—2020 年)》出台和 2016 年国家"十三五"规划提出的我国特色新型城市化发展模式，对城市化建设提出了新的理念，以人的城市化为核心，缩小城乡发展差距，全面推进城乡一体化发展和城乡公共服务均等化，通过产业转型升级、消费模式转变等方式促进经济、社会、生态环境协调可持续发展。因此，新型城市化是未来我国经济持续高速增长的主要动力和拉动内需的重要引擎，如何解决城市化建设过程中不协调性、不可持续性矛盾，引导"低能耗、低污染、高效率"低碳新型城市化发展具有重要的现实意义。

（一）低碳新型城市化水平评价指标体系

1. 指标选取

目前，以"高能耗、高污染、高排放"为特征的我国快速城市化对生态环境产生了负面影响，带来了资源耗竭、污染严重、气候变化异常等一系列生态问题，使得城市化发展不协调、不可持续的问题日益突出。在未来较长一段时间内，我国仍处于快速城市化阶段，城市化将逐步取代工业化成为"扩大内需的最大潜力和发展动能所在"，也将成为未来能源消费和碳排放增长的主要动因[138]。为了实现我国经济、社会和生态环境的协调可持续发展，城市化建设必须走新型发展之路，坚持以人为本，以统筹城乡为原则，注重城乡协调发展，提升城市化质量拉动经济增长，与此同时推进城市化低碳转型，走集约、智能、绿色、低碳的新型城市化道路，实现经济、政治、文化、社会、生态文明"五位一体"共同进步。基于上述分析与论述，本书突出城市化发展的低碳理念，遵循科学性、系统性、可行性、动态性原则和思维框架，根据《国家新型城镇化规划（2014—2020年）》，构建具有新型城市经济发展、新型城市人口发展、新型城市社会建设、新型城市生态环境和新型城乡一体化五个子系统，包含39个测度指标的低碳新型城市化水平评价指标体系，具体如表2-1所示。新型城市经济发展系统以经济集约高效发展、城乡经济结构优化为表征，是低碳新型城市化的重要支撑；新型城市人口发展系统主要由人口规模、人口就业和人口素质决定，是推进"以人为本"低碳新型城市化的核心内容；新型城市社会建设系统主要体现在社会基础设施、公共服务与社会保障体系完善等方面，是解决新型城市化非协调发展的关键所在，对提高低碳新型城市综合竞争力具有重要意义；新型城市生态环境系统主要体现在环境污染、环境治理和生态宜居等方面，生态环境治理成效直接影响新型城市化的可持续发展问题，是低碳新型城市化发展的重要基础；新型城乡一体化系统主要体现在城乡居民收入消费差距缩小、公共服务均等化等方面，是实现新型城市化消除我国城乡二元结构差别目标的重要保障。

表 2-1 　　　　　　　　 低碳新型城市化水平评价指标体系

目标层	一级指标	二级指标	三级指标	指标性质
低碳新型城市化水平评价指标体系	新型城市经济发展系统	经济高效	人均GDP/元/人	正向
			全社会固定资产投资/亿元	正向
			城镇居民人均可支配收入/元/人	正向
			城镇居民人均消费性支出/元/人	正向
		经济结构	非农产业占GDP比重/%	正向
	新型城市人口发展系统	人口规模	非农人口比重/%	正向
			城市人口密度/人/平方米	正向
		人口就业	城镇就业人数/万人	正向
			城镇登记失业率/%	负向

续表

目标层	一级指标	二级指标	三级指标	指标性质
低碳新型城市化水平评价指标体系	新型城市人口发展系统	人口素质	人均教育事业经费支出/元/人	正向
			教育事业经费支出占财政支出比重/%	正向
	新型城市社会建设系统	基础设施	公共交通车辆运营数/辆	正向
			人均城市道路面积/平方米	正向
			医疗卫生机构床数/万床	正向
			城市用水普及率/%	正向
			城市燃气普及率/%	正向
		公共服务	每百万人拥有医疗机构数/个	正向
			每万人拥有卫生技术人员数/人	正向
			每万人医疗机构床位数/张	正向
			每万人图书总印数/万册	正向
			每万人拥有在校大学生数/人	正向
			城镇基本养老保险覆盖率/%	正向
			城镇基本医疗保险覆盖率/%	正向
			城镇失业保险覆盖率/%	正向
			人均社会商品零售总额/元	正向
			城市人均居住面积/平方米	正向
	新型城市生态环境系统	环境污染	工业废水排放量/万吨	负向
			工业废气排放量/亿立方米	负向
			工业固体废弃物产生量/万吨	负向
			单位 GDP 综合能耗/吨标准煤/万元	负向
		环境治理	工业污染治理完成投资额/亿元	正向
			工业固体废物综合利用率/%	正向
			城市污水处理率/%	正向
			城市生活垃圾无害化处理率/%	正向
		生态宜居	城市人均公园绿地面积/平方米	正向
			城市建成区绿化覆盖率/%	正向
	新型城乡一体化系统		城乡人口比/%	正向
			城乡恩格尔系数比/%	负向
			城乡居民消费比/%	负向

注：表中有关人民币计量的指标全部用 GDP 平减指数平减至以 2000 年为基期。

2. 指标解释

（1）新型城市经济发展系统。新型城市化是经济发展的城市化，是生产要素在城镇集聚，产生规模经济的自然结果[138]，引起经济发展水平、城镇收入、城镇消费、投资力度等变化；同时生产要素在城乡之间流动和重新分配，促使农业经济向非农业经济活动转移，推动经济结构的合理化。因此，经济发展水平是衡量新型城市化水平的重要体现，选取人均 GDP、全社会固定资产投资、城镇居民人均可支配收入和城镇居民人均消费性支出，表示经济集约高效发展指标以衡量新型城市化经济发展程度；用非农产业占 GDP 比重从产业角度反映经济结构优化转型指标，衡量新型城市化可持续发展。

（2）新型城市人口发展系统。新型城市化的本质是"人"的城市化，新型城市人口发展系统反映了人口受城乡推拉力影响而产生的迁移状况。具体表现为：一是城市人口规模和占比上升，城市人口密度增大；二是城市人口数量上升将不断扩大城市规模，引起城市人口规模的增加、城市人口密度的增长、城市就业人口的增加、城市人口素质的提升。赫次勒和威尔逊认为城市化的重要表征之一就是城市人口不断增加，它是城市化演进过程的内在动力，农村人口向城市的迁移和集聚，从而带来产业结构变动，为城市发展提供劳动力和市场。选取非农人口比重和城市人口密度衡量城市人口规模，侧面反映了城市的产业结构，是新型城市化水平评价的首要指标；用城镇就业人数和城镇登记失业率、人均教育事业经费支出和教育事业经费占财政支出比重分别体现城市人口就业状况、城市人口素质，与经济可持续发展、社会稳定息息相关。

（3）新型城市社会建设系统。新型城市化要求城市社会功能的完善，完善的城市社会功能对解决日益严重的社会问题、提高城市综合竞争力起着重要作用。新型城市社会建设系统反映了城市生产、生活方式和社会基础设施、公共服务均等化的发展过程，为城市经济与社会活动提供条件，为城市发展和繁荣提供保障，是实现新型城市化协调发展的必由之路。选取公共交通车辆运营数、人均城市道路面积、医疗卫生机构床数、城市用水普及率以及城市燃气普及率表示社会基础设施指标，衡量城市建设水平的高低；选取城市每百万人拥有的医疗机构数，每万人拥有的卫生技术人员数和医疗机构床位数、图书总印数、在校大学生数，养老、医疗和失业保险覆盖率以及人均社会商品零售总额、城市人均居住面积从医疗、教育、社会保障和居民生活质量等方面衡量新型城市化公共服务体系的均等化。

（4）新型城市生态环境系统。新型城市化注重城市可持续发展，注重生态文明建设，城市生态环境的优劣直接决定着城市发展的承载力。随着城市化进程日渐加快，以过度消耗资源环境来换取经济高速增长模式的弊端已经显现，人们越来越深刻地意识到自然资源及环境容量是制约经济与社会发展的重要"瓶颈"[139]。因此，新型城市化发展进程中，要推进低碳理念，将城市化与环境生态化相结合，减少人类生产、生活方式对自然的干扰和损害，创造生活环境宜居、生态空间优美的人居环境，不断提升城市的吸引力和辐射力，实现新型城市化的可持续发展。选取工业废水排放量、工业废气排放量、工业固体废弃物产生量和单位GDP综合能耗表示环境污染指标，衡量城市生态环境质量；选取工业污染治理完成投资额、工业固体废物综合利用率、城市污水处理率和城市生活垃圾无害化处理率表示环境治理指标，衡量城市生态环境保护；选取城市人均公园绿地面积、城市建成区绿化覆盖率表示生态宜居指标，衡量城市人居环境。

（5）新型城乡一体化系统。新型城市化要求"以人为本"，强调社会公平发展。城乡一体化发展事关我国新型城市化发展，事关我国现代化建设。长此以往的城乡二元结构割裂了城市和乡村的联系，造成了严重的社会问题，不利于我国城市化进程和谐健康发展。因此，城乡一体化就是要将城市和农村全都纳入城市化发展框架中，统筹协调，整合资源，形成城乡资源共同开发、共同利用，发展成果城乡共享、城乡共用的新格局。选取城乡人口比、城乡恩格尔系数比和城乡居民消费比，衡量城乡统筹发展力度、农村发展活力以及新型城市化和新农村建设协调推进程度。

（二）基于熵权 TOPSIS 法的我国低碳新型城市化水平测度

1. 熵权 TOPSIS 法原理

TOPSIS 法[140] 是"逼近于理想值的排序方法"，由 C. L. Hwang 和 K. Yoon 于 1981 年提出的一种多属性决策方法，通过确定各指标的"正理想解"和"负理想解"，测定各评价方案与正、负理想解的贴近度对方案的优劣进行排序。尽管 TOPSIS 法能够灵活地定量评价方案的优劣程度，但是指标权重确定的主观性和模糊性会导致评价结果的不准确。低碳新型城市化水平测度是涉及多个子系统及多项指标的多属性决策问题，关键在于指标权重的确定。基于此，本书引入信息熵[141-142]，根据各项指标相对变化率对系统的影响确定权重，将熵权法和 TOPSIS 法有效结合，运用熵权法科学客观地确定评价指标的权重，通过 TOPSIS 法对我国 30 个省域低碳新型城市化水平进行测度，确保能够全面客观地反映我国低碳新型城市化水平的动态变化趋势。

2. 低碳新型城市化水平评价模型的建立

假设低碳新型城市化水平评价指标体系中有 m 个省域、n 个指标，令第 i 个省域（$i = 1$，2，$\cdots$，m）在第 j 项指标（$j = 1$，$2 \cdots$，n）上的取值为 X_{ij}，形成原始指标矩阵 $(X_{ij})_{m \times n} = \begin{bmatrix} X_{11} & X_{12} & \cdots & X_{1n} \\ X_{21} & X_{22} & \cdots & X_{2n} \\ \cdots & \cdots & \cdots & \cdots \\ X_{m1} & X_{m2} & \cdots & X_{mn} \end{bmatrix}$。

（1）为消除不同指标量纲、数量及差异对于最终结果的影响，需要对原始矩阵进行标准化处理，公式为：

正项指标：
$$X'_{ij} = \frac{X_{ij} - X_{ij}^{\min}}{X_{ij}^{\max} - X_{ij}^{\min}} \tag{2.1}$$

负项指标：

$$X'_{ij} = \frac{X_{ij}^{\max} - X_{ij}}{X_{ij}^{\max} - X_{ij}^{\min}} \qquad (2.2)$$

其中，$X_{ij}^{\max}$ 和 $X_{ij}^{\min}$ 分别表示第 j 项指标的最大值和最小值。

得到 X_{ij} 的标准化矩阵：$(X'_{ij})_{m \times n} = \begin{bmatrix} X'_{11} & X'_{12} & \cdots & X'_{1n} \\ X'_{21} & X'_{22} & \cdots & X'_{2n} \\ \cdots & \cdots & \cdots & \cdots \\ X'_{m1} & X'_{m2} & \cdots & X'_{mn} \end{bmatrix}$

（2）计算第 j 项指标下第 i 个省域的比重：

$$P_{ij} = \frac{X'_{ij}}{\displaystyle\sum_{i=1}^{m} X'_{ij}} \qquad (2.3)$$

得到比重矩阵 $(P_{ij})_{m \times n} = \begin{bmatrix} P_{11} & P_{12} & \cdots & P_{1n} \\ P_{21} & P_{22} & \cdots & P_{2n} \\ \cdots & \cdots & \cdots & \cdots \\ P_{m1} & P_{m2} & \cdots & P_{mn} \end{bmatrix}$

（3）计算第 j 项指标的熵值：

$$e_j = -k \sum_{i=1}^{m} (P_{ij} \times \ln P_{ij}) \qquad (2.4)$$

其中 $k = -\dfrac{1}{\ln m}$。特别规定，当 $P_{ij} = 0$，$P_{ij} \times \ln P_{ij} = 0$，以确保 $0 \leqslant e_j \leqslant 1$。

（4）计算第 j 项指标的信息效用价值：

$$d_j = 1 - e_j \qquad (2.5)$$

（5）计算第 j 项指标的权重：

$$w_j = \frac{d_j}{\displaystyle\sum_{j=1}^{n} d_j} \qquad (2.6)$$

（6）计算第 j 项指标的正负理想解：

$$S_j^+ = \sum_{i=1}^{m} \max X'_{ij} \qquad (2.7)$$

$$S_j^- = \sum_{i=1}^{m} \min X'_{ij} \qquad (2.8)$$

（7）计算欧氏距离：

$$dis_i^+ = \sqrt{\sum_{j=1}^{n} \left[w_j \times (S_j^+ - X'_{ij})^2 \right]} \qquad (2.9)$$

$$dis_i^- = \sqrt{\sum_{j=1}^{n} \left[w_j \times (S_j^- - X'_{ij})^2 \right]} \qquad (2.10)$$

（8）计算各评价指标与理想解的贴近程度：

$$c_i = \frac{dis_i^-}{dis_i^+ + dis_i^-} \qquad (2.11)$$

根据贴近程度，对各个评价指标进行排序，c_i 越高，排名越靠前，表明评价对象的低碳新型城市化水平越强。相对贴近程度的大小顺序即为各省域低碳新型城市化水平的优劣排序。

3. 数据来源与处理

基础数据来源于《中国统计年鉴》《中国环境统计年鉴》《中国人口与就业统计年鉴》以及各省份统计年鉴（除港、澳、台地区），时间跨度为 2000 ~ 2015 年，样本数据包括我国 30 个省域，其中西藏多个变量数据缺失未包括在内。

4. 我国低碳新型城市化水平的测度结果及分析

（1）我国低碳新型城市化水平的总体动态变化趋势。根据上述熵权 TOPSIS 法测算我国低碳新型城市化水平及其构成子系统水平。图 2 - 2 绘制出 2000 ~ 2105 年我国 30 个省域低碳新型城市化水平（记为 CGUL）、新型城市经济发展水平（记为 UED）、新型城市人口发展水平（记为 UPD）、新型城市社会建设水平（记为 USC）、新型城市生态环境水平（记为 UEE）及新型城乡一体化水平（记为 URI）的变化趋势。可以看出：2000～2015 年我国平均 CGUL 呈现拉长 S 型上升趋势，平均 UED、平均 UPD 和平均 UEE 呈现平稳上升趋势，而平均 USC 和平均 URI 呈现倒置 W 型波动趋势。原因在于：得益于 2002 年党的十六大提出的"走中国特色的城镇化道路"和"十一五"时期节能减排政策的实施，平均 CGUL、平均 UED、平均 UPD 和平均 UEE 持续上升；然而，2008 年受金融危机的冲击，我国经济增长速度放缓，政府通过加大基础建设的投资推动经济发展，节能环保工作受到一定影响，平均 UEE 增长速度慢于平均 UED 增长速度，导致平均 CGUL 有所下降；2008 年金融

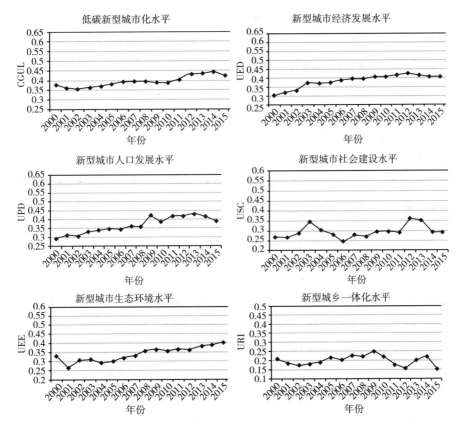

图 2 - 2　2000～2015 年我国低碳新型城市化发展水平及其子系统动态变化趋势

危机以后，我国经济环境发生了转折性变化，外需下降、内需拉动不足、资源环境约束趋紧等问题严重阻碍了我国经济可持续发展。因此，转变经济发展方式和实施党的十八大提出的"新型城镇化"成为推动我国经济增长的新动力，城市化低碳、绿色发展促使平均 CGUL 下降趋势得以反转，并于 2011 年出现反弹上升。在我国城市化快速发展进程中，农村人口不断向城市集聚，产业结构优化升级，经济结构日趋合理，然而道路、通信、卫生、教育和社会保障等基础设施、公共服务建设滞后于城市经济发展和人口发展，"以人为本"的城市化不够，没有真正实现城乡基础设施一体化和公共服务均等化。此外，产城结合不紧密、人口集聚和产业集聚的不协调、要素集聚和配置功能的不匹配致使城市社会建设落后于工业化，城镇内部新的二元矛盾、农村遗留问题、政策发布和实施结果间的滞后性都严重影响了城乡协调发展，导致平均 USC 和平均 URI 波动剧烈。

低碳新型城市化水平的高低取决于其子系统水平，为了进一步分析我国低碳新型城市化不同子系统在综合评价中的地位，对 2000～2015 年低碳新型城市化与其子系统进行 spearman 相关性检验，结果显示：新型城市经济发展水平、新型城市人口发展水平、新型城市生态环境水平与低碳新型城市化水平的相关系数均超过 0.8，是推进低碳新型城市化发展的主要因素；新型城市社会建设与低碳新型城市化水平的相关系数为 0.209，对低碳新型城市化水平影响较小；新型城乡一体化与低碳新型城市化水平的相关系数仅为 0.094，对低碳新型城市化水平的提高作用最小，是低碳新型城市化建设的重要短板。由此可见，传统城市化发展模式以"经济增长"为核心，片面注重追求城市数量增加和城市规模扩张，忽略城乡协调发展，城市化不平衡、不协调和不可持续性问题突出，而以"人的城市化"为核心的新型城市化注重城市化质量的提升，推进低碳发展、绿色发展，统筹协调经济发展、社会和谐、生态环境友好三方面的内容，整合社会资源，注重社会公平，打破城乡二元结构，贯彻落实"工业反哺农业，城市反哺农村"的战略方针，构建立体综合城市化体系。

（2）我国低碳新型城市化水平省域差异的空间梯度分析。根据国务院发展研究中心发展战略和区域经济研究部《中国（大陆）区域社会经济发展特征分析》提出的研究方法将30个省域（不包括西藏、港、澳、台地区）划分为八大区域，分别是东北地区、北部沿海地区、东部沿海地区、南部沿海地区、黄河中游地区、长江中游地区、西南地区和西北地区，测算2000～2015年我国30个省域低碳新型城市化水平及其子系统分解，结果如表2-2所示。

表2-2　　　　　2000～2015年我国30个省域低碳新型城市化
水平及其子系统分解平均值

地区	经济发展系统	人口发展系统	社会建设系统	生态环境系统	城乡一体化系统	综合发展水平	地区	经济发展系统	人口发展系统	社会建设系统	生态环境系统	城乡一体化系统	综合发展水平
东北	0.400	0.441	0.329	0.411	0.273	0.390	东部沿海	0.799	0.468	0.532	0.425	0.486	0.633
辽宁	0.522	0.462	0.489	0.539	0.249	0.452	上海	0.964	0.567	0.625	0.365	0.999	0.794
吉林	0.321	0.391	0.271	0.396	0.249	0.350	江苏	0.635	0.524	0.526	0.428	0.335	0.568
黑龙江	0.382	0.475	0.268	0.325	0.326	0.376	浙江	0.835	0.346	0.459	0.492	0.344	0.563
北部沿海	0.594	0.459	0.503	0.514	0.384	0.546	南部沿海	0.325	0.376	0.324	0.427	0.197	0.362
北京	0.721	0.636	0.770	0.484	0.829	0.798	福建	0.559	0.230	0.303	0.446	0.275	0.423
天津	0.662	0.438	0.445	0.756	0.469	0.566	广东	0.763	0.614	0.514	0.374	0.185	0.552
河北	0.440	0.344	0.382	0.307	0.250	0.384	海南	0.081	0.376	0.219	0.467	0.151	0.325
山东	0.594	0.463	0.489	0.621	0.225	0.512							
黄河中游	0.336	0.386	0.262	0.327	0.189	0.314	长江中游	0.335	0.371	0.282	0.321	0.224	0.356
陕西	0.319	0.415	0.291	0.305	0.218	0.303	湖北	0.416	0.392	0.365	0.325	0.230	0.421
山西	0.360	0.334	0.268	0.340	0.183	0.302	湖南	0.340	0.389	0.294	0.304	0.185	0.350
河南	0.362	0.488	0.294	0.310	0.176	0.376	江西	0.278	0.410	0.229	0.339	0.240	0.319
内蒙古	0.305	0.328	0.206	0.357	0.183	0.281	安徽	0.319	0.315	0.258	0.319	0.246	0.341
西南	0.283	0.242	0.179	0.254	0.067	0.252	西北	0.294	0.327	0.200	0.214	0.149	0.267
云南	0.273	0.214	0.151	0.275	0.061	0.253	甘肃	0.268	0.334	0.141	0.191	0.102	0.228
贵州	0.224	0.189	0.157	0.153	0.033	0.207	青海	0.342	0.386	0.203	0.186	0.187	0.300
四川	0.360	0.305	0.304	0.261	0.146	0.313	宁夏	0.285	0.246	0.153	0.221	0.188	0.245
重庆	0.347	0.337	0.153	0.325	0.030	0.273	新疆	0.285	0.362	0.367	0.267	0.139	0.305
广西	0.239	0.199	0.167	0.295	0.150	0.227							

依据表2-2，将我国30个省域低碳新型城市化水平从高到低划分为4个梯度，并将八大区域包括的省域按照划分标准进行统计，如表2-3所示。

表2-3　　　　2000～2015年我国低碳新型城市化水平梯度划分

区域	第一梯度 （CGUL≥0.7）	第二梯度 （0.7≤CGUL≤0.5）	第三梯度 （0.5≤CGUL≤0.3）	第四梯度 （CGUL≤0.3）
东北地区			3	
北部沿海地区	1	2	1	
东部沿海地区	1	2		
南部沿海地区		1	2	
黄河中游地区			3	1
长江中游地区			4	
西南地区			1	4
西北地区			2	2
合计	2	5	16	7

从宏观层面看，我国低碳新型城市化整体水平不高。第一梯度最高水平的省域只有2个，占总体的6.67%，处于新型城市化稳定发展阶段；第二梯度较高水平的省域也只有5个，占总体16.67%；第三梯度一般水平的省域有16个，数量最多，占总体的53.33%，处于新型城市化快速发展阶段；第四梯度较低水平的省域有7个，占总体23.33%，处于新型城市化初级向快速发展的过渡阶段。"以人为本"的新型城市化旨在探索更加均衡、协调、可持续的城市发展模式，为我国经济社会的发展注入新动力。在全面考察低碳新型城市化发展水平时，传统城市化由于发展方式粗放低效，片面强调"经济规模"，忽视了生态环境问题和协调发展问题，使得城市发展不均衡、不协调、不可持续，发展环节中存在的短板和问题就暴露出来，因此呈现出低碳新型城市化整体水平不高的态势。

　　从中观层面看,我国低碳新型城市化具有明显地区梯度分布,省域差异逐渐缩小。具有地理区位优势、经济发展优势的东部沿海、北部沿海地区低碳新型城市化水平均值分别为 0.633 和 0.546,高于全国平均水平。北京和上海两市作为我国经济、文化与科技的中心,资源配置效率较高、城市基础设施完善、公共服务健全,其低碳新型城市化水平处于第一梯度,并且通过辐射效应带动周边沿海发达地区低碳新型城市化的提升。天津、山东、江苏、浙江和广东等低碳新型城市化水平处于第二梯度,这些省域借助其经济发展实力、科学技术水平与政策支持力度的优势,促进低碳新型城市化发展。而受资源禀赋、地理位置制约,经济发展基础薄弱和生态环境脆弱的西南、西北地区低碳新型城市化水平仅为 0.252 和 0.267,这些地区城市数量不足、城市密度较小,难以形成集聚效应和扩散效应,低碳新型城市化水平远远低于东部沿海和北部沿海地区,大部分省域处于第四梯度。东北地区、南部沿海地区、黄河和长江中游地区低碳新型城市化水平介于 0.3~0.5 之间,这些地区承东启西、接南连北,区位条件较好、资源环境承载能力较强,近年来新型城市化速度提高较快,但经济发展不平衡、产业结构不合理成为制约新型城市化推进的重要"瓶颈",使得低碳新型城市化整体水平仍偏低,与沿海发达地区的差距没有明显改善,大部分省域处于第三梯度。

　　由此可知,2000~2015 年,我国低碳新型城市化逐步形成"两级多层次"的空间分布格局,以北京和上海两大都市为南北两极,从东到西呈现"东部沿海地区 > 北部沿海地区 > 东北地区 > 南部沿海地区 > 长江中游地区 > 黄河中游地区 > 西北地区 > 西南地区"的省域阶梯式差异的非均衡性演化特征。从反映各省域差异的变异系数(计算公式为 $C_v = \sigma_i / \bar{y}_i$,其中 σ_i 是第 i 地区各省域低碳新型城市化的标准差,$\bar{y}_i$ 是第 i 地区各省域低碳新型城市化的平均值)来看,我国各省域低碳新型城市化水平的离散程度逐步缩小,从 2000 年的 0.439 减小到 2015 年的 0.309,表明各省域之间的低碳新型城市化差异不断缩小。沿海地区低碳新型城市化整体水平较高，各省域发展水平不均衡程度较大，呈现先上升后下降再上升的波动趋势；东北地区、黄河中游和长江中游地区低碳新型城市化水平次之，各省域差异不断缩小，呈现先上升后下降的趋势；西南、西北地区低碳新型城市化水平较低，各省域差异呈现波动中下降的趋势。

从微观层面看，我国各省域低碳新型城市化不同子系统发展优势各异、协调性不足。如北京、上海、江苏、广东在新型城市经济发展、人口发展和社会建设水平等方面都遥遥领先，而且上海和北京的新型城乡一体化水平分别位于全国第 1 位和第 2 位，但这些省域在新型城市生态环境方面优势不明显是经济发达地区低碳新型城市化的短板。天津、山东和辽宁的新型城市生态环境水平位于全国第 1~3 位，新型城市经济发展水平也高于 0.5，新型城市人口发展、社会建设水平处于中等水平，但新型城乡一体化水平偏低。吉林、黑龙江、陕西、山西、河南、湖南、安徽的新型城市经济发展、人口发展、生态环境水平处于中等水平，但新型城市社会建设和新型城乡一体化水平低于 0.3，使得东北、黄河中游和长江中游地区省域的低碳新型城市化水平处于第三梯度。云南、贵州、广西、宁夏在新型城市经济发展、人口发展、社会建设、生态环境和城乡一体化等方面水平均低于 0.3，使得这些西部民族地区省域的低碳新型城市化水平处于第四梯度。

由此可知：①新型城市经济发展、人口发展和社会建设水平较高的省域主要集中于北部、东部和南部沿海地区，这些地区的经济基础雄厚、地理位置优越、交通发达、区位优势突出、城市圈建设程度高，核心城市的辐射和带动作用强，基础设施建设和公共服务居于全国较高水平；相反，发展水平较低的省域大多分布于东北、西南和西北较为偏远地区，这些地区位于我国地势的第二、第三阶梯，人口密度低，自然气候条件较为恶劣，经济发展落后于沿海沿江地区，城乡发展不平衡程度高、社会建设滞后。②北京、上海在新型城乡一体化方面位居前列，通过辐射效应带动东部和北部沿海地区新型城乡一体化水平处于全国中等水平,而其他地区新型城乡一体化水平均低于0.3,这说明我国城乡二元结构严重影响城乡一体化发展,区域协调发展机制不健全,城乡一体化发展质量有待继续加强。③新型城市生态环境水平较低的省域大多集中在黄河中游、长江中游、西南和西北等内陆地区,这些地区独特的气候地理环境和资源利用方式,加剧了生态环境的脆弱性,并在承接沿海地区产业转移过程中,一些高污染产业向中西部地区转移,进一步对脆弱的生态环境构成威胁,带来了严重的环境污染问题。

第二节 城市化进程中的产业结构与就业结构演变

一、城市化进程中的产业结构演变

(一)产业结构演变趋势

现代新型城市化的发展不仅仅是人口由农村向城市集中的单向流动,更多的是多种要素系统动态的演进过程。产业生命周期的发展与城市化进程息息相关,产业结构在城市化进程的不同阶段呈现出异质性趋势。17世纪,著名的配第—克拉克理论揭示了三次产业结构演变规律,随后以库兹涅茨和钱纳里为代表的发展经济学家发现了产业结构与城市化进程的关系:第一产业在国内生产总值中的比重居于首位,城市化处于初期阶段。第二产业在国内生产总值中的比重超过第一产业,第三产业比重逐步上升,城市化处于快速发展时期;此外,根据第二产业结构中轻纺工业、重工业以及高技术产业的比重又可以将城市化快速发展时期分为工业化前期、工业化中期和工业化后期三个阶段。随着第三产业在国内生产总值中的比重快速攀升,成为经济增长的主要驱动力,城市化进程进入后期阶段。

根据有关产业结构数据显示(见图2-3),除特殊时期外,1952~1970年,我国第一产业占据GDP的主导地位,处于城市化初期阶段；1970～2012 年，随着我国生产力的发展，科技的进步，城市化进程加速，农业比重大幅度下降，跌破 10% 的大关，工业比重超过 GDP 的 40%，成为经济增长的支柱产业，第三产业也呈现出快速增长的态势；2013～2015 年，工业比重略有下降，第三产业占据 GDP 的主导地位。由此，可以看出我国产业结构发展与世界产业发展规律相契合。

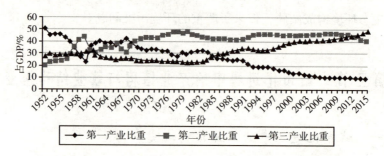

图 2 - 3　1952～2015 年我国三大产业占 GDP 比重演变趋势

　　产业结构作为衡量区域经济发展的重要指标之一，可以衡量区域经济所处阶段和发展潜力，对于区域经济发展起到至关重要的作用。日韩两国的实证研究表明，产业结构的优化升级表现为产业结构的合理化和高级化，两化对于经济增长的作用在不同阶段有所差异[143-144]。美国实证研究表明经济增长依托于合理的产业结构，具体表现为第二产业的稳定性作用，第三产业的强大拉动作用[145]。俄国经验表明产业结构的合理化是经济稳定增长的压舱石。基于这些国家研究结论，可以看出产业结构对于经济增长具有重要意义，区域经济的持续增长过程同样是产业系统不断耦合协调的动态演进过程[146]。

　　在我国城市化进程中，产业结构的不断优化对于城市化的发展起到了至关重要的作用，同时城市化水平的提高也反过来促进了产业结构的进一步优化。根据相关数据显示，我国产业结构在经济发展和城市化推进中得到不断地完善，三大产业占 GDP 比重由 2000 年的 14. 68：45. 54：39. 79 调整到 2015 年的 8. 83：40. 93：50. 24。

从图 2 -4 可以看出，在很长的时间段内，我国第一产业增长缓慢，第二、第三产业增长迅速，尤其是第三产业，在 2013 年增速反超第二产业，成为我国经济增长的主要动力。第二、第三产业的快速发展表明了我国工业和服务业的整体发展水平较好，发展势头强劲。

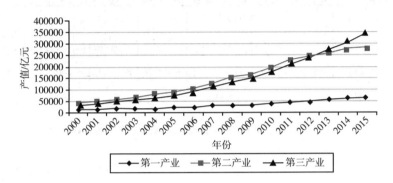

图 2 - 4　2000 ~ 2015 年我国三大产业产值

在区域分布上，通过对比 2000 年和 2015 年的八大区域三大产业产值和三大产业占 GDP 比重可以看出我国八大区域的三大产业演变规律，如图 2 -5 和图 2 -6 所示。

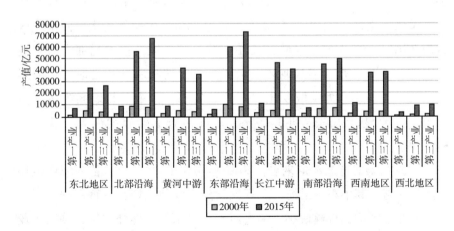

图 2 - 5　2000 年、2015 年我国八大区域三大产业产值

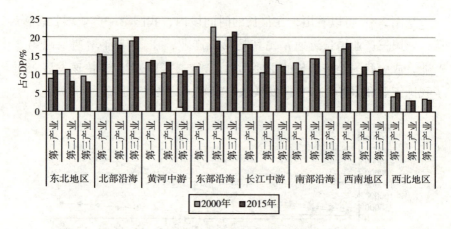

图 2-6 2000 年、2015 年我国八大区域三大产业占 GDP 比重

（1）从第一产业产值来看，2015 年相较于 2000 年，各区域产值均呈现增长态势，其中西南地区增长规模最大，为 8598.46 亿元；西北地区增长规模最小，为 2391.33 亿元。此外，各区域第一产业产值间的差距增大，由 2000 年的 2105.7 亿元增加至 2015 年的 8129.43 亿元。从第一产业比重来看，2000 年八大区域比重由高到低为：长江中游、西南地区、北部沿海、黄河中游、南部沿海、东部沿海、东北地区以及西北地区。到 2015 年，八大区域排位发生明显变化：西南地区成为全国第一产业龙头区域，长江中游下跌至第二位，北部沿海、黄河中游、南部沿海、东北地区、东部沿海紧随其后，西北地区仍旧居于末位。此外，八大区域变化幅度差异较小，其中东北地区第一产业比重上升明显，涨幅达到 2.19%，东部沿海下降幅度最大，跌幅达到 2.09%。

（2）从第二产业产值来看，2015 年相较于 2000 年，各区域产值增长趋势显著，其中东部沿海产业规模领先于其他区域，一直占据全国首位，西北地区增长规模最小，一直居于全国末位。此外，各区域间产业产值差距显著，2015 年为 2000 年的 5.85 倍。从第二产业比重来看，2000 年比重较大的区域主要分布在沿海地区，八大区域排前三位的区域

为：东部沿海、北部沿海、南部沿海，东北地区、黄河中游、长江中游
排名随后，西南地区和西北地区居于末位。到 2015 年，东部沿海和北
部沿海仍居于前列，但南部沿海被长江中游赶超，黄河中游排名也有所
上升，西南地区超过东北地区，但仍处于末位。从变化情况来看，长江
中游增幅明显高于其他区域，增长达到 4.11%；黄河中游和西南地区表
现不俗，增幅超过 2%；东部沿海和东北地区比重下降达到 3.84%
和 3.24%。

（3）从第三产业产值来看，东部沿海一直领先全国其他区域，西北
地区落后于其他区域。两个区域间的产值差距从 2000 年的 6575.22 亿元
迅速拉开到 62644.42 亿元，是三大产业中产值差距最明显的产业。从第
三产业比重来看，东部沿海增长幅度最大，为 1.48%；南部沿海成为全
国比重下跌最严重的区域，下跌 1.89 个百分点；东北地区略低于南部
沿海，下跌 1.51 个百分点。八大区域排位较稳定，2000 年与 2015 年未
发生变化，由高到低依次为：东部沿海、北部沿海、南部沿海、长江中
游、西南地区、黄河中游、东北地区、西北地区。

综上所述，全国各区域的三大产业从 2000~2015 年均实现产值增
长，增长幅度及区域差异程度均呈现"第一产业<第二产业<第三产
业"，东北地区、西南地区和西北地区在第一产业比重上升，第二、第
三产业产值增长幅度及比重增长幅度在空间格局上均呈现"东高西低"
趋势。东北地区是我国重要的粮仓，该区域山环水绕，沃野千里，水热
条件的纵横交叉，具备构建农业体系和农业地域分异优越的自然条件。
西南地区和西北地区自然资源丰富，物种多样，独特的水热条件适合发
展经济作物；此外这些区域受我国产业结构调整和区域条件限制，第
二、第三产业相对欠发达，第一产业重要性凸显。东部沿海、北部沿
海、南部沿海区位条件优越，经济发达，新型城市化建设水平较高，城
市群辐射和带动作用明显，城市功能划分较为合理，综合性工业基地集
聚，因此第二、第三产业发展势头强劲且具备同步性。长江中游和黄河
中游依托我国两条重要的交通枢纽，承接沿海地区产业转移，丰富的自

然资源、矿产能源以及稠密的人口为工业发展提供基础，第二、第三产业发展高于西南地区和西北地区。

（二）工业结构演变趋势

根据相关理论和诸多国家的实践证明：在城市化与工业化发展起步阶段，生产力低下，经济的发展主要依托于劳动力密集的轻纺工业；伴随着生产方式和生产关系的变化，重工业飞速增长，能源工业、制造业、重化加工业成为经济引擎，与此同时，资本也成为推进城市化与工业化的重要力量；当城市化与工业化发展到一定程度、产业结构不断调整优化、高技术产业取代重工业成为时代特征时，技术则成为促进经济增长、社会进步的最主要力量。由此可以看出工业内部结构的发展规律是：随着生产力的发展和科技的进步，工业内部的主导产业类型经历了由劳动密集型产业转向资本密集型产业，再转向技术和知识密集型产业的历程。

我国统计数据和工业发展实践证明：工业内部结构的调整会对工业内部产业的生产总值占比造成巨大影响。当前，我国工业内部结构中占据主导地位的产业为资本密集型产业，主要是由于我国在重化工业的深化发展过程中，资本扮演了举足轻重的角色，推动了工业保持高速发展态势。此外，在新一轮技术革命背景下，新型技术密集型产业对于我国实现"换道超车"、推动劳动密集型产业转型升级、提升工业整体竞争力的作用日渐凸显，该类型产业占比上升势头强劲，成为经济增长新的亮点。

（三）第三产业结构演变趋势

第三产业比重在快速城市化进程下逐渐提高，其内部结构也随之发生较大变动。研究表明：城市化发展过程中，第三产业内部结构的发展方向是由传统的服务业转向现代服务业，在此过程中，交通运输、邮电通信等流通部门的比重逐步降低，金融业、保险业和教育、文化等生产和生活服务以及提高文化水平和居民素质的部门的比重不断攀升。根据表 2 - 4 可以看出，以劳动密集型产业为代表的传统服务业逐步退出主导地位，新兴的现代的服务业内涵和规模都得到不断地扩充。在资本技术的推动下，新兴服务业在技术、效率、能耗、污染等方面都远胜于传统服务业，是未来第三产业发展的方向。

表 2 - 4　　　　我国第三产业各行业增加值占第三产业增加值比重　　　单位：%

年份	2004	2005	2006	2007	2008	2009	2010	2011	2012	2013	2014	2015
交邮政业	13.96	13.99	13.60	12.61	11.96	10.81	10.51	10.11	9.71	9.37	9.25	8.81
金融业	8.09	8.15	9.25	10.65	10.86	11.48	11.53	14.20	14.37	14.82	15.15	16.72
房地产业	10.76	10.65	10.53	11.92	10.77	12.06	12.51	13.03	12.76	12.95	12.34	12.05
教育产业	7.34	7.31	6.73	6.64	6.50	6.77	6.62	6.84	6.80	6.82	6.87	7.01
公管社组	9.21	8.82	8.29	9.35	10.08	9.80	8.90	8.37	8.21	7.80	7.63	7.69

二、城市化进程中的就业结构演变

（一）就业结构演变趋势

英国经济学家克拉克在研究了 20 个国家的时间序列数据之后得出重要的结论——配第 - 克拉克定理表明，不同的经济发展阶段，就业人口在三次产业中的分布结构呈现出不同的态势。将其纳入产业结构框架中可以表述为：城市化的快速发展促进了人均国民收入的不断提升，第一产业产值和劳动力占比呈现逐步下降态势，第二产业产值和劳动力占比则开始快速增长，从而推动经济发展，进而为第三产业产值和劳动力占比的提升提供发展空间。

1978 ~ 2015 年我国就业结构发生重大变化（见图 2 - 7）：乡村就业人数由 1978 年近似于 80% 的比重持续下降，到 2015 年跌破 50% 的大关，而城镇就业人数从 1978 年 20% 左右的比重逐步攀升，到 2013 年逼近乡村就业人数比重，2015 年超过乡村就业人数比重。

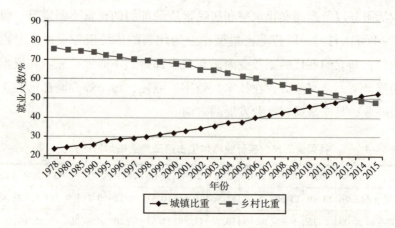

图 2 – 7　1978～2015 年我国城乡就业人数比重演变趋势

　　统计数据表明，2000 年我国第一产业从业人员为 36043 万人，第二、第三产业从业人员分别为 16219 万人和 19823 万人，第一产业就业人数居于三大产业首位，截至 2015 年第一产业就业人员下降至 21919 万人，第二产业就业人员增加至 22693 万人，第三产业就业人员增加至 32839 万人，超越其他两大产业高居首位。根据图 2 – 8 和表 2 – 5 可知：我国非农产业的就业人数呈现不断上升态势；从 2000 年起，第三产业

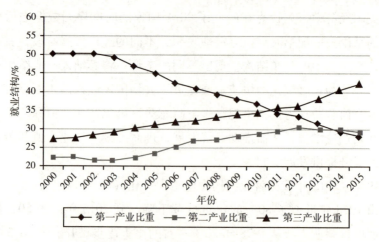

图 2 – 8　2000～2015 年三次产业就业结构比重

产值每增加 1 万元人民币而产生的就业岗位数都超过第二产业所能提供的，第三产业内部新兴行业的兴起以及商业模式的创新，都能带来新的经济增长点，从而能够提供更多的就业岗位。

表 2 - 5　　2000 ~ 2015 年城市就业吸纳能力 1 万元增加值创造的岗位　单位：个

年份	2000	2001	2002	2003	2004	2005	2006	2007	2008	2009	2010	2011	2012	2013	2014	2015
第二产业	0.36	0.33	0.29	0.25	0.22	0.20	0.18	0.16	0.14	0.13	0.11	0.10	0.09	0.09	0.08	0.08
第三产业	0.50	0.44	0.41	0.37	0.34	0.30	0.26	0.21	0.18	0.17	0.14	0.13	0.11	0.11	0.10	0.09

（二）就业结构在工业内部的演变趋势

工业是产业结构的重要组成部分，工业内部产业结构的变动也会影响内部就业结构。在我国城市化与工业化发展进程中，工业内部主导产业逐渐由劳动密集型工业转向资本密集型工业再转向技术知识密集型工业，就业人口也呈现出同步变化趋势。原因在于：劳动密集型产业依托于丰富的劳动力，创造经济利益；当资本和技术成为创造经济利益的重要驱动力时，劳动密集型产业受到冲击，所能吸纳的就业人数逐步降低，影响就业选择；资本密集型产业和技术知识密集型产业成为工业内部的经济增长点，就业前景广阔，产业细分和专业化水平高导致每万元增加值创造的就业岗位远大于劳动密集型产业，加上劳动力对其心理与预期较高影响就业选择，进而吸纳丰富的社会劳动力。与此同时，工业结构优化升级加强了与第三产业的联系，进一步拓宽就业范围。

近年来，我国工业内部就业结构发生较大转变，资本密集型产业与技术知识密集型产业为增加社会就业做出了突出贡献，2000 ~ 2015 年劳动密集型产业吸纳的社会就业人数不断减少，资本密集型产业相对平稳，技术知识密集型产业成为我国社会就业增长的主要行业，这与我国实行新型城市化战略和新型工业化战略密切相关。

（三）就业结构在第三产业内部的演变趋势

根据相关理论研究和国际实证研究表明，第三产业占 GDP 比重的不断上升会影响其产业内部就业人数与就业结构，就业人数在整体上与第三产业占 GDP 比重的变动趋势相同，而就业结构则在不同的时期呈现不同态势。现代服务业的快速发展为第三产业就业人数的增加提供了强大动力，由于第三产业与城市居民生活消费密切相关，人口城市化的快速发展增加了生活消费需求，拓宽的市场份额提供众多就业机会。快速城市化进程中，房地产业、保险业、金融业等行业繁荣发展，不断挖掘潜在需求，现代服务业得到长足发展，高端服务业在现代服务业中作用日渐凸显，成为经济增长和创造就业机会的强大动力。从图 2-9 可以看出，我国就业人数占全社会就业比重与第三产业占 GDP 比重呈现同步上涨趋势，我国就业结构在第三产业中与世界呈现同步发展趋势。

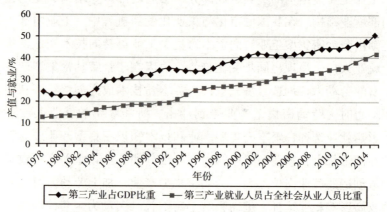

图 2-9　1978~2015 年我国第三产业产值比重与就业比重的演变趋势

第三节　城市化与工业化

一、城市化与工业化互动发展机制

城市化与工业化互动发展表现为：工业化进程促进生产要素集聚，使生产规模化、分工专业化、产业结构不断调整升级。工业部门为了降低专业分工带来的各项成本费用，选择聚集在经济活动密集的城市中，使得生产、流通、消费相互统一，密切的经济联系推动城市化的发展；城市集聚效应吸纳更多的人才、技术、资金、信息等要素，城市功能的完善促进生产要素的合理有序流动，推动产业结构优化与就业结构调整，为工业发展提供必要基础，促进工业化深化发展[147-150]。

基于工业化发展的视角可以发现：由于生产力的不断发展，工业内部产业内容和形式不断丰富和创新，工业体系愈加庞大和复杂。工业要持续不断地健康发展，这就要求工业内部产业之间建立一种稳定协调的互动关系，使得各产业之间的分工更加细致和专业，经济技术联系更加密切，工业内部各产业之间的产业链不断地延长和拓宽，创造更多的经济效益。

基于城市化发展的视角可以发现：城市化进程显著的特征在于生产要素与市场交易的快速集聚。在生产要素集聚方面，工业生产场所的建造受各种导向因素的影响，具有一定的空间限制性，工业企业在生产过程中还要考虑到从生产到市场的成本，城市发展过程中逐步建立起的便利交通，不断凝聚形成的稠密人口，以及满足人口生活所需而形成的广阔市场，都进一步促进各类生产要素不断聚集，为工业化发展提供基础。在市场交易集聚方面，工业内部产业的规模化发展，带动了产业链条长度和宽度的发展，交易市场不断拓宽，交易费用也随之增加，在经济利益的刺激下，从生产商到消费者之间的中间商数量激增，经过前期的野蛮生长，中间商之间竞争加剧，就会不断地提升产品和服务的专业性，降低中间费用，进而促进中间环节分工细化和专业化。由于生产要素和市场交易的快速集聚，城市化与工业化之间的经济联系愈发紧密，从根本上推动了城市化与工业化的互动发展。城市内集聚的生产要素进一步在工业产业内加速流动，创造更多的经济效益，促进工业化发展的同时增加了城市的吸引力和辐射力，人口流入加速，同时反作用于各种生产要素，促进市场交易的发展，为城市人口生活消费提供有力支撑。生活消费方式的转变和发展又对工业生产提出更高要求，刺激产业结构优化升级，促进资源配置方式向更加合理有效的方向前进，生产要素配比流动速度进一步加快。故此，形成城市化与工业化互动发展的良性循环（见图 2 - 10）。

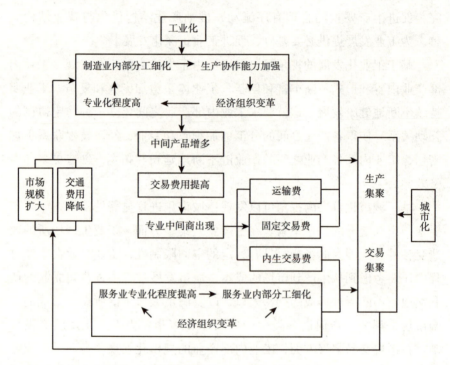

图 2 - 10 城市化与工业化互动关系的内在机制

二、城市化与工业化的互动关系

城市化进程的推进与工业化发展关系密切，其相互关系不能被割裂，工业化进程的推进为城市化的发展奠定牢固的物质基础，城市化的发展为工业化的扩张提供市场和动力，二者互为因果、互动发展。

（一）工业化为城市化的发展提供物质基础

工业化进程的推进为城市化的发展提供了牢固的物质基础和发展空

间，是城市化快速发展的内在驱动力。具体表现在以下方面：首先，工业化是城市化的物质基础和重要前提，工业化进程的推进有力地解放和发展了生产力，生产关系不断改进，生产工具加速更新换代，在此过程中创造和集聚了丰厚的物质基础，成为城市快速发展的前提条件。其次，劳动密集型工业化聚集了大量劳动力，为城市的发展提供大规模的劳动力和市场，随后资本密集型和技术密集型工业的发展进一步促进了人口在城市的聚集和繁衍，形成丰富的人力资源。最后，工业化的发展会加速带动其他产业的发展，加强产业间的经济联系，提升人们生活消费环境，延长居民寿命，形成强有力的吸引力和辐射力，最终带动城市化发展。与此同时，工业化进程的推进是第三产业的发展土壤。工业内部产业分工的专业化创造了更多的就业岗位和中间商群体，技术性较强、生产流程复杂化的诸多行业因为贴近居民的日常生活，渐渐演变为服务型行业，为第三产业的发展提供动力，进而成为城市化发展的新动力。

（二）城市化推动工业化进程

如果说在工业革命轰轰烈烈开展的 19 世纪和 20 世纪中，工业化形成的物质财富积累为城市化初期发展奠定了丰厚的现实基础，那么在现代社会中城市化对于资源整合，推进工业化由数量型发展向质量型发展转变，实现本国现代化具有无可比拟的作用[151]。纵观全球，城市化已经成为各国经济社会发展的重要表征，城市化不仅关注经济社会中经济增长问题，更将发展理论纳入整体框架，在追求经济规模增长的基础上，着眼于发展质量的提升，更加注重社会公平、代际公平、社会福利、人与自然的关系。城市化在发挥集聚生产要素、推动贸易、拓展市场作用的同时，还从社会、政治、生态等方面综合入手，多管齐下逐步转变传统的剥夺性工业发展方式，使经济社会走上绿色低碳可持续发展道路。

综上所述，城市化发展与工业化进程二者互动发展，自工业革命以来在"两化"综合推动下，经济社会的各个方面在整体上实现螺旋式上升。工业化进程的不断推进解放和发展了生产力，加快了生产工具的更新换代，推动了生产关系、组织结构的变革与调整，从而影响城市功能分区的空间布局，加速产业间的经济联系，逐步改变居民的生活方式。与此同时，城市化水平的不断提高也对工业产业结构、空间布局、生产组织等产生反馈，推动工业化进程发展[152]。在我国社会经济深刻变革的大背景下，要深刻理解城市化与工业化相互推进的内在逻辑，把握二者的内在联系，立足于我国现实国情，统筹协调二者发展速度与质量，推进我国经济社会健康、均衡、可持续发展。

三、城市化与工业化互动发展过程

美国经济学家钱纳里通过对全球多个国家和地区的经济发展数据进行研究，得出了"标准结构"与"工业化阶段理论"，并于 1986 年借助多国模型概括出工业化与城市化相互关系的变动模式[148]，主要内容为：工业化与城市化的相互关系在初期、中期和后期呈现出不同的关系，在发展初期，即工业化初期，城市化水平低于 30%，二者的互动关系主要表现为工业化推动城市化发展；进入中期阶段，即工业化中期和中后期，城市化进程加快，逐渐超过工业化，城市化赋予工业化的反哺作用凸显；到后期阶段，即工业化后期和发达经济阶段，工业化对于城市化的促进作用逐步衰减。

在发展初期，工业化对于经济社会的发展起主导作用。工业化早期依托于轻纺等劳动密集型产业，体力劳动是产业发展的主要动因。在此阶段，劳动力水平低下，产业界限不明确，市场力量弱小、内容贫乏、形式单一，随着工业内部制造业的逐步发展，劳动工具与劳动手段得到改进，生产效率提升，产业专业化、精细化趋势明显，市场容量不断增加，生活设施不断建设，城市发展的基础条件日渐完备。随着工业规模的进一步扩张，人口、资本、交通等生产要素不断在城市空间范围内集聚，城市功能区划由此产生，城市化进程开始形成。

在发展中期，工业化与城市化互动发展、互为因果。工业化进程进入中期乃至中后期，资本和技术取代了劳动，成为经济增长的重要引擎，尤其是技术进步和技术效率提升，成为一个国家或地区经济繁荣发展的内生动力。工业化的高度发展创造丰富的物质产品和服务，成为第三产业发展壮大的温床，中间商群体的快速增长和激烈竞争催生了更为专业化、品质化的服务行业，推动了城市化的快速发展。同样的，快速扩张的城市化为工业提供更为丰富的人力资源，更为广阔的市场，消费需求倒逼产业结构优化升级，提升工业化发展质量。因此，该阶段城市化与工业化互动发展。

在后期阶段，城市化成为现代化的核心力量。工业化后期乃至发达经济阶段，第三产业占据国内生产总值的最大比重，工业由于达到生产能力的饱和程度，专业化水平也达到较为稳定的高级阶段，不能再为社会就业、经济发展提供更加强劲的推动力。与此同时，城市化进程达到高水平阶段，服务业与居民生活联系密不可分，供需总量不断增长，传统服务业迸发出新的生机与活力，新兴服务业成为引领第三产业乃至产业结构发展的新方向，不但提供更多社会就业，而且加速人们心理和理念的更新换代，促进政治、经济、生态、文明等各方面协同发展，推进现代化进程。

四、城市化与工业化耦合关系研究

（一）工业化水平评价指标体系

1. 指标选取

工业化是现代化的核心内容，是传统农业社会向现代工业社会转变的过程。工业化的本质就是伴随科技进步、经济不断发展、产业结构优化升级的过程。我国推进工业化过程中取得一些成就，具备了较为独立和完整的工业体系和国民经济体系，但同时我国现在还处于工业化中期阶段，存在二元结构突出、区域统筹失调、能源资源瓶颈、高精尖产业弱小、服务业占比同发达国家差距大等现实问题。针对上述问题，推进工业化的深入发展仍是我国重要而艰巨的历史任务。

随着科学技术发展，高新技术对于世界任何国家或地区的经济社会各方面都产生深远影响，代表着一定生产技术条件下，最先进的生产力和技术水平，高新技术产业是最具可持续发展和经济潜力的产业集群，呈现出高智力、高收益、高战略、高群落、高渗透、高投资、高竞争、高风险的特点。随着信息化、智能化浪潮席卷全球，工业化发展必须与时俱进，不断调整发展方向和发展战略。这对工业发展提出更高要求，德国率先提出"工业4.0"的概念，美国提出"工业互联网"。同时，随着经济全球化深入发展，世界范围经济贸易发展的人才、资金、技术流动加快，世界各国经济和市场进一步开放和依存的同时国际竞争尤为激烈。我国工业化进程起步较晚，起步初期追求数量规模，导致发展方式粗放低效，以过度消耗资源、能源和牺牲生态环境为代价的工业化在新形势下难以为继，工业体系不完善日益明显，走注重质量和效益的新型工业化道路，推动工业结构优化升级，转变发展方式，培育高精尖工业行业势在必行。因此合理测度我国新型工业化水平具有重要的现实意义。基于上述分析，构建包含工业基础水平、工业经济效益、工业科技含量以及工业集约水平4个方面，包含12个测度指标的新型工业化水平评价指标体系，具体如表2-6所示。

表2-6   新型工业化水平评价指标体系

目标层	一级指标	二级指标	指标性质
新型工业化评价指标体系	工业基础水平	工业总产值/亿元	正向
		工业化率/%	负向
	工业经济效益	非农就业人口比重/%	正向
		规模以上工业企业产品销售率/%	正向
		规模以上工业企业成本费用利润率/%	正向
		规模以上工业企业总资产贡献率/%	正向

续表

目标层	一级指标	二级指标	指标性质
新型工业化评价指标体系	工业科技含量	R&D 经费占 GDP 比重/%	正向
		国内专利申请授权量/项	正向
		高技术产业利润总额/亿元	正向
		高技术产业主营业务收入/亿元	正向
	工业集约水平	万元工业增加值能耗	正向
		单位工业增加值"三废"排放综合指数	正向

注：表中有关人民币计量的指标全部用 GDP 平减指数平减至以 2000 年为基期。

2. 指标解释

（1）工业基础水平。工业基础水平能够最为直观地体现一个国家或地区的工业水平，选取工业总产值和工业化率来衡量工业基础水平。工业总产值是工业统计中最基础、最重要的一项指标，通常衡量地区工业化总体规模及发展程度；工业化率是国际上通用的衡量工业化程度的主要经济指标，是工业增加值与地区生产总值的百分比。

（2）工业经济效益。工业经济效益是指工业经济活动中投入与产出的比较，新型工业化相较于传统工业化更加注重工业化的质量与效益，选取非农就业人口比重、规模以上工业企业产品销售率、规模以上工业企业总资产贡献率、规模以上工业企业成本费用利润率表征工业经济效益。非农就业人口比重，即从事非农产业的劳动人口数量占总劳动人口的比率，在一定程度上反映劳动生产率水平的高低，是工业竞争力的表现之一；规模以上工业企业产品销售率指一定时期内产品销售收入占工业产值的百分比，用来衡量该企业产品的市场接纳程度，该指标值越大，表明市场对该企业产品的接纳程度越好，需求强劲；规模以上工业企业总资产贡献率是最重要的，用来衡量企业获利能力的指标。除此之外，规模以上工业企业成本费用利润率也是衡量工业经济效益的重要指标之一，该指标由既定期间内企业的利润总额除以成本费用支出得到，反映工业企业投入产出情况。

（3）工业科技含量。科技是推动工业变革的第一影响力，工业科技含量反映工业现代化水平和竞争力水平，采用 R&D 经费占 GDP 比重、国内专利申请授权量、高技术产业利润总额、高技术产业主营业务收入衡量工业科技含量。R&D 经费指内部开展 R&D 活动的实际支出，R&D 经费占 GDP 比重反映科研活动在整个经济活动中的重要程度；专利作为技术信息最有效的载体，国内专利申请授权量的多少反映了工业体系内部技术发展水平。高技术产业是集聚高精尖技术、生产科技含量高的产业集群，在企业成本费用支出中研发支出的占比居高不下，成为高技术产业的重要表征，高技术产业发展加快对其他产业的渗透能力增强。利润总额反映企业在报告期内实现的盈亏总额，主营业务收入是企业经常性活动的收入，对企业的经济效益产生较大影响，用高技术产业利润总额和主营业务收入衡量工业中高科技工业企业的经济效益，侧面反映工业科技水平。

（4）工业集约水平。现代工业化在充分利用一切资源的基础上，降低对资源和能源的依赖，减少对生态环境的破坏和污染，管理、技术、人力资源的利用趋向于集约化发展，整合全部资源来提升经济效益。集约水平能更好地表征现代工业化的内涵，采用万元工业增加值能耗和单位工业增加值"三废"排放综合指数体现工业集约水平。万元工业增加值能耗反映的是工业企业的能源经济效益高低的综合指标，单位工业增加值"三废"排放综合指数反映的是工业企业对生态环境影响的指标。

（二）我国城市化与工业化系统耦合协调关系动态变化

采用熵权 TOPSIS 法测算我国新型工业化水平，进而根据模糊数学中隶属度理论，结合灰色系统中的 GM（0，N）模型，构建城市化与工业化系统耦合协调度模型，测度 2000 ~ 2015 年我国城市化与工业化系统耦合协调关系。

1. 城市化与工业化系统耦合协调度模型

根据上述分析可知，城市化与工业化之间存在互动发展，工业化为城市化发展提供物质基础，城市化推动工业化进程。基于此，借鉴模糊数学中隶属度理论[153]，结合灰色系统中的 GM(0,N) 模型[154]，构建城市化与工业化系统耦合协调度模型，具体步骤如下：

（1）计算各子系统的相对协调度。

$$U\left(i/\bar{i}_{m-1}\right)_t = \exp\left(-\frac{\left(F_{it} - F'_{it}\right)^2}{S_i^2}\right) \tag{2.12}$$

其中，$\bar{i}_{m-1}$ 为子系统 i 外的其他 $m-1$ 个子系统所组成的小复合系统；S_i^2 为子系统 i 的发展值方差；F_{it}、F'_{it} 分别为 t 时期子系统 i 的实际发展值和其他子系统对子系统 i 的发展协调值；利用灰色 GM(0,N) 模型计算求得。设 $x_1^{(0)}$ 为系统特征数据序列，$x_i^{(0)}$ ($i = 2,\cdots,m$) 为相关因素序列，$x_i^{(1)}$ 为 $x_i^{(0)}$ ($i = 2,\cdots,m$) 的 1 – AGO 序列，则 $x_i^1(k) = a + b_2 x_2^{(1)}(k) + b_3 x_3^{(1)}(k) + \cdots + b_m x_m^{(1)}(k)$ 为 GM(0,N) 模型，将各子系统发展值进行相互回归，根据回归方程计算发展协调值。

（2）计算系统协调度。

$$U_t = \begin{cases} \dfrac{\min\limits_i \left[U\left(i/\bar{i}_{m-1}\right)_t\right]}{\max\limits_i \left[U\left(i/\bar{i}_{m-1}\right)_t\right]} & m = 2 \\[4mm] \dfrac{\sum\limits_{i=1}^m U\left(i/\bar{i}_{m-1}\right)_t U\left(\bar{i}_{m-1}\right)_t}{\sum\limits_{i=1}^m U\left(\bar{i}_{m-1}\right)_t} & m = 3,4,\cdots,M \end{cases} \tag{2.13}$$

其中，$U\left(\bar{i}_{m-1}\right)$ 为小复合系统 $\bar{i}_{m-1}$ 的协调度，当子系统数目大于 2 时，其系统协调度是一个递推过程，需要计算出各小复合系统 $\bar{i}_{m-1}$，$\bar{i}_{m-2}$，$\cdots$，$\bar{i}_2$ 的协调度。

（3）计算系统发展度。根据 Cobb-Douglas 生产函数构建系统发展度，表达式为：

$$T = \alpha \prod_i U(i)^{\beta_i} \quad (i = 1,2,\cdots,M) \tag{2.14}$$

其中，T 为城市化与工业化系统协调度，反映系统整体协同效应或贡献；α 为具有固定值的外生变量；β_i 为各子系统的产出弹性，反映各子系统对系统整体的影响程度。在城市化与工业化系统中，各子系统具有同等重要性的，故选取 $\alpha = 1$，$\beta_i = 0.25$。

（4）计算系统耦合协调度。以 U 为横坐标，D 为纵坐标构建三维空间来描述城市化与工业化系统的空间耦合类型，D 为耦合协调度，表达式为：

$$D = \sqrt{U \times T} \qquad\qquad (2.15)$$

借鉴现有文献的研究成果，采用均匀函数法对系统耦合协调度标准进行划分，具体如表 2-7 所示。

表 2-7　　　　　城市化与工业化系统耦合协调度评价标准

耦合协调度	0.000~0.099	0.100~0.199	0.200~0.299	0.300~0.399	0.400~0.499
协调等级	极度失调	严重失调	中度失调	轻度失调	濒临失调
耦合协调度	0.500~0.599	0.600~0.699	0.700~0.799	0.800~0.899	0.900~1.000
协调等级	勉强协调	初级协调	中级协调	良好协调	优质协调

2. 城市化与工业化系统耦合协调度的测算结果及分析

根据系统耦合协调度模型，测算 2000~2015 年我国城市化与工业化系统耦合协调度，并根据评价标准划分区域耦合协调阶段，结果如表 2-8 所示。

表 2-8　　　　2000~2015 年我国城市化与工业化系统耦合协调度

地区	耦合协调度	耦合协调阶段	地区	耦合协调度	耦合协调阶段
东北	0.801	良好协调	东部沿海	0.869	良好协调
辽宁	0.772	中级协调	上海	0.870	良好协调
吉林	0.809	良好协调	江苏	0.868	良好协调
黑龙江	0.822	良好协调	浙江	0.869	良好协调

续表

地区	耦合协调度	耦合协调阶段	地区	耦合协调度	耦合协调阶段
北部沿海	0.856	良好协调	南部沿海	0.843	良好协调
北京	0.900	优质协调	福建	0.832	良好协调
天津	0.868	良好协调	广东	0.889	良好协调
河北	0.805	良好协调	海南	0.811	良好协调
山东	0.854	良好协调			
黄河中游	0.790	中级协调	长江中游	0.816	良好协调
陕西	0.797	中级协调	湖北	0.831	良好协调
山西	0.759	中级协调	湖南	0.811	良好协调
河南	0.829	良好协调	江西	0.814	良好协调
内蒙古	0.778	中级协调	安徽	0.809	良好协调
西南	0.763	中级协调	西北	0.747	中级协调
云南	0.745	中级协调	甘肃	0.710	中级协调
贵州	0.753	中级协调	青海	0.758	中级协调
四川	0.811	良好协调	宁夏	0.723	中级协调
重庆	0.747	中级协调	新疆	0.800	良好协调
广西	0.759	中级协调			

2000～2015 年我国 30 个省域城市化与工业化系统耦合协调度变化幅度较小，介于 3 个不同的耦合协调阶段，北京的城市化与工业化系统耦合协调度最高，为 0.900，处于优质协调；吉林、黑龙江、上海、江苏、浙江等 18 个省域的城市化与工业化系统耦合协调度处于良好协调；辽宁、陕西、山西、内蒙古、云南等 11 个省域的城市化与工业化系统耦合协调度处于中级协调。从各个区域来看，八大区域的城市化与工业化系统耦合协调度从高到低的排序为：东部沿海地区（0.869）、北部沿海地区（0.856）、南部沿海地区（0.843）、长江中游地区（0.816）、东北地区（0.801）、黄河中游地区（0.790）、西南地区（0.763）、西北地区（0.747），与各区域城市化水平及工业化水平密切相关。其中东

部沿海地区、北部沿海地区、南部沿海地区、长江中游地区、东北地区处于良好协调，黄河中游地区、西南地区、西北地区处于中级协调，在空间上表现为"东高西低"的格局，与低碳新型城市化空间分布密切相关。沿海地区、东北地区、长江中游地区是我国轻工业和重工业率先起步区域。随着改革开放，这些区域利用雄厚的经济基础、良好的自然生态区位条件、有利的政策条件等优势，大幅度吸纳劳动力、资金、技术，产学研的融合程度高，推动产业结构升级、经济结构调整，使得工业化水平进一步迅猛发展，同时推动城市基础建设，提升公共服务，扩大京津冀、长江三角洲和珠江三角洲三大城市群的集聚效应和辐射带动效应，促进城市体系的完善，工业化与城市化两者互动发展，系统耦合协调度较高。黄河中游地区、西南地区和西北地区自然资源丰富，是我国的资源、能源富集地区，拥有众多重要的重型工业基地，但是由于地理区位条件和生态环境制约作用明显，基础设施建设和经济发展程度远低于沿江沿海地区，在发展过程中"经济增长—生态环境"瓶颈作用显著，长期依靠能源、资源开发，发展方式粗放低效，产业结构单一，承接产业转移具有诸多限制，导致区域内工业体系不健全，城市群建设规模小，建设不完善，辐射带动作用较差，工业化与城市化发展水平较低且联系不够紧密，相互促进作用较弱。

第四节　城市化进程中的居民消费需求扩张

一、城市生活方式的快速扩张：农村生活方式的城市化

根据发达国家工业化推进的经验，在一国工业化进程中，受资源禀赋、国家政策、社会习俗等条件的限制和主导，各个区域经济发展水平会逐渐产生差距，城乡界限、产业分化也会愈发明显。经济发展水平较高的区域、城市和产业会对劳动力产生强大的虹吸效应，加速城市化和

工业化进程的推进，在此过程中对产业结构、就业结构产生影响。反之，偏远地区、乡村以及经济效应较低的产业由于劳动力资源不足、资金匮乏、技术水平低下等条件限制，居民生活条件改善程度不明显。从我国发展现状来看，区域发展不平衡、城乡二元结构明显、产业结构不合理都严重阻碍了我国经济社会健康可持续发展，处于比较劣势一方的农村居民民生问题日渐成为社会问题的热点，如何提高收入，刺激消费这一问题亟待解决。

新型城市化是应对我国当前经济社会发展现状存在的问题而提出的战略性发展模式，它符合我国经济社会可持续发展的迫切要求，是实现我国现代化强国的必由之路。新型城市化是一个拥有自适应能力的分工网络系统，它并非简单的人口、资源、资金等生产要素由农村向城市集聚的单一维度的"农村的城市化"，而是包含着农村与城市的双向互动，在城市内部生产要素进一步集聚的同时，强调城乡统筹，贯彻落实"工业反哺农业，城市支持农村"的发展理念，逐步打破城乡二元结构的桎梏，在促进城市化水平提高、城市人居环境改善、公共服务均等化的同时，改善农村生活品质，提高农民生活水平，推动农村生活方式城市化[155]。

（一）农村生活方式城市化的相关含义

生活方式指的是个人、群体或全体社会成员在一定的社会条件制约和价值观念指导下所形成的满足自身生活需要的全部活动形式与行为特征的体系，涵盖了消费方式、劳动方式、娱乐方式等。人类社会的历史发展表明，生产力提高和科技进步，扩充了人们生活的时空范围，增强了人们作为社会主体的能动性，使得生活方式在社会的生产和再生产中的地位和作用就尤为重要。生活方式与人们的物质生活和精神生活息息相关，不同的地域条件、政策法规、社会意识、思想观念都会对人们的生活方式产生影响。

生活方式城市化体现了当代经济社会发展的社会化、集中化、市场化程度以及消费结构变化等方面的内容[156]。主要体现在：一是生产的社会化。城市化进程体现着由分散的小生产者转化为大规模社会生产的过程，生产的社会化包括生产资料使用的社会化、生产过程的社会化以及产品的社会化，涵盖了要素的生产、交换、分配和消费环节。二是居住范围与条件的集中化。城市是各种生产要素高度集聚的产物，生产力、产业细分程度、专业化居于较高水平，居民活动范围逐步扩张，带动基础设施、公共服务规模和质量的提升，进而促进了城市范围内各功能区划在空间分布上相对密集。三是市场开放程度高。城市不仅仅是生产要素集聚的场所，更是商品贸易发达的场所，生产要素与贸易之间互动发展，不断推动城市市场开放程度提高，市场配置资源的决定性作用凸显。四是消费方式多元，消费结构完善。城市产业结构和就业结构完善，城市居民收入较高且层次多元，市场化程度高，需求旺盛，消费理念丰富，因而带动了消费方式的多元化发展，推动消费结构的完善。消费结构的完善体现在消费结构高级化和合理化两方面，具体表现为消费层次的多元化、消费主体意愿得到满足、扩层次消费速度加快、消费环境优良、消费可持续性等方面。

农村生活方式描述的是农村居民系统化、模式化的生活活动的典型形式与总体特征。其内涵丰富，主要涵盖了农村居民的生产方式与生活方式，具体表现在人们衣、食、住、行、娱、教等方面。农村生活方式城市化指的是城市化快速扩张，在空间地域、生产生活、思想观念等方面对农村社会产生影响，是农村社会打破传统自给自足的发展模式，将农村纳入新型城市化框架中，使得新型城市化的成果惠及城乡居民，促进城乡协同发展[157]。

（二）农村生活方式城市化表现形式

我国作为世界上最大的发展中国家，农村人口基数大，农村发展迫切。随着新型城市化的推进，城市支持农村，工业反哺农业，城市的扩张在空间地域、思想观念等方面加速了农村社会的变革，推动了传统方式的变迁，促进了农村生活方式城市化进程。

1. 生产方式的变迁

传统农村以家庭或联合组织为基本生产单位，农业劳动以人力、畜力为主，生产力水平较低。劳动活动较分散，劳动强度大，智力化程度低。随着生产力的进步和科技的发展，城乡统筹下，劳动生产方式由人力劳动转向机械化、电气化、智能化方向转变，生产工具的更新换代加速了生产效率的提高，资本和科技成为提高生产效率的重要推动力。根据相关统计数据，从农业机械总动力和粮食产量方面可以看出这一变化，2000 年农业机械总动力和粮食产量分别为 52573.61 万千瓦和 46217.52 万吨，到 2015 年农业机械总动力和粮食产量分别为 111728.07 万千瓦和 62143.92 万吨，涨幅分别为 112.52%、34.46%。在观测期间内，农业机械总动力一直保持上涨态势（见图 2 – 11），粮食产量除 2003 年波动较大外，也呈现波动上升的态势（见图 2 – 12）。

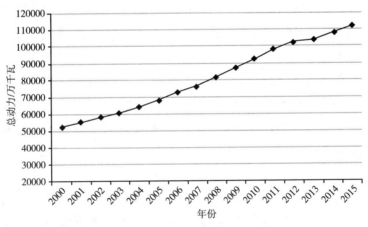

图 2 – 11 2000 ~ 2015 年我国农业机械总动力

2. 消费方式的变迁

消费方式是体现人们现代生活方式的渠道之一。消费方式的内涵是在既定的社会生产力水平以及动态稳定的生产关系条件下，消费者与消费资料所呈现的配比方式。消费方式是自然形式与社会形式的矛盾统一[158]。

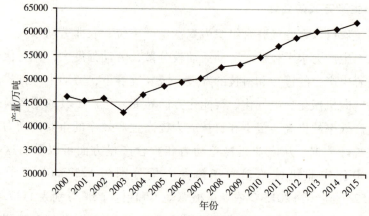

图 2 - 12　2000 ~ 2015 年我国粮食产量

因此，消费方式具有自然和社会两重属性。消费方式的自然属性主要取决于自然条件和人们征服自然的能力。传统农村居民改造自然能力和生产力水平较低，自给自足的小农经济条件下消费水平低，部分地区的农村居民甚至处在营养不良和饥饿状态。消费结构中食品支出占据消费支出的比重大，用衡量消费结构优劣的恩格尔系数研究发现农村居民恩格尔系数通常比城镇居民恩格尔系数高。如图 2 - 13 所示，2000 ~ 2015 年我国农村居民和城镇居民恩格尔系数相比，农村居民恩格尔系数始终高于城镇居民恩格尔系数，但下降幅度远大于城镇居民恩格尔系数。随着城市生活方式的快速扩张，经济收入水平较高的城镇消费者的消费习性与消费形式会对农村消费起到引导作用。而城镇相对较高的聚集与信息传递通道让消费信息传播更为快捷，快速形成消费热点并传播出去，进而刺激农村消费需求，使得农村地区消费者改变原有消费思维，向城镇居民的消费习性靠拢。农村居民消费方式的发展方向由传统的自给自足型转向市场商品型，消费内容逐渐丰富，由较为单一的生存资料消费逐渐发展为多元的发展型、享受型商品消费[159 - 160]。生产力发展和科技进步从根本上推动了现代农业的发展，逐步摆脱自产自销的消费方式，农产品参与市场化的程度越来越深。在"工业反哺农业，城市反哺农村"发展战略下，农村居民的消费方式与城市居民的消费方式日

渐接轨,商品型消费支出占总支出的比重逐渐增多。如图2-14所示,
2000~2015年我国农村居民家庭支出在衣着、居住、娱乐、医疗等消费
金额逐渐上涨。

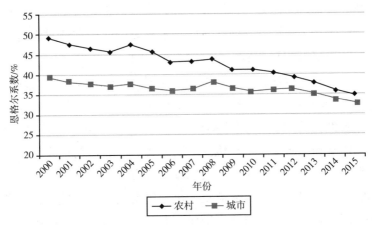

图 2-13　2000~2015 年我国农村居民和城市居民恩格尔系数

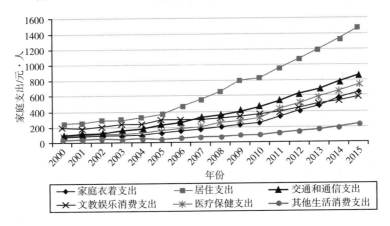

图 2-14　2000~2015 年我国农村居民各类家庭支出

消费方式的社会属性主要受到人们所生活的社会条件的影响。根据
相关理论研究表明,人生活在社会中,社会生活中的人们必然要对自己
所属的群体进行区分,并通过归属认同存在于社会及其群体中,依托于
自我认同与他人进行社会交往。那么,消费者必然是具有特定的社会位

置和群体归属的人^[161]。不同消费者所处的社会条件为其消费方式提供了多元的选择，主要影响因素有：最根本的是经济因素，包括生产力发展水平、生产关系、经济制度体系、人均收入水平、商品价格等内容；其次是所处社会环境的政治体制以及政策法规因素。城市化是一种复杂多元的社会经济力量，会从收入效应和示范效应两个视角对农村居民的消费进行刺激，形成长期的、积极的明显影响。

城市化的收入效应指的是城市经济发展水平普遍高于农村地区，为新进的农村劳动力提供就业机会和生活环境也要优于农村，较高水平的收入会激发潜在的消费需求，从而刺激消费扩张。城市化快速扩张下，城市功能的日趋完善、人居环境的不断改善、产业结构优化升级、经济发展的强大吸引力都是吸引农村人口流入城市的强大动因。人口流入城市，非农产业集聚的生产要素流动加快，集聚效应降低成本，提供丰富的就业岗位，导致新进人口收入增加，消费需求增大，进而刺激消费扩张，而扩张的消费又创造出更多的经济效益和就业机会，形成良性循环。此外，城市广阔的消费市场可以很好地消化周围地区的农产品，解决农产品滞销问题，增加农民收入，提高消费水平。

城市化的示范效应使得消费者在认知和处理自己收支关系的同时与周围的消费者进行比较，在当前我国社会主义市场经济条件下，商品种类繁多，产量丰富，这种示范效应尤为明显。消费者存在的攀比心理和消费惯性，会使其在固有的甚至是下降了的收入水平基础上，向消费的更高层次移动。当农村居民进入城市后，周围环境的改变会通过耳濡目染的方式改变其原有的生活方式和消费方式，促使他们趋向于提前消费。在全球化潮流下，城市化进程中的消费示范效应向国际化靠拢，消费层次更加多元丰富，人们对于高层次的奢侈品、住房、汽车等的消费力不可小觑，消费结构不断完善。

3. 娱乐方式的变迁

传统农村生活方式受生产力水平以及自然条件限制，闲暇时间少且受时节影响，生活以及生产的物质资料匮乏，按照马斯洛需求层次理论，在通常情况下，物质资料是人们生存最基础的条件，其他精神生活显得并不那么重要。因而农村居民的精神生活匮乏，基础设施建设不足，人际交往受地缘和血缘关系影响深远，传统习俗成为娱乐方式传播和发展的阻碍因素，固有的生活习惯占据主导地位，生活方式市场化进展缓慢。随着生产力的发展和科技进步，带来了丰富的物质生活，解放了农村劳动力，开发了农村市场的潜力，使得农村居民的闲暇时间逐渐增多，生活水平不断提高，随着多媒体、移动网络的广泛传播和应用，逐步地改变了农村居民的日常生活，娱乐方式由单调贫乏向丰富多彩、高层次、个性化转变。

4. 参政意识的转变

传统农村生活发展模式是自给自足，分散化和个体化是其生活方式的突出特点，这也导致了农村居民政治生活态度淡漠，参政意识不强。随着现代科学技术的发展和新的生产方式的出现，加速了农村社会、经济、精神生活方面的变革，促进了传统生活方式的变迁。如图 2 - 15 所示，农村村民委员会覆盖程度在 2000 ~ 2006 年呈现急速波动上升，到 2010 年波动下降，而后平稳上升，这是受我国行政区域规划变动的影响。2015 年农村村民委员会覆盖程度为 17.95%，较 2000 年的覆盖率

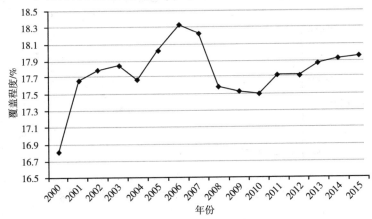

图 2 - 15　2000 ~ 2015 年我国农村村民委员会覆盖程度

16.80%有所提升，反映了农村居民参政意识普遍增强，越来越多地参与管理基层经济活动和社会事务，参与基层事务的决策活动。

二、快速城市化下的居民消费扩张

消费是促进经济增长的"三驾马车"之一，对于调节市场供需，促进社会稳定有序发展起到至关重要的作用，在快速城市化下城市居民物质生活极大丰富，居民消费不断扩张。根据图 2 - 16 和图 2 - 17 可以看

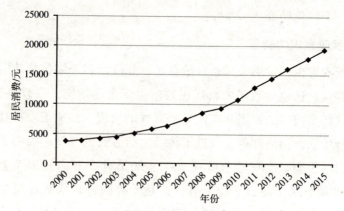

图 2 - 16   2000 ~ 2015 年我国居民消费水平

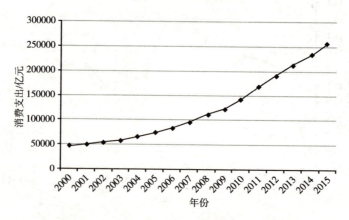

图 2 - 17   2000 ~ 2015 年我国居民最终消费支出

出，2000～2015 年我国居民消费水平和居民最终消费支出均呈现不断上涨的趋势，2000 年我国居民消费水平和居民最终消费支出分别为 3721元和 45854.6 亿元，到 2015 年我国居民消费水平和居民最终消费支出分别为 19308 元和 255714.9 亿元，上涨幅度分别为 418.89% 和 457.66%。

现代社会中城市化发展水平越高的国家，第三产业所起到的主导作用越明显，消费对于社会再生产的贡献力度显著。近年来，我国城市化进程的快速推进，第三产业发展势头强劲，截至 2015 年，我国第三产业产值达到 344075 亿元，占 GDP 比重达到 50.2%，高出第二产业9.3%，成为经济增长的重要引擎。在产业内部也发生重大变化，饮食业、旅游业、商业等传统服务业保持稳定增长，金融、保险、房地产等现代高端服务业的快速发展使得第三产业产业内容不断充实、产业模式不断创新，为第三产业的繁荣发展注入新的活力。

城市化的快速扩张是第三产业蓬勃发展的重要契机，由此形成的新的经济增长点推动了消费思维、消费方式的创新，在不断满足现有消费需求的同时深入挖掘潜在的消费需求，促进居民消费增加。从表 2-9和图 2-18 可以发现：从消费支出规模上看，2015 年相较于 1990 年，城镇居民人均现金消费支出实现近 13 倍的增长，食品、衣着、居住等各类消费支出也呈现出翻倍增长；从消费支出比重上看，2015 年相较于1990 年，除了衣着和文教支出比重略有下降外，其他类型的消费支出均呈现增长态势。

表 2-9　　　　　　1990～2015 年我国城镇居民消费情况　　　　单位：元

年份	1990	2000	2010	2011	2012	2013	2014	2015
人均现金消费支出	1278.89	4998.00	13471.45	15160.89	16674.32	15453.00	16690.60	17887.00
食品	693.77	1971.32	4804.71	5506.33	6040.85	5461.20	5874.90	6224.80
衣着	170.90	500.46	1444.34	1674.7	1823.39	1551.50	1626.60	1700.50
居住	60.86	565.29	1332.14	1405.01	1484.26	1579.90	1625.60	1665.90

续表

年份	1990	2000	2010	2011	2012	2013	2014	2015
家庭设备及用品	108.45	374.49	908.01	1023.17	1116.06	1124.00	1225.60	1298.70
交通通信	40.51	426.95	1983.70	2149.69	2455.47	2313.60	2631.50	2889.80
文教娱乐	112.26	669.58	1627.64	1851.74	2033.50	1986.30	2140.70	2381.00
医疗保健	25.67	318.07	871.77	968.98	1063.68	954.80	1038.50	1153.70
其他用品及服务	66.57	171.83	499.15	581.26	657.10	481.70	527.10	572.60

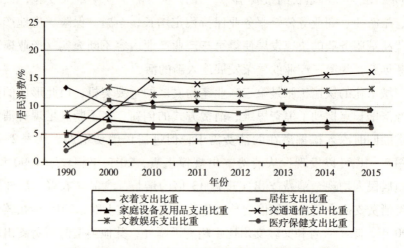

图 2 - 18 1990 ~ 2015 年我国城镇居民消费演变趋势

综上所述，在推动城市化发展过程中，第三产业迅猛发展，产业内容更加丰富，产业发展模式不断创新，积极引导消费理念，挖掘潜在消费需求，创造新的经济增长点。第三产业对城市化在时空上向周边地区渗透，创造消费基础和扩大消费市场，刺激消费行为。

三、快速城市化下的居民消费升级

消费升级又称为消费结构升级，具体指的是在一定的经济发展水平下，居民消费支出规模扩大，消费内容不断扩充，消费层次更加多元。它会随着社会经济各影响因素的变化而不断变化，物价水平、收入水平、消费心理和行为、社会经济发展水平、产业结构、人口状况以及自然环境等因素都会影响消费结构的变动。

消费结构的演化规律主要包含消费结构高级化和消费结构合理化。消费结构高级化指的是随着居民收入水平的不断提高，消费结构会呈现二重升级效应，即消费层次的提升和消费内容的扩张，且消费支出会以更快的速度向更高层次延伸；消费结构合理化体现在多个维度，例如，能够满足居民不同层次的消费需求，拥有优质的消费质量、消费环境以及消费条件，消费结构能良好地适应经济社会可持续发展的需求，能够有效地立足于区位优势，符合环境友好型社会发展要求。

在城市化进程推进过程中，产业结构升级是突出的表征之一，消费受到的影响主要从两方面体现：首先，表现在消费总量的扩张。产业结构升级带来的高效的经济效益，促进了经济的发展，在经济持续增长的背景下，消费需求和消费心理逐步产生变化，消费总量不断扩张。其次，表现在消费结构的升级。产业结构优化升级，落后产能和过剩产能遭到淘汰和控制，为优质产能的发展提供了空间，同时刺激了市场的进一步活跃，消费市场规模和内容得到扩充，消费结构由此调整优化。

由前文可知，在2000～2015年我国城市化进程中，三大产业经济规模均呈现上涨趋势，其中第三产业比重赶超第二产业成为我国经济发展的重要引擎。产业结构不断优化，新兴产业蓬勃发展，商业模式不断创新，促进人口就业，提高居民收入，消费层次不断提升，消费内容更加丰富，消费理念和消费行为立足于人的全面发展，突出体现新型城市化的核心要义，向着更加平衡、健康、协调、可持续方向发展，进而推动了消费结构的升级。

第五节 产业与功能定位下的城市建设
扩张和城市交通快速发展

一、城市建设的快速扩张

(一) 城市建设演变过程

城市的形成归根结底是由于社会生产力的发展带来产业专业化、分工精细化而推动形成的，是人类走向成熟和文明的标志，也是人类群居生活的高级形式。城市内部区划包括了居民住宅区、工业发展区、商业贸易区以及行政服务区等多种功能分区，城市功能分区在一定程度上反映了城市建设水平。城市建设是城市发展的外在表现，是城市管理的重要表征。现代城市建设过程中，城市规划是主体框架，基础设施建设和公共服务是重要内容，人居环境质量是衡量标准[162-163]。现代城市建设涵盖诸多内容，本书从以下几个方面研究我国快速城市化进程下城市建设的演变过程。

1. 城市人口演变趋势

城市人口密度反映生活在城市范围内的人口疏密程度，该指标能从数量上反映人口分布的地区差异。我国城市化的快速发展，加速了城市对于人口的集聚作用，城市人口密度不断增大。根据图 2-19 可以看出，2000~2015 年我国城市人口密度呈现阶段性增长趋势。从 2000~2005 年，我国城市人口密度表现出一种"凸"型曲线增长，2005~2006 年城市人口密度激增，突破 2000 人/平方公里。随后两年略微下降，2008 年后实现平稳增长。

分区域来观察城市人口密度变化情况，结果见表 2-10。可以看出：从时间序列上看，2000~2015 年八大区域城市人口密度都实现了增长，增长规模由大到小依次为东北、黄河中游、长江中游、西北、南部沿

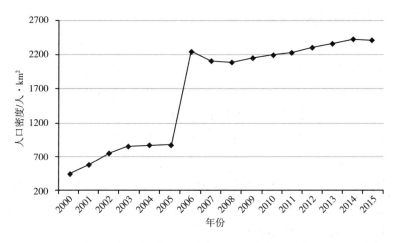

图 2 - 19　2000～2015 年我国城市人口密度

海、西南、北部沿海、东部沿海，增长速度由大到小分别为西北、东
北、长江中游、西南、黄河中游、南部沿海、北部沿海、东部沿海。

表 2 - 10　　　　　　　2000～2015 年我国八大区域城市人口密度　　　　单位：人/km²

年份	东北	北部沿海	东部沿海	南部沿海	黄河中游	长江中游	西南	西北
2000	468.6	1199.8	1575.9	836.5	836.9	694.4	485.6	200.1
2001	610.9	1320.8	1499.6	1047.1	871.6	984.4	574.6	275.6
2002	707.0	1332.7	1390.2	1328.5	943.2	1085.1	674.2	311.9
2003	693.7	1349.5	1431.4	1157.7	1395.7	1286.0	585.7	322.0
2004	690.5	1439.1	1476.8	1799.1	1786.1	1254.5	617.1	292.5
2005	694.0	1122.9	1658.4	1554.4	1849.3	1296.9	646.3	850.7
2006	2342.2	1894.5	2392.1	2609.6	2656.4	2725.9	2044.4	4064.6
2007	2158.1	1835.4	2189.7	2406.5	2823.1	2789.6	2139.1	2347.0
2008	2273.9	1834.5	2152.1	2369.3	2806.2	2770.5	2183.1	2420.7
2009	2413.4	1822.2	2247.9	2382.7	2945.9	2792.2	2221.9	2467.4
2010	2396.9	1878.2	2354.1	2459.9	2998.4	2873.7	2351.9	2630.4
2011	2754.0	1874.6	2349.8	2563.1	2869.9	2768.1	2393.2	2656.1
2012	2869.3	1907.8	2376.5	2506.2	3036.8	2871.4	2389.5	2817.5
2013	2949.6	1947.7	2407.9	2545.4	3186.3	3071.7	2170.0	2812.5
2014	2936.8	2070.6	2424.6	2600.8	3467.7	3113.6	2306.9	2700.0
2015	3034.5	2132.3	2456.8	2567.3	3394.0	3113.1	2155.7	2470.2

2. 城市建成区演变趋势

城市建成区是城市建设和发展的主要区域，包含了城市居民生活出行的各种基础设施条件、公共服务机构等。其空间形态、边界增长受城市所处的自然条件和社会条件综合影响，范围既包括开发建设完善的市区，也包括同市区联系紧密的近郊区。合理有效地规划城市建成区土地使用规模、利用方式以及开发建设形成的空间形态，对城市功能的完善具有重要意义。

由图 2 – 20 可以看出，2000 ~ 2015 年全国城市建成区面积呈现较为稳定的增长态势，2015 年较 2000 年城市建成区面积扩大了 29663.31 平方公里，涨幅达到 132.20%。

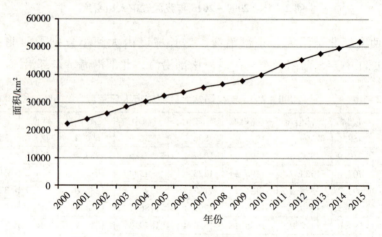

图 2 – 20　2000 ~ 2015 年我国城市建成区面积

根据表 2 – 11 可以看出：2000 ~ 2015 年我国八大区域的城市建成区面积都呈现出扩张趋势，八大区域城市建成区面积扩张规模和幅度以及增长态势呈现出区域差异。其中，扩张规模最大的区域为北部沿海（5097 平方公里），最小的区域为西北（1405 平方公里）；扩张幅度最大的区域为黄河中游（193.70%），最小的区域为东北（69.79%）。增长态势呈现出平稳性的区域为南部沿海、东北、黄河中游以及西北；呈现较小波动的区域为长江中游和西南；出现大幅度波动的区域为东部沿海和北部沿海。

表 2 – 11　　　　　　2000 ~ 2015 年我国八大区域城市建成区面积　　　　单位：km²

年份	2000	2001	2002	2003	2004	2005	2006	2007	2008	2009	2010	2011	2012	2013	2014	2015
东北	3318	3507	3691	3862	4040	4219	4340	4495	4615	4790	5096	5227	5348	5488	5570	5633
东部沿海	3199	3535	3871	4207	4543	4879	5187	5451	4843	5079	6399	6714	6950	7208	7508	7779
北部沿海	3742	4138	4534	4930	5326	5722	6106	6417	6741	6964	5873	7378	7649	8027	8416	8839
南部沿海	2692	2934	3322	3710	4098	4486	4683	5107	5215	5568	5898	6197	6495	6791	7027	7385
黄河中游	2017	2347	2677	3007	3337	3667	3872	4089	4186	4397	4675	4941	5230	5451	5625	5924
长江中游	3454	3638	3822	4006	4190	4374	4229	4414	4890	5090	5447	5838	6129	6440	6654	6992
西南	2322	2586	2850	3114	3378	3642	3589	3783	3972	4301	4655	5149	5484	5958	6342	6735
西北	1263	1302	1341	1380	1419	1458	1576	1635	1754	1837	1929	2071	2164	2370	2504	2668

3. 城市建设用地演变趋势

城市建设用地是衡量我国快速城市化进程下，城市建设情况的重要指标[164]。如图 2 – 21 所示，2000 ~ 2015 年我国城市建设用地规模呈现波动上升趋势，而城市建设用地内部结构则呈现出不同的变化态势和波动幅度，结果见表 2 – 12。

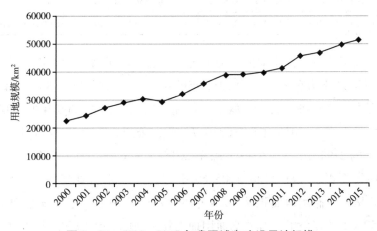

图 2 – 21　2000 ~ 2015 年我国城市建设用地规模

表 2 – 12   2000 ~ 2015 年我国城市建设用地结构变化   单位：km²

年份	居住建设用地面积	公共设施建设用地	工业建设用地面积	仓储用地面积	对外交通用地面积	道路广场建设用地面积	市政公用设施建设用地面积	绿地面积	特殊用地面积
2000	7401.09	2194.26	4905.69	1006.87	1792.56	1697.32	705.04	1733.32	677.84
2001	7978.58	2548.65	5342.10	1058.10	1800.41	1986.12	786.04	1987.73	704.97
2002	8776.83	3004.25	5935.30	1134.03	1835.97	2356.08	893.15	2317.11	747.28
2003	9294.40	3392.91	6347.22	1169.35	1791.81	2675.56	975.84	2591.33	761.59
2004	9729.08	3771.99	6708.60	1191.15	1716.77	2988.83	1052.75	2855.91	766.20
2005	9240.33	3790.91	6432.60	1100.21	1480.33	3016.59	1029.44	2848.02	698.39
2006	9772.20	4228.54	6867.10	1130.80	1407.40	3377.53	1119.83	3154.70	707.72
2007	10496.70	4399.40	7446.02	1133.50	1498.00	3668.00	1164.06	3404.40	712.70
2008	11290.24	4678.00	8035.20	1229.60	1617.20	4030.52	1250.54	3785.92	794.30
2009	12056.23	4848.18	8626.67	1226.63	1673.00	4368.92	1299.55	3868.30	759.50
2010	12404.04	4832.60	8689.50	1187.00	1744.51	4679.90	1387.15	4060.23	773.54
2011	13181.70	5086.60	8721.20	1581.42	1861.30	4734.90	1483.23	4455.50	699.60
2012	14563.62	5571.78	9131.79	2061.37	2063.72	4997.24	1647.67	5060.75	652.74
2013	15125.23	5741.97	9016.01	2432.70	2150.06	4972.53	1719.52	5384.23	566.25
2014	16173.61	6097.00	9190.74	2882.10	2305.60	5108.01	1846.71	5880.90	498.07
2015	16810.74	6296.78	9129.53	3259.62	2402.55	5112.56	1926.97	6228.66	416.69

从我国城市建设用地内部类型规模上看，除了特殊用地面积从 2000 年的 677.84 平方公里减少为 2015 年的 416.69 平方公里，其他内部类型均呈现出上涨态势。其中，城市居住建设用地面积从 2000 年的 7401.09 平方公里上涨至 2015 年的 16810.74 平方公里；公共设施建设用地从 2000 年的 2194.26 平方公里上涨至 2015 年的 6296.78 平方公里；工业建设用地面积从 2000 年的 4905.69 平方公里上涨至 2015 年的 9129.53 平方公里；仓储用地面积从 2000 年的 1006.87 平方公里上涨至 2015 年的 3259.62 平方公里；对外交通用地面积从 2000 年的 1792.56 平方公里

上涨至 2015 年的 2402.55 平方公里；道路广场建设用地面积从 2000 年
的 1697.32 平方公里上涨至 2015 年的 5112.56 平方公里；市政公用设施
建设用地面积从 2000 年的 705.04 平方公里上涨至 2015 年的 1926.97 平
方公里；绿地面积从 2000 年的 1733.32 平方公里上涨至 2015 年的
6228.66 平方公里。从我国城市建设用地内部类型发展态势上看：特殊
用地面积由较小波动的平稳发展转向急速下降；居住建设用地面积、公
共设施建设用地、工业建设用地面积、道路广场建设用地面积、市政公
用设施建设用地面积以及绿地面积呈现出较为稳定的增长，波动幅度较
小；仓储用地面积由最初的平稳态势急速上涨；对外交通用地面积呈现
出一条拉伸的"V"字型态势。

　　如图 2-22 所示，在 2000~2015 年，居住建设用地面积比重一直处
于领先地位，在 28.85%~3.48% 内浮动；工业建设用地面积比重仅次
于居住建设用地面积比重，在 17.70%~2.29% 内浮动；公共设施建设
用地面积在所有类型中位列第三，比重在 9.92%~3.32% 内浮动。其余
类型比重均小于前三者，特殊用地面积比重最小且不断下降，由最初的
3.07% 下降至 0.81%。

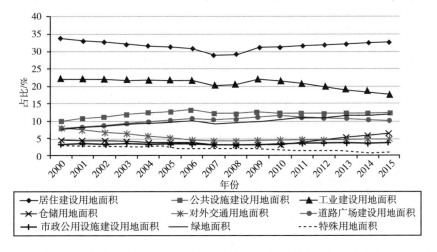

图 2-22　2000~2015 年我国城市建设用地内部类型占城市建设用地比重

在此基础上，利用城市建设用地动态度[165]来进一步描述 2000 ~
2015 年我国城市建设用地变化的速度，更直观地反映其变化程度，分析
一定时期内城市建设用地变化以及预测未来城市建设用地变化趋势，计
算公式为：

$$K_i = \frac{(U_{ib} - U_{ia})}{U_{ia}} \times \frac{1}{T} \times 100\% \qquad (2.16)$$

其中，K_i 表示观测期间内某区域城市建设用地的动态度，反映的是数量
变化情况；U_{ia} 和 U_{ib} 分别表示的是观测初期和观测末期的城市建设用地
数量；T 为研究时长。设置 T 的单位为年时，结果表示的是该区域此类
建设用地的年变化率，并且可以根据城市扩张动态度的大小划分扩张类
型，结果见表 2 – 13。根据公式（2.16）计算我国各类型城市建设用地
变化速度，结果见表 2 – 14。可以看出，城市建设用地整体上呈现增长
趋势，动态度为 8.33%，属于中速扩张型。各类型城市建设用地除了特
殊用地面积呈现负增长趋势外，其余均呈现增长趋势，扩张动态度由高
到低分别为：绿地面积、仓储用地面积、道路广场建设用地面积、公共
设施建设用地、市政公用设施建设用地面积、居住建设用地面积、工业
建设用地面积、对外交通用地面积。

表 2 – 13　　　　　　　　动态扩张度类型及划分标准　　　　　　单位：%

动态扩张度类型	缓慢扩张型	中速扩张型	快速扩张型	高速扩张型
划分标准	<8	8 ~ 14	14 ~ 20	>20

表 2 – 14　　　　　　　我国各类型城市建设用地动态度　　　　　单位：%

类型	城市建设用地	居住建设用地面积	公共设施建设用地	工业建设用地面积	仓储用地面积	对外交通用地面积	道路广场建设用地面积	市政公用设施建设用地面积	绿地面积	特殊用地面积
动态度值	8.33	7.95	11.69	5.38	13.98	2.13	12.58	10.83	16.21	-2.41

（二）交通压力下的城市建设转型

1. 交通基础设施建设对城市化的影响机制

交通基础设施建设加速了城市化过程中的人口集聚、产业集聚，引导和推动生产要素的区域流动、城市空间的扩展以及城市体系的完善。因此，分析新时期我国交通基础设施建设的主要特征及其对城市化的影响，对优化我国交通基础设施建设，促进城市现代化、智能化发展，提升城市化质量和水平具有重要意义[166]。交通设施基础建设对于我国城市化的影响具体体现在以下几个方面。

（1）交通基础设施的改善会有效促进人口的大规模迁移。人口由农村向城市的迁移是推动城市化进程和经济发展的关键因素。交通基础设施是人口流动的客观载体，区域性交通条件改善将提高城市或区域的可达性，并大大降低人口迁移的物质成本、时间成本，有效促进人口的大规模迁移。我国交通基础设施规模的迅速扩张、质量进一步提升以及交通方式选择的多元性和便捷性都大大地满足了人们的交通出行需求，降低了通勤成本，农村人口向城市迁移带来的净收益上升，进而提高了城市对于人口的吸引力。统计数据表明，2015 年我国铁路旅客发送量25.35 亿人次，相较于2014 年上升了10%，其中国家铁路完成的旅客发送量和运营里程较 2014 年上涨 9.9% 和 6.4%。根据 1987 年、1995 年、2005 年三次全国 1% 抽样调查人口迁移数据的分析表明，火车交通时间每提速 1% 将促使跨省人口流动增加约 0.8%。铁路提速所带来的沿线城市可达性每提高 1%，可使其人口出现 0.39% 的相应增长，特别是对于提速沿线城市，其可达性每提高 1%，可引起人口出现 0.52% 的相应增长。

（2）城市内部交通基础设施的改善有助于城市服务能力和城市化质量的提升。城市内部交通基础设施质量、密度的提高，将拓宽城市在空间地域上的可达性，为生产、服务在空间地域的扩散创造便利条件，促进商流、物流、信息流、资金流在生产、交换、分配和消费各个领域的流动，创造更多的就业机会，推动城市专业化、多样化、智能化服务能力的提升。我国加强立体城市化交通设施网络建设，将促进交通体系向着更具安全性、高速化、网络化、一体化的方向发展，促进城市之间更为密切的联系，立体的城市化交通设施网络建设使不同交通方式的经济技术优势得到充分发挥，推动城市内部的分工协作，促进城市功能更加细化，提升城市服务能力和城市化质量。

（3）交通基础设施的改善会引导城市空间形态和区域格局。一方面，交通基础设施建设通过改变沿线地区的可达性影响区域土地利用，导致城市化空间形态的衍变；另一方面，交通基础设施建设对城市化发展的区域格局具有重要影响。新经济地理学的相关研究表明，交通基础设施改善通过降低运输成本改变区域向心力（市场规模和集聚经济）及离心力（要素成本和竞争）的相对平衡，会对不同区域发展产生不同的影响。在给定空间距离的情形下，良好的交通连接使得外围低密度经济区可以更便捷地向中心区供给产品，也意味着中心区可以从更低的成本和扩大的需求联系中获得收益，加剧区域竞争。交通基础设施建设使得各城市的相对区位条件在交通网络优化中发生变化，从而影响城市化发展的区域格局。从2000年以来，我国交通基础设施规模不断扩大、质量不断提升，加强了城市与周边地区的空间联系，推动了城市空间扩张。从世界各大城市交通发展的经验来看，在既定的城市空间范围内，城市承载力超负荷，造成城市中心交通拥堵、居民生活不便的情形。但通过科学合理规划和引导城市路网建设及公共交通，如建设环城干道和放射路网道路、构建以地铁为主体的轨道交通系统、规划公共交通专用道路等，客观上推动了中心城市建立卧城、卫星城、新城等次级城市中心，实现了城市空间的扩张。

（4）交通基础设施的改善会增强中心城市和城市群的辐射和带动能力，同时强化区域间生产要素的联系，促进城乡协同发展。城市群是城市发展到成熟阶段的最高空间组织形式，交通枢纽以及交通网络的形成和建立密切了城市群体的经济联系，对城市空间的拓展起到了强有力的推动作用。"十三五"时期，我国致力于打造安全高效、智能绿色、互联互通的现代基础设施网络，建立内通外联的运输通道网络，建设现代高效的城际城市交通，打造一体衔接的综合交通枢纽，推动运输服务低碳智能安全发展。重点打造以"八横八纵"主通道为骨架、区域连接线衔接、城际铁路的建设和内河航运的强化，重要交通走廊将提升沿线区域、沿线中心城市的交通区位优势，形成以交通线路为轴线的城市群、产业带，推动这些区域成为我国城市化和工业化发展的重要承载区域。

2. 交通压力下的城市建设转型

在城市化推进过程中，城市空间的容纳程度是有限的，当城市基础设施、公共服务、人均空间范围都远远满足不了人口过度集聚产生的各种诉求时，供需严重失衡，交通问题等城市病日益严重，将对社会生活的各方面产生严重影响[167]。最具体的表现为延长了通行时间，增加了出行成本，加剧了交通事故的概率，进一步导致交通拥挤与环境污染，形成恶性循环，城市人居环境恶化[168]。

"新型城市化"发展战略，强调"以人为本"，转变以往"高投入、高能耗、高污染"的发展路径，走"低能耗、低污染、高效益"的可持续发展道路，推进城市建设的全面质量提升。未来的城市发展将以集约化、智能化为重要表征，是生态、智慧、网络的城市。

首先，城市定位的提升需要持续强化区域交通设施的支撑。各省域和区域在利用现有的交通基础设施建设的基础上，持续强化区域交通设施，构建立体多元的综合交通运输体系。其次，城市的转型发展要求构建与之相匹配的交通服务体系。城市转型发展要结合各省域和区域自身资源禀赋和产业基础，以自身特色为主导，持续强化高新技术、现代物流、金融和文化产业等支柱产业的同时，大力培育互联网、生物、新能源、新材料等战略性新兴产业，以产业转型升级推动城市转型发展。这就需要交通服务体系的积极支持，以物流业为例，过去以低附加值、大规模运输为主的公路、港口物流方式将发生变化，高时效性的航空与轨道运输成为主要方式，现代社会快速化发展需要物流业与时俱进，因而对公路、铁路、港口、码头、仓库、物流中心、配送中心等物流基础设施提出更高要求。最后，城市交通是构建城市空间结构的重要组成力量。交通枢纽和交通运输网络对于现代商流、物流、资金流、信息流的流动方向有引导作用，城市功能区划的建设也离不开交通体系的配合，在科学规划交通建设的同时能够很好地引导城市空间结构的优化。

二、城市交通的快速发展

（一）城市交通演变过程

德国人文地理学家 F. 拉采尔曾指出"交通是城市形成的力"[169]。考察各国历史现状可以发现，交通对于城市的发展具有重要影响，很多情况下交通甚至决定着一个城市的兴衰。研究其内在机理，对于我国建设现代化智慧交通，推进新型城市化具有重要意义。

翻开历史的扉页，四大文明古国皆是起源于大江大河流域：西亚的古巴比伦发源于幼发拉底河、底格里斯河流域，北非的古埃及诞生于尼罗河流域，南亚的古印度起源于印度河、恒河流域，中国起源于长江、黄河流域，这些流域所产生的文明又称为大河文明（river civilization）。斯塔夫里阿诺斯的著作《全球通史》中提及：肥沃的大河流域和平原孕育了历史上最伟大的文明，这些文明使欧亚大陆成为发挥重大作用的世界历史中心地区。可见自然河流这一原始交通对于当时区域经济、文明发展具有重要意义，不但能满足日常生活耕作所需，还可以实现互通有无，促进市场雏形的诞生，为城市的形成奠定物质基础。随着生产力的发展与社会的进步，人工开凿的运河一度成为我国古代社会城市空间塑造的主要甚至是决定性因素。最具说服力的就是扬州的历史兴衰，扬州依靠隋大运河的开凿，逐渐成为商品集散地，进而商业繁荣、经济发达、文化昌盛，之后由于大运河的阻塞，该地区经济逐步衰落，随着我国南水北调工程的开展，扬州又迎来了新的发展机遇。

工业革命以来，世界市场进一步开拓，全球生产要素流动加快，铁路基于其运量大、速度快、受自然条件限制较小的优良特性，满足了远距离运输的迫切需求，成为当时经济增长的重要基础条件，同时促成了一大批沿线城市的兴起。

随着生产力进一步发展，为满足经济发展、生活生产的更高要求，高速公路应运而生。世界上第一条现代意义上的高速公路在 1932 年始建于德国，位于科隆与波恩之间。高速公路网络体系的建立，对于德国乃至欧洲经济的快速发展都起到重要作用，由此带动形成一批以高速公路为轴线的城市群。

社会的进步归根结底是生产力的进步和科技的发展，现代城市的发展，工业化进程的推进都对城市交通提出更高的要求。因而，交通运输体系将由单一发展向协同发展转变、要素依赖向科技创新转变、通道建设向枢纽建设转变、建设为主向建管并重转变。

（二）城市交通转型

交通掌握着城市发展命脉，城市交通的发展体现着城市发展的动向。在我国城市化的快速推进过程中，很多城市产生了严重的"城市病"，交通问题显得尤为严重。

（1）人均道路面积水平较低。我国城市人均道路面积处于较低水平，2000 年城市人均道路面积仅为 6.1 平方米，到 2015 年也仅达到 15.6 平方米，虽然增速较快，但规模仍较小，多数城市的人均道路面积低于全国平均水平。

（2）私人机动车增速过快。近年来，我国轿车、客车、面包车和摩托车年平均增幅在 15% 以上。然而，我国现有城市路网整体上呈现网络密度低、间隙大、道路规划不完善等问题，交通系统难以满足现有的需求。

（3）公共交通效率低。我国城市化水平提升的同时，带来了机动车辆使用量规模逐年高速增长的事实，基于现有交通路线的限制，公共交通市场逐步萎缩，虽然公共交通数量以及营运里程有所上升，但效率低下、动力不足、经营管理不善，城市交通不畅导致的"城市病"日益严重，多数城市尚未形成以轨道交通为骨干的综合运输客运体系。

（4）交通设施条件不足。我国现有的交通基础设施建设难以满足日益增长的需求，又因为管理不善，智能化、信息化水平整体不高，交通事故频发。

（5）缺乏系统的交通战略。城市交通建设并不是一项可以一蹴而就的事项，而是一个动态整体的工程，需要综合考虑各种现实和心理因素，因此制定一项科学合理的城市交通规划就显得尤为重要。既要考虑供求的动态平衡、自然资源的供应、社会条件的支撑，又要综合全面，不能顾此失彼，造成投入产出比例失衡。

交通是城市建设的重要组成部分，推行新型城市化进程，交通基础设施的完善意义深远，交通在一定程度上反映、影响甚至引领城市功能。解决交通问题就是解决城市的可持续发展问题，"城市病"的很多方面都与交通息息相关，良好的交通可以体现一个城市的生活品质，会成为一个城市的生活方式、运行方式乃至发展方式。近年来，我国交通基础设施建设践行低碳、绿色、可持续发展理念，实现转型发展，呈现出以下特点：

第一，铁路公路运营里程增长显著，路网规模位居世界前列，成为我国经济增长、居民生活水平提高、国际竞争实力提升的重要支柱力量。

第二，交通基础设施质量明显提升，铁路运营速度大幅度提升。目前，在全国范围内实行了6次铁路大提速，"十三五"期间，国家交通基础设施网络建设将不断完善，路桥里程将不断延伸，随着各地区高铁、动车、城市轨道的开通，极大地促进人口和生产要素的流动。

第三，多层次城市交通骨干网络建设加速，高效衔接大中小城市和城镇，促进城市交通体系的完善。到2020年，京津冀、长江三角洲、珠江三角洲三大城市群基本建成城际交通网络，相邻核心城市之间、核心城市与周边节点城市之间实现 1 小时通达；其余城市化地区初步形成城际交通网络骨架，大部分核心城市之间、核心城市与周边节点城市之间实现 1~2 小时通达。

第四，综合考虑交通需求和供给形成动态平衡，构建并逐渐完善立体多层次的城市综合交通运输体系，兼顾需求管理和需求引导，在满足城市居民多样化、个性化交通运输需求的同时从观念上引导人们低碳出行、绿色出行，实现城市交通转型发展。

第六节　城市化进程中我国重化工业的发展

一、我国工业产业的重工业化趋势

我国现阶段的工业体系已经逐步完善，内容不断丰富，形势更加多样，内部产业的经济联系密切。重化工业作为我国工业体系中重要部分，地位举足轻重，其发展趋势和演变态势对于我国工业体系进一步完善，区域间均衡发展，新型城市化进程推进都具有重要意义。重化工业泛指生产资料与原材料行业，是重工业和化学工业的合称。重化工业是资金密集型和技术密集型产业。它涵盖电力、石化、冶炼、重型机械、汽车、修造船等众多行业，其产品市场覆盖面广，为国民经济各产业部门提供生产手段和装备，既是我国国民经济的基础性行业，又是支柱性行业，是一个国家和地区经济发展强有力的支撑，是国民经济实现现代化的强大物质基础。但它同时也是能源消耗、资源消耗严重的产业，对环境的污染影响巨大。

鉴于重化工业包含的行业众多，本书选取煤炭采选业与洗选业，石油天然气开采业，黑色金属矿采选业，有色金属矿采选业，非金属矿采选业，石油加工炼焦及核燃料加工业，化学原料及化学制品制造业，化学纤维制造业，黑色金属冶炼及压延加工业，有色金属冶炼及压延加工

业，金属制品业，通用设备制造业，专用设备制造业，交通运输设备制
造业，电气机械及器材制造业，通信设备、计算机及其他电子设备，电
力、热力的生产与供应业等 17 个行业作为重化工业的研究对象，搜集
2000～2015 年的相关数据，分析我国工业产业的重工业化发展趋势（见
图 2-23～图 2-25）。

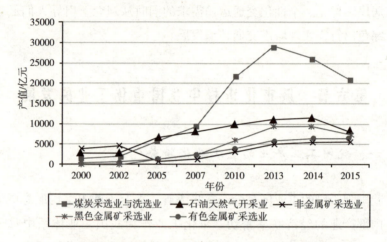

图 2-23 2000～2015 年我国煤炭采选业与洗选业等行业工业产值

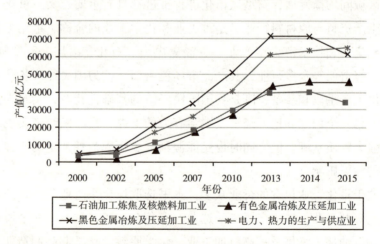

图 2-24 2000～2015 年我国石油加工炼焦及核燃料加工等行业工业产值

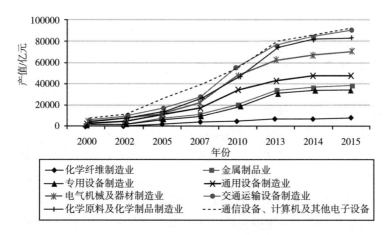

图 2 – 25　2000～2015 年我国化学纤维制造业等行业工业产值

由图 2 – 23～图 2 – 25 可知，2015 年 17 个细分行业产值较 2000 年均有所增长，但增长幅度、增长差距和增长区间存在明显的行业差异。2000～2015 年，通用设备制造业、专用设备制造业、交通运输设备制造业、电气机械及器材制造业、通信设备、计算机及其他电子设备行业、化学原料及化学制品制造业、化学纤维制造业、金属制品业等行业工业产值呈现持续增长趋势，年均增长率达到 19% 左右。其中，交通运输设备制造业增长幅度和最值差距均最大，2015 年工业产值较 2000 年增长了84796.43 亿元，年均增长率达到 21%；石油天然气开采业和非金属矿采选业呈现"M"型波动，年均增长率低于 10%，其中非金属矿采选业 2015年工业产值较 2000 年仅增长了 1846.34 亿元，年均增长率仅为 3% 左右；而煤炭采选业与洗选业、黑色金属矿采选业和有色金属矿采选业年均增长率超过 20%，其中煤炭采选业与洗选业呈现"倒 U 型"增长态势，在2013 年后产值出现下降；石油加工炼焦及核燃料加工业、黑色金属冶炼及压延加工业、有色金属冶炼及压延加工业、电力和热力的生产与供应业等行业的变化趋势相似，除部分年份出现回落，各行业工业产值呈现持续上升态势。总体上看，我国重化工业总产值从 2000～2014 年实现迅猛增长，年均增长率达到 20%，到 2015 年增长幅度略微下降 1.05%，"十二五"

期间重化工业总产值比"十五"期间仍增长将近 5 倍。

二、我国重化工业的区域推移

我国幅员辽阔，各个区域的水热、地形地势等自然条件存在较大差异，劳动力、交通、科技、政策等社会条件也存在明显的区域特征。全球化形式下，生产要素流动加速，我国区域发展的不平衡性更加凸显，新型城市化进程与工业化进程的互动作用更加明显。产业结构的优化离不开内部行业的升级和重组，区域发展受产业转移和承接的影响。研究表明，任何产业的发展都依托一定的自然和社会条件，重化工业的发展也遵循着工业化发展的规律，导向条件由最初的劳动转向资金，再转向知识和技术。重化工业作为基础工业，对所在地区的经济发展、产业结构优化、就业结构调整、新型城市化进程推进以及区域协调可持续发展都具有重大影响，研究我国重化工业的区域推移具有重要的现实意义。本书将从产业结构趋同视角研究我国重化工业及其细分行业在区域间的推移。

产业结构趋同一般是指经济发展过程中区域间产业结构所呈现出的某种共同发展倾向，或指不同资源禀赋的各区域形成相同或相似的产业结构布局，具体指的是各区域产业活动中，区域内构成产业体系的各子体系（子部门）的构成形式、比例以及各子体系间所处地位、相互联系和相互作用等趋于相同或相似。产业结构趋同问题被认为是我国经济发展中存在的重要结构问题和区域问题，自 1984 年世界银行中国经济考察团提出以来引起广泛关注，成为我国区域经济发展研究的热点问题之一，各区域产业结构变化也成为区域经济格局变动的重要特征。如何正确认识和对待区域产业结构趋同问题，事关国家产业结构调整与区域协调发展战略的实施，借鉴相关文献和研究方法，对我国重化工业及其细分行业在区域间的趋同态势进行分析。

（一）重化工业产业结构相似系数

相似系数（similarity coefficient）指在数量分类学中，表示作为对象

的两个分类单位间相似程度的指标，衡量不同区域间产业结构发展过程
中呈现出的共同倾向或相同空间态势的度量方法，分析区域之间产业结
构的异同程度，为产业结构调整提供依据，计算公式为：

$$S_{il} = \frac{\sum_{j=1}^{n} X_{ij} X_{lj}}{\sqrt{\sum_{j=1}^{n} X_{ij}^2 \sum_{j=1}^{n} X_{lj}^2}} \qquad (2.17)$$

式中，j 表示重化工业细分行业，n 表示细分行业的个数，X_{ij} 和 X_{lj}
分别表示为区域 i 与区域 l 的 j 行业所占重化工业的比重。S_{il} 值的范围为
$0\sim1$，S_{il} 值越大，表示两区域间的产业结构相似程度越高，当 S_{il} 值等于
1 时表示两区域产业结构完全相似[170]。通过比较 2000～2015 年我国 30
个省域的 S_{il} 值研究重化工业产业趋同或分异的趋势。根据表 2－15
可知：

表 2－15　　　　2000～2015 年我国八大区域产业结构相似系数

		2000 年						2001 年			
		辽宁	吉林	黑龙江				辽宁	吉林	黑龙江	
东北	辽宁	1.000				东北	辽宁	1.000			
	吉林	0.520	1.000				吉林	0.487	1.000		
	黑龙江	0.564	0.274	1.000			黑龙江	0.584	0.266	1.000	
		上海	江苏	浙江				上海	江苏	浙江	
东部沿海	上海	1.000				东部沿海	上海	1.000			
	江苏	0.903	1.000				江苏	0.893	1.000		
	浙江	0.839	0.934	1.000			浙江	0.810	0.933	1.000	
		福建	广东	海南				福建	广东	海南	
南部沿海	福建	1.000				南部沿海	福建	1.000			
	广东	0.955	1.000				广东	0.951	1.000		
	海南	0.574	0.474	1.000			海南	0.550	0.395	1.000	

续表

2000 年						2001 年					
北部沿海		北京	天津	河北	山东	北部沿海		北京	天津	河北	山东
	北京	1.000					北京	1.000			
	天津	0.937	1.000				天津	0.927	1.000		
	河北	0.404	0.542	1.000			河北	0.438	0.548	1.000	
	山东	0.503	0.632	0.736	1.000		山东	0.520	0.666	0.721	1.000
黄河中游		山西	内蒙古	河南	陕西	黄河中游		山西	内蒙古	河南	陕西
	山西	1.000					山西	1.000			
	内蒙古	0.902	1.000				内蒙古	0.901	1.000		
	河南	0.739	0.735	1.000			河南	0.734	0.751	1.000	
	陕西	0.369	0.420	0.680	1.000		陕西	0.390	0.418	0.661	1.000
长江中游		安徽	江西	湖北	湖南	长江中游		安徽	江西	湖北	湖南
	安徽	1.000					安徽	1.000			
	江西	0.910	1.000				江西	0.916	1.000		
	湖北	0.858	0.929	1.000			湖北	0.879	0.911	1.000	
	湖南	0.929	0.953	0.868	1.000		湖南	0.915	0.959	0.845	1.000
西北		甘肃	青海	宁夏	新疆	西北		甘肃	青海	宁夏	新疆
	甘肃	1.000					甘肃	1.000			
	青海	0.729	1.000				青海	0.670	1.000		
	宁夏	0.827	0.764	1.000			宁夏	0.846	0.823	1.000	
	新疆	0.493	0.704	0.435	1.000		新疆	0.719	0.610	0.579	1.000

西南		广西	重庆	四川	贵州	云南	西南		广西	重庆	四川	贵州	云南
	广西	1.000						广西	1.000				
	重庆	0.753	1.000					重庆	0.743	1.000			
	四川	0.735	0.549	1.000				四川	0.770	0.525	1.000		
	贵州	0.878	0.644	0.785	1.000			贵州	0.875	0.573	0.805	1.000	
	云南	0.677	0.440	0.696	0.926	1.000		云南	0.862	0.413	0.725	0.930	1.000

续表

		2002 年						2003 年			
东北		辽宁	吉林	黑龙江		东北		辽宁	吉林	黑龙江	
	辽宁	1.000					辽宁	1.000			
	吉林	0.463	1.000				吉林	0.433	1.000		
	黑龙江	0.587	0.283	1.000			黑龙江	0.571	0.282	1.000	
东部沿海		上海	江苏	浙江		东部沿海		上海	江苏	浙江	
	上海	1.000					上海	1.000			
	江苏	0.895	1.000				江苏	0.911	1.000		
	浙江	0.820	0.922	1.000			浙江	0.785	0.861	1.000	
南部沿海		福建	广东	海南		南部沿海		福建	广东	海南	
	福建	1.000					福建	1.000			
	广东	0.964	1.000				广东	0.956	1.000		
	海南	0.433	0.315	1.000			海南	0.411	0.264	1.000	
北部沿海		北京	天津	河北	山东	北部沿海		北京	天津	河北	山东
	北京	1.000					北京	1.000			
	天津	0.961	1.000				天津	0.964	1.000		
	河北	0.476	0.502	1.000			河北	0.507	0.556	1.000	
	山东	0.610	0.680	0.674	1.000		山东	0.682	0.706	0.643	1.000
黄河中游		山西	内蒙古	河南	陕西	黄河中游		山西	内蒙古	河南	陕西
	山西	1.000					山西	1.000			
	内蒙古	0.895	1.000				内蒙古	0.889	1.000		
	河南	0.653	0.707	1.000			河南	0.719	0.831	1.000	
	陕西	0.410	0.453	0.599	1.000		陕西	0.433	0.493	0.682	1.000
长江中游		安徽	江西	湖北	湖南	长江中游		安徽	江西	湖北	湖南
	安徽	1.000					安徽	1.000			
	江西	0.882	1.000				江西	0.908	1.000		
	湖北	0.859	0.893	1.000			湖北	0.900	0.883	1.000	
	湖南	0.915	0.937	0.852	1.000		湖南	0.917	0.937	0.855	1.000

续表

2002 年						2003 年					
西北		甘肃	青海	宁夏	新疆		西北		甘肃	青海	宁夏	新疆

		甘肃	青海	宁夏	新疆
西北	甘肃	1.000			
	青海	0.773	1.000		
	宁夏	0.860	0.846	1.000	
	新疆	0.788	0.613	0.572	1.000

		甘肃	青海	宁夏	新疆
西北	甘肃	1.000			
	青海	0.724	1.000		
	宁夏	0.840	0.801	1.000	
	新疆	0.754	0.659	0.554	1.000

		广西	重庆	四川	贵州	云南
西南	广西	1.000				
	重庆	0.779	1.000			
	四川	0.780	0.520	1.000		
	贵州	0.835	0.551	0.800	1.000	
	云南	0.794	0.398	0.723	0.935	1.000

		广西	重庆	四川	贵州	云南
西南	广西	1.000				
	重庆	0.882	1.000			
	四川	0.810	0.555	1.000		
	贵州	0.796	0.473	0.828	1.000	
	云南	0.748	0.386	0.758	0.972	1.000

2004 年					2005 年				

		辽宁	吉林	黑龙江
东北	辽宁	1.000		
	吉林	0.479	1.000	
	黑龙江	0.539	0.318	1.000

		辽宁	吉林	黑龙江
东北	辽宁	1.000		
	吉林	0.509	1.000	
	黑龙江	0.545	0.354	1.000

		上海	江苏	浙江
东部沿海	上海	1.000		
	江苏	0.947	1.000	
	浙江	0.783	0.827	1.000

		上海	江苏	浙江
东部沿海	上海	1.000		
	江苏	0.955	1.000	
	浙江	0.754	0.807	1.000

		福建	广东	海南
南部沿海	福建	1.000		
	广东	0.966	1.000	
	海南	0.408	0.304	1.000

		福建	广东	海南
南部沿海	福建	1.000		
	广东	0.957	1.000	
	海南	0.469	0.340	1.000

		北京	天津	河北	山东
北部沿海	北京	1.000			
	天津	0.941	1.000		
	河北	0.481	0.565	1.000	
	山东	0.724	0.724	0.645	1.000

		北京	天津	河北	山东
北部沿海	北京	1.000			
	天津	0.939	1.000		
	河北	0.431	0.536	1.000	
	山东	0.659	0.711	0.660	1.000

续表

		2004 年						2005 年			
		山西	内蒙古	河南	陕西			山西	内蒙古	河南	陕西
黄河中游	山西	1.000				黄河中游	山西	1.000			
	内蒙古	0.894	1.000				内蒙古	0.889	1.000		
	河南	0.781	0.891	1.000			河南	0.808	0.903	1.000	
	陕西	0.474	0.522	0.694	1.000		陕西	0.486	0.524	0.690	1.000
		安徽	江西	湖北	湖南			安徽	江西	湖北	湖南
长江中游	安徽	1.000				长江中游	安徽	1.000			
	江西	0.890	1.000				江西	0.893	1.000		
	湖北	0.829	0.828	1.000			湖北	0.852	0.823	1.000	
	湖南	0.916	0.951	0.804	1.000		湖南	0.914	0.948	0.827	1.000
		甘肃	青海	宁夏	新疆			甘肃	青海	宁夏	新疆
西北	甘肃	1.000				西北	甘肃	1.000			
	青海	0.622	1.000				青海	0.597	1.000		
	宁夏	0.804	0.702	1.000			宁夏	0.790	0.623	1.000	
	新疆	0.642	0.685	0.420	1.000		新疆	0.595	0.659	0.331	1.000
		广西	重庆	四川	贵州	云南		广西	重庆	四川	贵州	云南
西南	广西	1.000					西南	广西	1.000				
	重庆	0.840	1.000					重庆	0.801	1.000			
	四川	0.858	0.588	1.000				四川	0.908	0.672	1.000		
	贵州	0.811	0.429	0.845	1.000			贵州	0.834	0.456	0.820	1.000	
	云南	0.804	0.397	0.810	0.929	1.000		云南	0.828	0.422	0.777	0.864	1.000
		2006 年						2007 年			
		辽宁	吉林	黑龙江				辽宁	吉林	黑龙江	
东北	辽宁	1.000				东北	辽宁	1.000			
	吉林	0.531	1.000				吉林	0.558	1.000		
	黑龙江	0.551	0.378	1.000			黑龙江	0.567	0.353	1.000	

续表

		2006 年						2007 年			
东部沿海		上海	江苏	浙江		东部沿海		上海	江苏	浙江	
	上海	1.000					上海	1.000			
	江苏	0.947	1.000				江苏	0.941	1.000		
	浙江	0.796	0.842	1.000			浙江	0.782	0.846	1.000	
南部沿海		福建	广东	海南		南部沿海		福建	广东	海南	
	福建	1.000					福建	1.000			
	广东	0.954	1.000				广东	0.941	1.000		
	海南	0.473	0.368	1.000			海南	0.319	0.268	1.000	
北部沿海		北京	天津	河北	山东	北部沿海		北京	天津	河北	山东
	北京	1.000					北京	1.000			
	天津	0.914	1.000				天津	0.867	1.000		
	河北	0.388	0.565	1.000			河北	0.374	0.673	1.000	
	山东	0.630	0.702	0.645	1.000		山东	0.631	0.744	0.623	1.000
黄河中游		山西	内蒙古	河南	陕西	黄河中游		山西	内蒙古	河南	陕西
	山西	1.000					山西	1.000			
	内蒙古	0.884	1.000				内蒙古	0.874	1.000		
	河南	0.788	0.904	1.000			河南	0.739	0.932	1.000	
	陕西	0.519	0.520	0.666	1.000		陕西	0.542	0.559	0.665	1.000
长江中游		安徽	江西	湖北	湖南	长江中游		安徽	江西	湖北	湖南
	安徽	1.000					安徽	1.000			
	江西	0.872	1.000				江西	0.820	1.000		
	湖北	0.833	0.735	1.000			湖北	0.843	0.656	1.000	
	湖南	0.900	0.932	0.780	1.000		湖南	0.891	0.889	0.778	1.000
西北		甘肃	青海	宁夏	新疆	西北		甘肃	青海	宁夏	新疆
	甘肃	1.000					甘肃	1.000			
	青海	0.642	1.000				青海	0.673	1.000		
	宁夏	0.809	0.662	1.000			宁夏	0.802	0.707	1.000	
	新疆	0.552	0.617	0.316	1.000		新疆	0.544	0.581	0.334	1.000

续表

2006年 西南

	广西	重庆	四川	贵州	云南
广西	1.000				
重庆	0.785	1.000			
四川	0.889	0.613	1.000		
贵州	0.814	0.423	0.779	1.000	
云南	0.767	0.392	0.687	0.781	1.000

2007年 西南

	广西	重庆	四川	贵州	云南
广西	1.000				
重庆	0.746	1.000			
四川	0.877	0.589	1.000		
贵州	0.818	0.412	0.803	1.000	
云南	0.800	0.372	0.693	0.766	1.000

2008年 东北

	辽宁	吉林	黑龙江
辽宁	1.000		
吉林	0.594	1.000	
黑龙江	0.532	0.385	1.000

2008年 东部沿海

	上海	江苏	浙江
上海	1.000		
江苏	0.942	1.000	
浙江	0.793	0.857	1.000

2008年 南部沿海

	福建	广东	海南
福建	1.000		
广东	0.927	1.000	
海南	0.288	0.249	1.000

2008年 北部沿海

	北京	天津	河北	山东
北京	1.000			
天津	0.777	1.000		
河北	0.379	0.761	1.000	
山东	0.668	0.765	0.592	1.000

2008年 黄河中游

	山西	内蒙古	河南	陕西
山西	1.000			
内蒙古	0.877	1.000		
河南	0.699	0.888	1.000	
陕西	0.639	0.610	0.701	1.000

2009年 东北

	辽宁	吉林	黑龙江
辽宁	1.000		
吉林	0.563	1.000	
黑龙江	0.640	0.398	1.000

2009年 东部沿海

	上海	江苏	浙江
上海	1.000		
江苏	0.930	1.000	
浙江	0.787	0.854	1.000

2009年 南部沿海

	福建	广东	海南
福建	1.000		
广东	0.919	1.000	
海南	0.349	0.256	1.000

2009年 北部沿海

	北京	天津	河北	山东
北京	1.000			
天津	0.736	1.000		
河北	0.398	0.823	1.000	
山东	0.674	0.725	0.559	1.000

2009年 黄河中游

	山西	内蒙古	河南	陕西
山西	1.000			
内蒙古	0.891	1.000		
河南	0.711	0.894	1.000	
陕西	0.682	0.678	0.764	1.000

续表

2008 年						2009 年				
长江中游		安徽	江西	湖北	湖南	长江中游		安徽	江西	湖北	湖南
	安徽	1.000					安徽	1.000			
	江西	0.786	1.000				江西	0.800	1.000		
	湖北	0.826	0.614	1.000			湖北	0.843	0.654	1.000	
	湖南	0.886	0.863	0.766	1.000		湖南	0.868	0.861	0.767	1.000
西北		甘肃	青海	宁夏	新疆	西北		甘肃	青海	宁夏	新疆
	甘肃	1.000					甘肃	1.000			
	青海	0.692	1.000				青海	0.757	1.000		
	宁夏	0.772	0.701	1.000			宁夏	0.800	0.755	1.000	
	新疆	0.614	0.601	0.380	1.000		新疆	0.741	0.551	0.535	1.000
西南		广西	重庆	四川	贵州	云南	西南		广西	重庆	四川	贵州	云南
	广西	1.000						广西	1.000				
	重庆	0.729	1.000					重庆	0.806	1.000			
	四川	0.851	0.636	1.000				四川	0.815	0.613	1.000		
	贵州	0.792	0.421	0.753	1.000			贵州	0.732	0.395	0.715	1.000	
	云南	0.818	0.407	0.741	0.807	1.000		云南	0.787	0.399	0.732	0.817	1.000

2010 年					2011 年				
东北		辽宁	吉林	黑龙江	东北		辽宁	吉林	黑龙江
	辽宁	1.000				辽宁	1.000		
	吉林	0.568	1.000			吉林	0.582	1.000	
	黑龙江	0.589	0.346	1.000		黑龙江	0.538	0.317	1.000
东部沿海		上海	江苏	浙江	东部沿海		上海	江苏	浙江
	上海	1.000				上海	1.000		
	江苏	0.911	1.000			江苏	0.913	1.000	
	浙江	0.785	0.886	1.000		浙江	0.790	0.879	1.000
南部沿海		福建	广东	海南	南部沿海		福建	广东	海南
	福建	1.000				福建	1.000		
	广东	0.931	1.000			广东	0.913	1.000	
	海南	0.428	0.309	1.000		海南	0.386	0.294	1.000

续表

2010 年						2011 年				
北部沿海		北京	天津	河北	山东	北部沿海		北京	天津	河北	山东
	北京	1.000					北京	1.000			
	天津	0.732	1.000				天津	0.661	1.000		
	河北	0.418	0.788	1.000			河北	0.358	0.805	1.000	
	山东	0.705	0.787	0.588	1.000		山东	0.680	0.780	0.594	1.000
黄河中游		山西	内蒙古	河南	陕西	黄河中游		山西	内蒙古	河南	陕西
	山西	1.000					山西	1.000			
	内蒙古	0.902	1.000				内蒙古	0.905	1.000		
	河南	0.631	0.829	1.000			河南	0.601	0.800	1.000	
	陕西	0.701	0.717	0.756	1.000		陕西	0.705	0.732	0.757	1.000
长江中游		安徽	江西	湖北	湖南	长江中游		安徽	江西	湖北	湖南
	安徽	1.000					安徽	1.000			
	江西	0.793	1.000				江西	0.779	1.000		
	湖北	0.778	0.633	1.000			湖北	0.819	0.633	1.000	
	湖南	0.816	0.859	0.734	1.000		湖南	0.809	0.834	0.711	1.000
西北		甘肃	青海	宁夏	新疆	西北		甘肃	青海	宁夏	新疆
	甘肃	1.000					甘肃	1.000			
	青海	0.780	1.000				青海	0.796	1.000		
	宁夏	0.834	0.764	1.000			宁夏	0.734	0.764	1.000	
	新疆	0.752	0.517	0.536	1.000		新疆	0.790	0.568	0.458	1.000

		广西	重庆	四川	贵州	云南			广西	重庆	四川	贵州	云南
西南	广西	1.000					西南	广西	1.000				
	重庆	0.832	1.000					重庆	0.802	1.000			
	四川	0.822	0.649	1.000				四川	0.811	0.674	1.000		
	贵州	0.661	0.391	0.721	1.000			贵州	0.610	0.388	0.708	1.000	
	云南	0.777	0.389	0.708	0.797	1.000		云南	0.766	0.390	0.698	0.777	1.000

		2012 年							2013 年			
东北		辽宁	吉林	黑龙江			东北		辽宁	吉林	黑龙江	
	辽宁	1.000						辽宁	1.000			
	吉林	0.580	1.000					吉林	0.589	1.000		
	黑龙江	0.557	0.328	1.000				黑龙江	0.560	0.323	1.000	
东部沿海		上海	江苏	浙江			东部沿海		上海	江苏	浙江	
	上海	1.000						上海	1.000			
	江苏	0.899	1.000					江苏	0.886	1.000		
	浙江	0.802	0.900	1.000				浙江	0.772	0.897	1.000	
南部沿海		福建	广东	海南			南部沿海		福建	广东	海南	
	福建	1.000						福建	1.000			
	广东	0.906	1.000					广东	0.897	1.000		
	海南	0.421	0.321	1.000				海南	0.481	0.390	1.000	
北部沿海		北京	天津	河北	山东		北部沿海		北京	天津	河北	山东
	北京	1.000						北京	1.000			
	天津	0.637	1.000					天津	0.619	1.000		
	河北	0.366	0.805	1.000				河北	0.365	0.788	1.000	
	山东	0.562	0.779	0.596	1.000			山东	0.557	0.760	0.593	1.000
黄河中游		山西	内蒙古	河南	陕西		黄河中游		山西	内蒙古	河南	陕西
	山西	1.000						山西	1.000			
	内蒙古	0.900	1.000					内蒙古	0.887	1.000		
	河南	0.567	0.768	1.000				河南	0.541	0.744	1.000	
	陕西	0.733	0.800	0.744	1.000			陕西	0.718	0.805	0.738	1.000
长江中游		安徽	江西	湖北	湖南		长江中游		安徽	江西	湖北	湖南
	安徽	1.000						安徽	1.000			
	江西	0.775	1.000					江西	0.791	1.000		
	湖北	0.822	0.649	1.000				湖北	0.804	0.640	1.000	
	湖南	0.818	0.817	0.762	1.000			湖南	0.846	0.837	0.794	1.000

续表

2012 年

西北	甘肃	青海	宁夏	新疆
甘肃	1.000			
青海	0.827	1.000		
宁夏	0.868	0.772	1.000	
新疆	0.822	0.587	0.651	1.000

西南	广西	重庆	四川	贵州	云南
广西	1.000				
重庆	0.759	1.000			
四川	0.825	0.735	1.000		
贵州	0.600	0.391	0.694	1.000	
云南	0.755	0.380	0.681	0.802	1.000

2013 年

西北	甘肃	青海	宁夏	新疆
甘肃	1.000			
青海	0.816	1.000		
宁夏	0.868	0.746	1.000	
新疆	0.835	0.616	0.725	1.000

西南	广西	重庆	四川	贵州	云南
广西	1.000				
重庆	0.766	1.000			
四川	0.847	0.782	1.000		
贵州	0.580	0.367	0.615	1.000	
云南	0.752	0.359	0.640	0.816	1.000

2014 年

东北	辽宁	吉林	黑龙江
辽宁	1.000		
吉林	0.618	1.000	
黑龙江	0.571	0.335	1.000

东部沿海	上海	江苏	浙江
上海	1.000		
江苏	0.882	1.000	
浙江	0.794	0.903	1.000

南部沿海	福建	广东	海南
福建	1.000		
广东	0.870	1.000	
海南	0.453	0.276	1.000

北部沿海	北京	天津	河北	山东
北京	1.000			
天津	0.608	1.000		
河北	0.382	0.821	1.000	
山东	0.543	0.751	0.598	1.000

2015 年

东北	辽宁	吉林	黑龙江
辽宁	1.000		
吉林	0.720	1.000	
黑龙江	0.686	0.428	1.000

东部沿海	上海	江苏	浙江
上海	1.000		
江苏	0.877	1.000	
浙江	0.805	0.901	1.000

南部沿海	福建	广东	海南
福建	1.000		
广东	0.864	1.000	
海南	0.486	0.266	1.000

北部沿海	北京	天津	河北	山东
北京	1.000			
天津	0.620	1.000		
河北	0.405	0.858	1.000	
山东	0.538	0.748	0.615	1.000

续表

		2014 年						2015 年			
		山西	内蒙古	河南	陕西			山西	内蒙古	河南	陕西
黄河中游	山西	1.000				黄河中游	山西	1.000			
	内蒙古	0.892	1.000				内蒙古	0.892	1.000		
	河南	0.527	0.696	1.000			河南	0.494	0.641	1.000	
	陕西	0.705	0.817	0.737	1.000		陕西	0.760	0.835	0.761	1.000
		安徽	江西	湖北	湖南			安徽	江西	湖北	湖南
长江中游	安徽	1.000				长江中游	安徽	1.000			
	江西	0.813	1.000				江西	0.832	1.000		
	湖北	0.811	0.624	1.000			湖北	0.804	0.629	1.000	
	湖南	0.875	0.837	0.822	1.000		湖南	0.888	0.854	0.833	1.000
		甘肃	青海	宁夏	新疆			甘肃	青海	宁夏	新疆
西北	甘肃	1.000				西北	甘肃	1.000			
	青海	0.830	1.000				青海	0.876	1.000		
	宁夏	0.812	0.705	1.000			宁夏	0.788	0.646	1.000	
	新疆	0.841	0.669	0.764	1.000		新疆	0.848	0.737	0.834	1.000
		广西	重庆	四川	贵州	云南		广西	重庆	四川	贵州	云南
西南	广西	1.000					西南	广西	1.000			
	重庆	0.768	1.000					重庆	0.806	1.000		
	四川	0.846	0.804	1.000				四川	0.865	0.789	1.000	
	贵州	0.585	0.367	0.581	1.000			贵州	0.611	0.427	0.670	1.000
	云南	0.733	0.333	0.560	0.752	1.000		云南	0.672	0.331	0.613	0.708	1.000

（1）从时间趋势上看，八大区域中各省域的重化工业产业相似系数在2000~2015年呈现出明显的区域差异且存在排位变化。东北地区、北部沿海、黄河中游以及西北地区的重化工业产业结构相似系数呈现波动趋同趋势，东部沿海、南部沿海、长江中游以及西南地区产业结构相似系数呈现波动分异趋势。这与各区域重化工业集聚水平、产业结构发展

程度以及区域联系程度等因素密切相关。其中，重化工业产业结构相似系数最高值为 0.908，最低值为 0.429，最值差距较大。区域排位上最高的区域最开始为长江中游地区，而后转向东部沿海地区。相似系数最低的区域最开始为东北地区，短暂地转向南部沿海地区后又转向东北地区，最后转向南部沿海。2000 年，八大区域的相似系数排名由高到低为：长江中游、东部沿海、西南地区、南部沿海、西北地区、黄河中游、北部沿海以及东北地区；到 2015 年排名为东部沿海、长江中游、西北地区、黄河中游、西南地区、北部沿海、东北地区、南部沿海。区域重化工业产业结构相似系数差值最大的为西北地区，最小的为东部沿海，区域间差值大体上呈现出由沿海区域向内陆区域递增的趋势。

（2）从空间演变上看，各区域内部省域间重化工业产业相似系数存在明显的区域差异和省域差异。南部沿海的省域重化工业产业结构相似系数差距高于其他区域的省域重化工业产业结构相似系数，长期占据首位，原因在于福建和广东两省在地域上更加接近，对外联系密切，港口优势明显、交通运输便捷、水利资源丰富、市场广阔，重化工业基础良好，制造业先进，沿海城市群带动和辐射作用日渐增强，区域联动优势明显。两省域间产业结构相似度较高，但海南省水热条件得天独厚，土地后备资源、作物资源、植物资源和动物资源十分丰富，这样独特的地理环境造就了海南省第一产业占据主导地位、工业和第三产业则相对弱势的情况。这样的产业构成与福建、广东相差甚远，因此该区域内部产业结构存在很大差异。东部沿海和长江中游两个区域内部省域的重化工业产业相似系数差距较小，原因在于东部沿海和长江中游区域重化工业基地的建设基础雄厚，区域联动优势远超其他区域，长江这条黄金航道加速了流域间生产要素的流动，延伸了城市群的辐射和带动作用，产生的城市集聚和工业集聚效应降低了发展成本，密切了各省域的经济联系，构成了较为完善的工业结构体系，在重化工业的发展过程中呈现出相同的发展倾向或相同的重化工业产业布局。从区域产业结构相似系数波动幅度来看，发生波动幅度最大的区域为西南地区，最小的为东部沿海。原因在于西南地区自然资源、能源丰富，具有发展重化工业中能源产业的优势，但在装备制造业和原材料工业上优势相对不足，脆弱的生态环境也成为西南地区重化工业发展的重要"瓶颈"。此外，西南地区经济相对落后，基础设施建设不完善，在空间地域上限制了区域联动的程度，且新型城市化进程尚在较低阶段，所产生的外部效应不显著，省域间产业结构分异较大。而东部沿海基于优越的区位条件、历史基础和发展现状，产业结构趋同态势明显，差异较小。

（二）重化工业区位商

区位商是区分地域分工格局的重要指标之一，它从地区分工视角反映地区产业的专业化程度和竞争力水平，有绝对区位商和相对区位商两种。其计算公式为：

$$绝对区位商: L_{ij} = \frac{q_{ij}/q_i}{q_j/q}; 相对区位商: L_{il} = \frac{q_{ij}/q_i}{q_{lj}/q_l} \qquad (2.18)$$

式中，L_{ij} 表示绝对区位商，衡量 i 省域重化工业在全国范围内的专业化程度和竞争力水平，q_{ij} 表示 i 省域重化工业内部 j 行业的产值，q_i 表示 i 省域重化工业的总产值，q_j 表示重化工业内部 j 行业的全国总产值，q 表示全国重化工业的总产值。L_{il} 表示相对区位商，衡量两个不同省域 i 和 l 的重化工业产业结构相似程度。由于相对区位商与产业结构相似系数有异曲同工之处，这里不再赘述，仅对我国八大区域的绝对区位商进行分析（见表 2 – 16）。

根据表 2 – 16，分析我国八大区域重化工业的 17 个细分行业的专业化程度和竞争力水平的时间演变趋势和空间分布态势。

从时间演变趋势来看，我国八大区域重化工业的细分行业在 2000 ~ 2015 年，呈现不同的发展态势。从能源工业来看，八大区域在石油天然气开采业的区位商均呈现下降趋势，其中西北地区的区位商下降程度最为明显；东部沿海、北部沿海、黄河中游以及长江中游在煤炭采选业与洗选业的竞争力水平下降，长江中游地区最为明显，其他四个区域呈现

表2-16   2000~2015年我国八大区域绝对区位商

年份		2000	2001	2002	2003	2004	2005	2006	2007	2008	2009	2010	2011	2012	2013	2014	2015
煤炭采选业与洗选业	东北	0.208	0.220	0.242	0.247	0.287	0.330	0.311	0.304	0.362	0.361	0.391	0.403	0.358	0.276	0.217	0.324
	东部沿海	0.016	0.015	0.015	0.010	0.010	0.011	0.009	0.009	0.010	0.010	0.009	0.009	0.009	0.008	0.007	0.005
	南部沿海	0.007	0.007	0.008	0.006	0.009	0.011	0.010	0.011	0.015	0.016	0.015	0.020	0.014	0.010	0.009	0.009
	北部沿海	0.132	0.151	0.191	0.164	0.169	0.174	0.177	0.169	0.202	0.194	0.228	0.238	0.235	0.201	0.176	0.110
	黄河中游	1.219	1.373	1.393	1.499	1.744	1.859	1.777	1.551	1.813	1.997	2.009	1.920	1.833	1.642	1.419	1.205
	长江中游	0.343	0.366	0.361	0.422	0.515	0.564	0.520	0.431	0.459	0.442	0.356	0.314	0.279	0.224	0.173	0.123
	西北	0.920	1.057	1.282	1.539	1.416	1.346	1.324	1.488	2.079	2.844	2.616	2.545	2.625	2.560	2.411	2.636
	西南	0.393	0.389	0.400	0.395	0.533	0.609	0.597	0.610	0.882	0.865	0.926	0.915	0.878	0.732	0.614	0.531
石油天然气开采业	东北	1.580	1.451	1.347	1.341	1.390	1.501	1.451	1.252	1.199	0.686	0.661	0.783	0.625	0.586	0.634	0.611
	东部沿海	0.011	0.009	0.007	0.006	0.005	0.005	0.005	0.004	0.004	0.002	0.002	0.003	0.003	0.003	0.002	0.001
	南部沿海	0.177	0.115	0.105	0.082	0.087	0.098	0.093	0.080	0.096	0.062	0.060	0.069	0.062	0.055	0.047	0.036
	北部沿海	0.304	0.243	0.223	0.212	0.201	0.199	0.201	0.168	0.109	0.116	0.137	0.145	0.109	0.091	0.081	0.048
	黄河中游	0.827	0.766	0.639	0.689	0.676	0.668	0.607	0.471	0.423	0.339	0.330	0.301	0.327	0.321	0.327	0.264
	长江中游	0.098	0.088	0.059	0.079	0.086	0.089	0.083	0.068	0.061	0.042	0.035	0.032	0.011	0.009	0.007	0.004
	西北	8.703	7.219	8.190	9.091	8.937	8.818	8.751	7.823	7.785	6.335	6.313	6.288	5.201	4.488	4.401	4.022
	西南	0.272	0.281	0.258	0.318	0.309	0.302	0.295	0.252	0.308	0.260	0.237	0.187	0.108	0.028	0.102	0.104
黑色金属矿采选业	东北	0.018	0.025	0.027	0.055	0.078	0.099	0.115	0.165	0.259	0.292	0.329	0.398	0.423	0.459	0.489	0.393
	东部沿海	0.001	0.001	0.002	0.002	0.003	0.003	0.003	0.004	0.003	0.003	0.002	0.003	0.003	0.003	0.003	0.002
	南部沿海	0.009	0.008	0.008	0.006	0.011	0.016	0.014	0.018	0.031	0.030	0.043	0.055	0.026	0.027	0.024	0.020

续表

	年份	2000	2001	2002	2003	2004	2005	2006	2007	2008	2009	2010	2011	2012	2013	2014	2015
黑色金属矿采选业	北部沿海	0.031	0.033	0.035	0.040	0.045	0.047	0.056	0.065	0.090	0.073	0.109	0.113	0.112	0.108	0.092	0.082
	黄河中游	0.029	0.035	0.034	0.055	0.086	0.101	0.114	0.107	0.112	0.114	0.132	0.126	0.122	0.137	0.144	0.127
	长江中游	0.080	0.078	0.066	0.074	0.096	0.107	0.123	0.146	0.147	0.136	0.123	0.131	0.133	0.132	0.123	0.093
	西北	0.082	0.104	0.151	0.133	0.191	0.220	0.220	0.297	0.486	0.371	0.450	0.383	0.411	0.561	0.510	0.457
	西南	0.057	0.058	0.062	0.056	0.097	0.120	0.110	0.136	0.221	0.179	0.203	0.201	0.179	0.207	0.195	0.156
	东北	0.030	0.032	0.036	0.035	0.043	0.052	0.056	0.066	0.072	0.092	0.090	0.091	0.092	0.112	0.123	0.155
	东部沿海	0.002	0.002	0.002	0.002	0.001	0.002	0.002	0.002	0.001	0.001	0.001	0.001	0.001	0.001	0.001	0.001
	南部沿海	0.010	0.007	0.011	0.009	0.009	0.009	0.012	0.017	0.018	0.017	0.019	0.026	0.021	0.018	0.015	0.010
有色金属矿采选业	北部沿海	0.048	0.045	0.049	0.050	0.041	0.037	0.032	0.034	0.034	0.034	0.033	0.035	0.038	0.034	0.035	0.040
	黄河中游	0.280	0.260	0.233	0.213	0.245	0.260	0.296	0.272	0.240	0.244	0.263	0.238	0.248	0.266	0.274	0.309
	长江中游	0.125	0.122	0.112	0.125	0.155	0.170	0.203	0.198	0.145	0.129	0.115	0.128	0.121	0.108	0.100	0.082
	西北	0.407	0.495	0.528	0.495	0.581	0.622	0.857	1.017	0.771	0.729	0.790	0.434	0.448	0.434	0.454	0.463
	西南	0.349	0.273	0.189	0.166	0.170	0.172	0.251	0.248	0.230	0.166	0.172	0.197	0.207	0.191	0.164	0.141
	东北	0.351	0.388	0.380	0.383	0.167	0.028	0.039	0.053	0.063	0.085	0.105	0.118	0.130	0.147	0.160	0.195
	东部沿海	0.191	0.197	0.183	0.151	0.055	0.008	0.008	0.008	0.009	0.008	0.008	0.008	0.009	0.010	0.010	0.011
	南部沿海	0.420	0.377	0.117	0.308	0.121	0.014	0.015	0.017	0.026	0.033	0.035	0.041	0.037	0.037	0.039	0.041
非金属矿采选业	北部沿海	0.353	0.352	0.175	0.362	0.139	0.028	0.029	0.028	0.026	0.026	0.022	0.020	0.020	0.020	0.019	0.019
	黄河中游	1.083	1.053	1.433	0.948	0.364	0.079	0.070	0.076	0.062	0.077	0.084	0.075	0.075	0.080	0.087	0.093
	长江中游	1.031	0.976	1.501	0.989	0.464	0.134	0.144	0.139	0.133	0.140	0.126	0.122	0.122	0.131	0.138	0.135

续表

年份		2000	2001	2002	2003	2004	2005	2006	2007	2008	2009	2010	2011	2012	2013	2014	2015
非金属矿采选业	西北	1.648	1.903	2.294	2.212	0.830	0.119	0.106	0.097	0.097	0.102	0.112	0.107	0.140	0.167	0.175	0.212
	西南	1.380	1.309	1.313	1.273	0.535	0.103	0.143	0.120	0.150	0.185	0.192	0.191	0.181	0.182	0.178	0.176
	东北	1.372	1.530	1.505	1.621	1.659	1.819	1.860	1.659	1.510	1.347	1.306	1.384	1.323	1.299	1.423	1.861
石油加工炼焦及核燃料加工业	东部沿海	0.182	0.194	0.163	0.156	0.142	0.163	0.150	0.132	0.135	0.119	0.129	0.154	0.150	0.148	0.139	0.114
	南部沿海	0.346	0.299	0.245	0.209	0.216	0.217	0.258	0.295	0.316	0.326	0.383	0.424	0.460	0.398	0.366	0.266
	北部沿海	0.453	0.331	0.376	0.308	0.309	0.356	0.351	0.349	0.360	0.313	0.358	0.385	0.382	0.350	0.341	0.328
	黄河中游	0.791	0.765	0.681	0.928	1.008	0.958	1.004	0.810	0.855	0.756	0.771	0.684	0.600	0.579	0.551	0.435
	长江中游	1.197	0.999	0.783	0.954	1.025	1.014	0.900	0.720	0.548	0.432	0.348	0.320	0.303	0.283	0.225	0.214
	西北	5.269	7.875	7.711	8.668	9.154	9.458	9.077	8.464	8.445	9.764	9.328	8.481	8.183	7.513	7.127	7.076
	西南	0.105	0.107	0.108	0.173	0.217	0.285	0.304	0.337	0.438	0.336	0.387	0.459	0.496	0.408	0.402	0.310
化学原料及化学制品制造业	东北	0.794	0.733	0.736	0.774	0.829	0.885	0.906	0.941	0.848	0.878	0.997	1.040	1.073	1.161	1.212	1.707
	东部沿海	0.476	0.459	0.454	0.387	0.378	0.404	0.402	0.418	0.439	0.455	0.455	0.541	0.575	0.600	0.617	0.595
	南部沿海	0.433	0.438	0.471	0.441	0.430	0.411	0.397	0.419	0.461	0.470	0.476	0.552	0.549	0.564	0.577	0.531
	北部沿海	0.477	0.539	0.537	0.527	0.500	0.471	0.485	0.507	0.513	0.532	0.529	0.539	0.577	0.588	0.615	0.645
	黄河中游	1.077	1.034	0.952	0.899	0.796	0.774	0.734	0.700	0.656	0.656	0.642	0.625	0.627	0.697	0.730	0.777
	长江中游	1.286	1.254	1.080	1.294	1.277	1.335	1.248	1.242	1.155	1.188	1.056	1.041	1.050	1.042	1.084	1.044
	西北	2.896	1.803	2.216	2.409	2.510	2.329	2.310	2.564	3.026	3.721	3.411	3.385	3.257	3.320	3.420	4.395
	西南	2.016	2.046	2.010	1.995	2.046	2.096	1.802	1.630	1.643	1.470	1.413	1.368	1.299	1.160	1.069	1.036

续表

	年份	2000	2001	2002	2003	2004	2005	2006	2007	2008	2009	2010	2011	2012	2013	2014	2015
化学纤维制造业	东北	0.083	0.080	0.077	0.072	0.089	0.088	0.073	0.084	0.057	0.050	0.035	0.033	0.025	0.025	0.026	0.042
	东部沿海	0.180	0.122	0.119	0.124	0.118	0.134	0.135	0.136	0.113	0.111	0.109	0.140	0.140	0.135	0.128	0.125
	南部沿海	0.108	0.067	0.062	0.040	0.030	0.043	0.052	0.053	0.049	0.048	0.049	0.061	0.065	0.068	0.073	0.074
	北部沿海	0.066	0.063	0.056	0.041	0.031	0.025	0.016	0.016	0.012	0.011	0.011	0.010	0.011	0.010	0.011	0.011
	黄河中游	0.140	0.125	0.100	0.089	0.078	0.065	0.058	0.049	0.032	0.019	0.025	0.020	0.012	0.011	0.011	0.012
	长江中游	0.172	0.132	0.115	0.129	0.119	0.112	0.089	0.086	0.047	0.033	0.029	0.034	0.029	0.025	0.026	0.026
	西北	0.042	0.037	0.031	0.032	0.095	0.167	0.166	0.230	0.208	0.395	0.387	0.289	0.209	0.210	0.205	0.210
	西南	0.180	0.131	0.126	0.083	0.081	0.088	0.076	0.068	0.058	0.048	0.047	0.052	0.044	0.041	0.039	0.039
黑色金属冶炼及压延加工业	东北	0.747	0.898	0.984	1.165	1.513	1.505	1.450	1.475	1.484	1.381	1.393	1.406	1.435	1.436	1.490	1.689
	东部沿海	0.304	0.316	0.283	0.302	0.351	0.372	0.360	0.371	0.387	0.360	0.329	0.358	0.382	0.381	0.356	0.306
	南部沿海	0.144	0.161	0.152	0.161	0.196	0.213	0.219	0.248	0.279	0.263	0.281	0.333	0.359	0.355	0.324	0.260
	北部沿海	0.508	0.587	0.652	0.744	0.873	0.853	0.808	0.868	0.940	0.801	0.770	0.801	0.758	0.687	0.636	0.579
	黄河中游	1.335	1.425	1.348	1.717	1.808	1.723	1.552	1.446	1.351	1.232	1.077	0.966	0.960	0.966	0.933	0.860
	长江中游	1.316	1.459	1.270	1.769	2.262	2.206	1.853	1.805	1.774	1.370	1.147	1.073	0.976	0.842	0.745	0.584
	西北	2.318	2.679	3.000	3.638	4.473	3.996	3.642	4.354	5.095	5.574	5.543	5.292	4.769	4.711	4.483	4.027
	西南	1.957	2.026	1.918	2.249	2.739	2.560	2.270	2.173	2.190	1.824	1.750	1.648	1.607	1.549	1.367	1.105

续表

年份		2000	2001	2002	2003	2004	2005	2006	2007	2008	2009	2010	2011	2012	2013	2014	2015
有色金属冶炼及压延加工业	东北	0.193	0.203	0.219	0.214	0.246	0.245	0.320	0.350	0.341	0.343	0.310	0.318	0.301	0.346	0.358	0.426
	东部沿海	0.117	0.117	0.109	0.109	0.130	0.137	0.179	0.175	0.159	0.154	0.157	0.159	0.168	0.168	0.167	0.168
	南部沿海	0.128	0.116	0.113	0.113	0.134	0.157	0.205	0.245	0.263	0.262	0.269	0.297	0.296	0.323	0.324	0.308
	北部沿海	0.096	0.096	0.097	0.099	0.127	0.122	0.145	0.170	0.170	0.164	0.178	0.205	0.222	0.226	0.238	0.246
	黄河中游	0.808	0.806	0.669	0.814	0.884	0.862	1.019	1.052	0.979	0.911	0.967	0.893	0.841	0.869	0.892	0.930
	长江中游	0.805	0.801	0.642	0.858	1.146	1.315	1.710	1.811	1.480	1.225	1.150	1.176	1.045	1.024	1.024	0.939
	西北	4.165	4.165	4.549	4.979	4.733	4.654	5.570	6.083	5.009	5.526	5.539	5.124	5.514	5.843	6.473	8.934
	西南	1.384	1.372	1.276	1.365	1.580	1.637	2.135	2.031	1.407	1.106	1.118	1.056	0.963	0.874	0.820	0.720
金属制品业	东北	0.163	0.182	0.164	0.174	0.183	0.208	0.250	0.305	0.390	0.413	0.430	0.429	0.485	0.535	0.579	0.692
	东部沿海	0.240	0.228	0.233	0.212	0.189	0.192	0.192	0.199	0.216	0.209	0.194	0.195	0.224	0.226	0.234	0.230
	南部沿海	0.438	0.407	0.420	0.311	0.314	0.333	0.357	0.399	0.428	0.444	0.439	0.459	0.446	0.460	0.461	0.457
	北部沿海	0.212	0.211	0.218	0.172	0.163	0.169	0.165	0.184	0.195	0.191	0.191	0.200	0.279	0.283	0.289	0.306
	黄河中游	0.249	0.226	0.178	0.138	0.148	0.144	0.162	0.128	0.131	0.158	0.173	0.147	0.231	0.253	0.288	0.323
	长江中游	0.338	0.337	0.285	0.309	0.297	0.341	0.337	0.356	0.336	0.355	0.320	0.318	0.379	0.388	0.424	0.410
	西北	0.511	0.527	0.544	0.435	0.386	0.335	0.299	0.314	0.392	0.678	0.564	0.477	0.402	0.493	0.527	0.697
	西南	0.297	0.319	0.331	0.258	0.259	0.246	0.259	0.282	0.372	0.395	0.358	0.369	0.383	0.355	0.386	0.391

续表

	年份	2000	2001	2002	2003	2004	2005	2006	2007	2008	2009	2010	2011	2012	2013	2014	2015
通用设备制造业	东北	0.319	0.386	0.435	0.485	0.585	0.660	0.810	0.929	1.064	1.203	1.231	1.246	1.024	1.130	1.178	1.310
	东部沿海	0.364	0.362	0.371	0.353	0.360	0.356	0.353	0.362	0.384	0.386	0.373	0.371	0.359	0.365	0.383	0.376
	南部沿海	0.147	0.136	0.141	0.131	0.164	0.165	0.169	0.189	0.241	0.250	0.244	0.270	0.340	0.333	0.321	0.306
	北部沿海	0.249	0.261	0.286	0.288	0.299	0.293	0.313	0.342	0.372	0.395	0.399	0.397	0.297	0.312	0.324	0.341
	黄河中游	0.445	0.440	0.394	0.423	0.435	0.429	0.373	0.362	0.380	0.436	0.453	0.421	0.312	0.371	0.408	0.461
	长江中游	0.543	0.477	0.453	0.602	0.626	0.591	0.595	0.606	0.556	0.562	0.525	0.537	0.488	0.506	0.525	0.519
	西北	0.586	0.544	0.667	0.721	0.643	0.496	0.444	0.447	0.483	0.563	0.507	0.376	0.298	0.321	0.351	0.467
	西南	0.807	0.733	0.894	0.665	0.754	0.772	0.835	0.796	0.861	0.913	0.887	0.812	0.609	0.567	0.548	0.526
专用设备制造业	东北	0.168	0.166	0.188	0.258	0.302	0.326	0.386	0.474	0.524	0.624	0.616	0.608	0.672	0.713	0.755	1.015
	东部沿海	0.180	0.177	0.173	0.148	0.136	0.129	0.131	0.134	0.153	0.169	0.173	0.186	0.193	0.201	0.206	0.208
	南部沿海	0.096	0.085	0.097	0.103	0.144	0.139	0.140	0.158	0.179	0.191	0.187	0.200	0.199	0.201	0.205	0.216
	北部沿海	0.301	0.258	0.285	0.259	0.227	0.202	0.209	0.216	0.232	0.234	0.228	0.225	0.251	0.268	0.269	0.283
	黄河中游	0.635	0.573	0.538	0.658	0.556	0.536	0.532	0.465	0.448	0.529	0.486	0.442	0.391	0.419	0.463	0.516
	长江中游	0.463	0.413	0.426	0.552	0.442	0.400	0.431	0.445	0.475	0.549	0.509	0.554	0.571	0.530	0.540	0.520
	西北	0.504	0.545	0.539	0.737	0.463	0.402	0.414	0.410	0.461	0.519	0.459	0.345	0.422	0.468	0.469	0.567
	西南	0.365	0.390	0.418	0.665	0.602	0.551	0.546	0.562	0.609	0.605	0.560	0.494	0.443	0.435	0.419	0.396

续表

年份		2000	2001	2002	2003	2004	2005	2006	2007	2008	2009	2010	2011	2012	2013	2014	2015
交通运输设备制造业	东北	1.183	1.537	1.932	2.083	1.925	1.750	1.760	2.028	1.778	2.052	2.146	2.149	2.130	2.298	2.749	4.198
	东部沿海	0.412	0.414	0.445	0.431	0.322	0.299	0.310	0.323	0.350	0.435	0.441	0.477	0.491	0.477	0.512	0.530
	南部沿海	0.378	0.393	0.417	0.411	0.382	0.403	0.428	0.494	0.520	0.612	0.616	0.638	0.598	0.605	0.590	0.587
	北部沿海	0.292	0.306	0.402	0.422	0.419	0.388	0.396	0.413	0.412	0.474	0.520	0.482	0.471	0.489	0.533	0.582
	黄河中游	0.642	0.685	0.670	0.631	0.588	0.492	0.486	0.483	0.455	0.544	0.596	0.504	0.470	0.528	0.604	0.656
	长江中游	1.895	2.166	2.214	2.417	2.377	2.073	1.996	1.798	1.572	1.579	1.405	1.192	1.112	1.119	1.131	1.172
	西北	0.277	0.278	0.420	0.286	0.254	0.177	0.137	0.174	0.189	0.233	0.180	0.132	0.195	0.183	0.200	0.202
	西南	2.561	2.759	2.828	3.184	3.053	2.867	2.594	2.426	2.314	2.461	2.316	1.997	1.947	2.011	2.040	2.062
电气机械及器材制造业	东北	0.263	0.263	0.266	0.273	0.325	0.367	0.417	0.480	0.494	0.571	0.638	0.556	0.576	0.604	0.655	0.798
	东部沿海	0.439	0.432	0.413	0.367	0.370	0.362	0.383	0.403	0.441	0.468	0.572	0.540	0.562	0.575	0.595	0.596
	南部沿海	0.850	0.805	0.796	0.721	0.788	0.830	0.866	0.920	0.976	0.966	1.083	1.035	1.027	1.017	0.981	0.927
	北部沿海	0.403	0.401	0.413	0.361	0.343	0.324	0.323	0.328	0.333	0.349	0.369	0.306	0.298	0.297	0.299	0.317
	黄河中游	0.510	0.493	0.412	0.382	0.320	0.302	0.288	0.272	0.289	0.331	0.443	0.309	0.325	0.382	0.431	0.488
	长江中游	0.775	0.796	0.655	0.827	0.846	0.907	0.928	0.996	0.925	0.967	1.183	0.863	0.923	0.936	0.969	0.974
	西北	0.671	0.702	0.795	0.862	0.709	0.553	0.594	0.696	0.806	1.428	1.645	1.180	1.158	1.568	1.479	2.177
	西南	0.707	0.623	0.619	0.638	0.684	0.713	0.727	0.704	0.721	0.701	0.889	0.653	0.632	0.579	0.585	0.603

续表

	年份	2000	2001	2002	2003	2004	2005	2006	2007	2008	2009	2010	2011	2012	2013	2014	2015
通信设备计算机及其他电子设备	东北	0.378	0.375	0.442	0.418	0.376	0.285	0.288	0.317	0.267	0.259	0.279	0.259	0.231	0.221	0.242	0.287
	东部沿海	0.522	0.534	0.563	0.676	0.719	0.728	0.703	0.701	0.668	0.667	0.640	0.667	0.678	0.652	0.637	0.652
	南部沿海	1.814	1.952	2.304	2.174	2.211	2.234	2.152	2.044	2.119	2.151	2.098	2.233	2.391	2.351	2.255	2.238
	北部沿海	0.755	0.784	0.799	0.622	0.583	0.570	0.590	0.550	0.447	0.385	0.354	0.320	0.320	0.322	0.316	0.321
	黄河中游	0.506	0.432	0.433	0.353	0.271	0.201	0.182	0.148	0.130	0.123	0.112	0.157	0.298	0.366	0.441	0.556
	长江中游	0.532	0.600	0.486	0.542	0.464	0.487	0.490	0.414	0.350	0.390	0.335	0.400	0.448	0.514	0.594	0.635
	西北	0.472	0.308	0.309	0.307	0.201	0.144	0.139	0.145	0.117	0.154	0.163	0.138	0.086	0.116	0.124	0.194
	西南	1.181	1.121	1.181	0.915	0.689	0.648	0.607	0.617	0.618	0.661	0.698	0.946	1.239	1.442	1.534	1.494
电力热力的生产与供应业	东北	0.633	0.673	0.788	0.728	0.967	1.185	1.123	1.107	0.934	0.936	0.845	0.805	0.873	0.884	1.004	1.648
	东部沿海	0.214	0.205	0.192	0.158	0.219	0.283	0.266	0.244	0.251	0.274	0.245	0.259	0.246	0.288	0.282	0.280
	南部沿海	0.550	0.498	0.495	0.380	0.503	0.629	0.609	0.592	0.592	0.633	0.575	0.621	0.792	0.758	0.725	0.704
	北部沿海	0.336	0.346	0.372	0.289	0.368	0.414	0.407	0.389	0.353	0.365	0.390	0.379	0.353	0.400	0.395	0.422
	黄河中游	1.633	1.624	1.535	1.483	1.541	1.564	1.453	1.434	1.011	1.101	1.067	0.950	0.988	0.948	0.962	0.992
	长江中游	1.071	1.150	1.056	1.233	1.623	1.837	1.713	1.463	1.234	1.207	0.885	0.759	0.828	0.733	0.634	0.593
	西北	3.727	3.881	4.426	4.589	4.946	5.106	4.571	4.564	4.360	5.610	5.456	5.197	6.083	5.984	6.477	7.972
	西南	1.852	2.039	2.004	2.014	2.506	2.770	2.619	2.338	2.031	1.995	1.796	1.509	1.637	1.545	1.298	1.268

上升趋势，西北地区上升程度最高；在电力、热力的生产与供应业上，除了黄河中游、长江中游以及西南地区呈现下降趋势外，其他区域竞争力和专业化程度均有所提升，西北地区尤为显著。从原材料工业来看，八大区域实现全面上升趋势的行业有黑色金属矿采选业，东北地区和西北地区并列，均呈现最大增长；八大区域实现全面下降趋势的行业为非金属矿采选业，下降幅度最大的区域为黄河中游，由优势行业急速下降接近消亡水平；大部分区域竞争力水平和专业化程度提高的行业有金属制品业、有色金属冶炼及压延加工业、化学原料及化学制品制造业、黑色金属冶炼及压延加工业；大部分区域竞争力水平和专业化程度下降的行业有石油加工炼焦及核燃料加工业、有色金属矿采选业、化学纤维制造业。从装备制造业来看，大部分区域在通用设备制造业、专用设备制造业、交通运输设备制造业、电气机械及器材制造业、通信设备、计算机及其他电子设备行业上实现专业化程度和竞争力的提升，其中东部沿海和南部沿海在装备制造业成绩突出，各个细分行业均实现上涨，其他区域则在各个细分行业存在差异。

从空间分布态势来看，不同区域的重化工业专业化程度与竞争优势存在明显的区域差异，且在整体上呈现出由东向西、由沿海向内陆地区递增的趋势。以西北地区和东北地区为代表的自然资源、能源丰富的区域在能源工业和原材料工业上占据明显优势；长江中游和西南地区在装备制造业，尤其是交通运输设备制造业上独具地域优势；东部沿海和北部沿海的重化工业各细分行业的区位商均不具备优势地位。具体而言，东北地区先后在黑色金属矿采选业、有色金属矿采选业、非金属矿采选业以及化学纤维制造业四个细分产业上处于最为劣势的地位，在交通运输设备制造业上竞争力明显高于其他产业，此外在石油天然气开采业、石油加工炼焦及核燃料加工业、黑色金属冶炼及压延加工业等行业专业化程度高于全国平均水平。东部沿海和北部沿海的重化工业竞争力逊色于其他区域，不存在区位商大于 1 的细分行业，通信设备、计算机及其他电子设备是东部沿海发展水平最高的行业，有色金属矿采选业竞争力接近于零，黑色金属冶炼及压延加工业在北部沿海重化工业中较为突出，有部分年份接近全国平均水平，化学纤维制造业则远远落后于其他行业和全国平均水平。南部沿海在通信设备、计算机及其他电子设备这一行业上竞争力显著，以煤炭采选业与洗选业为代表的能源工业则是该区域重化工业发展的短板。黄河中游依托"乌金三角带"煤炭采选业占据重要地位，成为该区域竞争力不可或缺的组成部分，由此带动电力、热力的生产与供应业带来的经济效益也不可小觑，甚至一度超过能源开采带来的效益，但在其他细分产业上表现乏力，产业结构较为单一。长江中游作为我国重要的内河经济带，以长江黄金水道为依托，联通南北两大运输通道，与长江上下游城市群联系密切，交通运输设备制造业具备得天独厚的发展优势；在原有工业基础上，原材料加工和装备制造业处于全国领先水平；受能源条件制约，能源工业及其后续产业链发展不足，落后于全国平均水平。西北地区矿产资源种类组合齐全、品位高、开采条件好，并且各种矿产资源的储量位居全国前列，矿产资源的开发与利用在一定程度上决定该区域经济发展速度和规模，是西北地区的经济优势所在；同时经济欠发达严重影响该区域制造业的成长，远落后于全国平均水平。西南地区也是我国资源丰富区，重化工业的发展在一定程度上与西北地区相似，但借助水路运输和更为适宜重化工业发展的气候条件，该区域能源产业链的下游行业发展势头强劲，制造业竞争力不断提升，这与我国重化工业发展的基础条件、产业布局转变和区域间产业转移息息相关。

第七节　人口的快速城市化

一、我国人口快速城市化趋势

城市化是经济社会发展的必然结果，它体现为一个综合性变化过程，涉及人口统计、空间形态、经济结构、价值观念、生活方式等诸多领域。最为经典并广为接受的城市化定义来自人口学，指的是人口的城市化。人口城市化指的是非城镇人口不断向城市转化和集中，城镇人口占总人口的比重逐渐提高的动态过程[171]，它是衡量一个国家经济社会发展水平的重要标志。我国城市人口规模由 2000 年的 45906 万人迅速增加至 2015 年的 77116 万人，增幅达 67.99%，人口城市化率由 2000 年的36.22% 上升至 2015 年的 56.10%，增幅为 19.88%。我国人口城市化呈现快速增长的趋势（见表 2 - 17）。

表 2 - 17　　　　　　**2000 ~ 2015 年我国城市人口规模**　　　　单位：万人

年份	2000	2001	2002	2003	2004	2005	2006	2007	2008	2009	2010	2011	2012	2013	2014	2015
城镇人口	45906	48064	50212	52376	54283	56212	58288	60633	62403	64512	66978	69079	71182	73111	74916	77116

二、各省域人口快速城市化

绘制 2000 ~ 2015 年我国各省域城市人口规模及人口城市化率表，结果见表 2 - 18 和表 2 - 19，可以看出不同省域的人口规模和人口城市化率均呈现上升趋势，但是规模扩张和比率上升幅度呈现明显的省域差异。

从城市人口规模来看，从 2000 ~ 2015 年各省域城市人口规模扩张均值为 845 万人，其中规模扩张最明显的 5 个省域为广东（3725 万人）、河南（2441 万人）、江苏（2179 万人）、山东（2097 万人）以及河北（1689 万人），规模扩张低于全国平均水平且居于末位的 5 个省域为黑龙江（298 万人）、海南（183 万人）、吉林（177 万人）、宁夏（157 万人）以及青海（93 万人）；城市人口规模增长强劲的 16 省域主要分布于沿海地区、黄河下游、长江中下游、西南地区，城市人口规模增长乏力的 14 省域主要分布于东北地区、黄河中游以及西北地区。

表 2 – 18　　2000~2015 年我国各省域城市人口规模

省域	人口规模/万人																规模变化	增长幅度/%
	2000年	2001年	2002年	2003年	2004年	2005年	2006年	2007年	2008年	2009年	2010年	2011年	2012年	2013年	2014年	2015年		
北京	966	1030	1094	1158	1222	1286	1350	1416	1504	1581	1686	1740	1784	1825	1858	1877	911	94.31
天津	628	659	690	721	752	783	814	851	908	958	1034	1090	1152	1207	1248	1278	650	103.50
河北	2122	2214	2306	2398	2490	2582	2674	2795	2928	3077	3201	3302	3411	3528	3642	3811	1689	79.59
山西	1223	1261	1299	1337	1375	1413	1451	1494	1539	1576	1717	1785	1851	1908	1962	2016	793	64.84
内蒙古	929	970	1011	1052	1093	1134	1175	1218	1264	1313	1372	1405	1438	1466	1491	1514	585	62.97
辽宁	2273	2314	2355	2396	2437	2478	2519	2544	2591	2620	2717	2807	2881	2917	2944	2952	679	29.87
吉林	1346	1362	1378	1394	1410	1426	1442	1451	1455	1461	1465	1468	1477	1491	1509	1523	177	13.15
黑龙江	1943	1960	1977	1994	2011	2028	2045	2061	2119	2123	2134	2166	2182	2201	2224	2241	298	15.34
上海	1394	1452	1510	1568	1626	1684	1742	1830	1897	1958	2056	2096	2126	2164	2173	2116	722	51.79
江苏	3127	3268	3409	3550	3691	3832	3973	4109	4215	4343	4767	4889	4990	5090	5191	5306	2179	69.68
浙江	2446	2516	2586	2656	2726	2796	2866	2949	3002	3055	3356	3403	3461	3519	3573	3645	1199	49.02
安徽	1703	1797	1891	1985	2079	2173	2267	2368	2485	2581	2562	2674	2784	2886	2990	3103	1400	82.21
福建	1507	1557	1607	1657	1707	1757	1807	1857	1929	2020	2109	2161	2234	2293	2352	2403	896	59.46
江西	1180	1263	1346	1429	1512	1595	1678	1739	1820	1914	1966	2051	2140	2210	2281	2357	1177	99.75
山东	3517	3646	3775	3904	4033	4162	4291	4379	4483	4576	4765	4910	5078	5232	5385	5614	2097	59.62
河南	2000	2175	2350	2525	2700	2875	3050	3214	3397	3577	3621	3809	3991	4123	4265	4441	2441	122.05

续表

省域	人口规模/万人																规模变化	增长幅度/%
	2000年	2001年	2002年	2003年	2004年	2005年	2006年	2007年	2008年	2009年	2010年	2011年	2012年	2013年	2014年	2015年		
湖北	2332	2359	2386	2413	2440	2467	2494	2525	2581	2631	2847	2984	3092	3161	3238	3327	995	42.67
湖南	1771	1885	1999	2113	2227	2341	2455	2571	2689	2767	2845	2975	3097	3209	3320	3452	1681	94.92
广东	3729	4099	4469	4839	5209	5579	5949	6099	6269	6423	6910	6986	7140	7212	7292	7454	3725	99.89
广西	1227	1295	1363	1431	1499	1567	1635	1728	1838	1904	1844	1942	2038	2115	2187	2257	1030	83.94
海南	319	330	341	352	363	374	385	399	410	425	433	443	457	472	486	502	183	57.37
重庆	1035	1081	1127	1173	1219	1265	1311	1360	1419	1475	1529	1606	1678	1733	1783	1838	803	77.58
四川	2250	2342	2434	2526	2618	2710	2802	2893	3044	3168	3232	3367	3516	3640	3769	3912	1662	73.87
贵州	947	958	969	980	991	1002	1013	1026	1047	1057	1176	1213	1269	1325	1404	1483	536	56.60
云南	1043	1097	1151	1205	1259	1313	1367	1426	1499	1554	1597	1704	1831	1897	1967	2055	1012	97.03
陕西	1009	1082	1155	1228	1301	1374	1447	1506	1565	1621	1709	1770	1877	1931	1985	2045	1036	102.68
甘肃	624	652	680	708	736	764	792	822	856	891	925	953	999	1036	1080	1123	499	79.97
青海	203	205	207	209	211	213	215	221	226	234	252	263	272	280	290	296	93	45.81
宁夏	212	220	228	236	244	252	260	269	278	288	303	319	328	340	355	369	157	74.06
新疆	592	623	654	685	716	747	778	820	845	860	940	962	982	1007	1059	1115	523	88.34
均值	1225	1278	1330	1382	1433	1485	1535	1588	1646	1699	1778	1840	1904	1958	2013	2070	845	68.97

表 2 - 19 2000~2015 年我国各省域人口城市化率

单位：%

省域	2000 年	2001 年	2002 年	2003 年	2004 年	2005 年	2006 年	2007 年	2008 年	2009 年	2010 年	2011 年	2012 年	2013 年	2014 年	2015 年
北京	70.82	74.37	76.88	79.53	81.85	83.62	84.32	84.49	84.92	85.00	85.93	86.18	86.23	86.29	86.34	86.46
天津	62.74	65.64	68.52	71.32	73.44	75.07	75.72	76.32	77.21	78.01	79.60	80.44	81.53	82.00	82.27	82.61
河北	31.80	33.05	34.24	35.43	36.57	37.69	38.76	40.26	41.89	43.74	44.50	45.60	46.80	48.11	49.32	51.33
山西	37.67	38.54	39.44	40.34	41.23	42.12	42.99	44.03	45.12	45.99	48.04	49.68	51.26	52.56	53.78	55.02
内蒙古	39.17	40.74	42.41	44.09	45.67	47.19	48.65	50.14	51.72	53.42	55.50	56.61	57.75	58.69	59.52	60.29
辽宁	54.33	55.17	56.03	56.91	57.79	58.71	58.98	59.19	60.05	60.35	62.10	64.04	65.64	66.45	67.05	67.37
吉林	50.19	50.61	51.06	51.55	52.05	52.50	52.96	53.15	53.22	53.32	53.33	53.40	53.71	54.20	54.83	55.32
黑龙江	51.04	51.43	51.85	52.27	52.69	53.09	53.49	53.90	55.40	55.49	55.67	56.49	56.91	57.39	58.02	58.79
上海	86.64	87.05	88.15	88.79	88.61	89.10	88.70	88.66	88.60	88.60	89.27	89.31	89.33	89.61	89.57	87.62
江苏	42.68	44.41	46.03	47.60	49.06	50.50	51.89	53.20	54.30	55.61	60.58	61.89	63.01	64.11	65.21	66.52
浙江	52.26	53.20	54.15	54.68	55.35	56.02	56.51	57.21	57.60	57.90	61.61	62.29	63.19	64.01	64.87	65.81
安徽	27.95	29.32	30.78	32.21	33.38	35.51	37.10	38.71	40.51	42.10	43.01	44.81	46.49	47.86	49.15	50.50
福建	44.19	45.20	46.23	47.32	48.37	49.40	50.40	51.41	53.01	55.10	57.11	58.09	59.61	60.76	61.80	62.59
江西	28.44	30.17	31.88	33.59	35.29	37.00	38.67	39.81	41.36	43.19	44.06	45.70	47.51	48.87	50.22	51.62
山东	39.09	40.33	41.57	42.78	43.93	45.00	46.10	46.75	47.61	48.32	49.70	50.95	52.43	53.76	55.01	57.01

续表

省域	2000年	2001年	2002年	2003年	2004年	2005年	2006年	2007年	2008年	2009年	2010年	2011年	2012年	2013年	2014年	2015年
河南	21.08	22.76	24.45	26.12	27.79	30.65	32.47	34.34	36.03	37.70	38.50	40.57	42.43	43.80	45.20	46.85
湖北	41.30	41.69	42.07	42.45	42.82	43.20	43.81	44.31	45.19	46.00	49.70	51.82	53.50	54.51	55.67	56.85
湖南	26.99	28.58	30.16	31.71	33.25	37.01	38.71	40.46	42.15	43.19	43.30	45.10	46.65	47.96	49.28	50.89
广东	43.11	46.94	50.54	53.99	57.17	60.68	63.01	63.14	63.37	63.41	66.18	66.50	67.40	67.76	68.00	68.71
广西	25.83	27.05	28.27	29.46	30.66	33.63	34.65	36.24	38.16	39.21	40.00	41.81	43.53	44.82	46.00	47.06
海南	40.43	41.46	42.47	43.40	44.38	45.17	46.05	47.22	48.01	49.19	49.83	50.51	51.52	52.74	53.82	55.10
重庆	36.33	38.21	40.05	41.85	43.64	45.21	46.69	48.30	49.98	51.59	53.00	55.02	56.98	58.35	59.61	60.92
四川	27.01	28.76	30.01	30.90	32.36	33.00	34.30	35.60	37.40	38.70	40.17	41.83	43.54	44.90	46.30	47.68
贵州	25.21	25.22	25.25	25.32	25.38	26.86	27.45	28.25	29.12	29.88	33.80	34.97	36.42	37.84	40.02	42.01
云南	24.59	25.59	26.56	27.54	28.52	29.51	30.49	31.59	33.00	34.00	34.70	36.80	39.30	40.47	41.73	43.34
陕西	27.69	29.62	31.54	33.44	35.34	37.24	39.12	40.61	42.09	43.49	45.76	47.29	50.01	51.30	52.58	53.92
甘肃	24.81	25.84	26.87	27.91	28.96	30.02	31.10	32.26	33.56	34.87	36.13	37.17	38.75	40.12	41.68	43.19
青海	39.26	39.20	39.13	39.14	39.15	39.23	39.23	40.04	40.79	42.01	44.76	46.30	47.47	48.44	49.74	50.34
宁夏	38.27	39.08	39.86	40.69	41.50	42.28	43.05	44.10	44.98	46.08	47.87	49.92	50.70	51.99	53.63	55.24
新疆	32.02	33.21	34.33	35.42	36.47	37.16	37.95	39.14	39.65	39.83	43.02	43.55	43.98	44.48	46.08	47.25
均值	37.48	38.84	40.14	41.38	42.58	44.05	45.14	46.25	47.47	48.54	50.30	51.67	53.08	54.18	55.36	56.54

从人口城市化率来看，2000～2015 年各省域人口城市化率涨幅为68.97%，其中涨幅最为明显的前 5 省域为河南（122.05%）、天津（103.50%）、陕西（102.68%）、广东（99.89%）以及江西（99.75%），涨幅低于全国平均水平且居于末位的 5 个省域为青海（45.81%）、湖北（42.67%）、辽宁（29.87%）、黑龙江（15.34%）以及吉林（13.15%）；人口城市化率高于全国平均水平的 17 个省域除东北地区外均有涉及，空间分布上大体与城市人口规模增长的省域具有一致性，且省域间大体呈现出由东部沿海向西部内陆递减的趋势。

综上所述，2000～2015 年我国各省域城市人口规模及人口城市化率呈现扩张和上升趋势，但存在明显的省域差异和区域差异，大致呈现由东部沿海向西部内陆递减的趋势，东北地区两项指标与全国平均水平相差甚大，落后趋势明显。此外，省域间城市人口规模及人口城市化率在空间分布上大体具有一致性，原因在于自然条件和经济社会条件的交织作用。从自然条件来看，我国幅员辽阔，跨越 5 个温度带，地区间地形地势、水热条件差异巨大，造就了沿海地区和平原地区比西部内陆更低的成本、更为宜居的生活条件，适于人口繁衍。从经济社会条件来看，沿海地区水路交通便利，光热条件良好，便于开展经济活动，促进人口发展，加上政策引导率先发展的优势，对周围地区辐射和带动作用明显，吸引人口迁移和聚居，人口稠密。西部自然条件相对脆弱，在很大程度上制约经济发展，加上该地区起步较晚，基础设施建设落后，存在发展路径依赖，对人口的吸引力较弱。东北地区近年由于发展模式粗放、产业结构单一、经济效益低下等因素的影响，工业效益明显下降，人口外迁现象明显，农业作为主要产业，带来的就业及经济效益远低于第二、第三产业，加剧了人口的流失，造成了该区域人口规模和人口城市化率明显低于全国的趋势。

第三章 快速城市化背景下我国能耗与排放预测

第一节 城市化进程中的经济增长预测

世界经济发展实践表明城市化与经济增长之间存在高度相关性，城市化不仅仅是各种生产要素与人口向城市集聚的过程，更重要的是能够通过直接或间接效应推动经济增长。作为世界人口最多的国家，我国城市化率已由 1978 年的 17.92% 倍增至 2000 年的 36.22%，2011 年突破 50% 之后，到 2015 年达到了 56.1%。在城市化进程快速发展过程中，我国经济总量和人均 GDP 分别由 1978 年的 3678.7 亿元、385 元增加至 2015 年的 685505.8 亿元、49992 元，经济总量跃居世界第二位，人均 GDP 年均增长率达到 14% 以上，同时也伴随着大量消费、投资、贸易等刺激经济增长的需求，城市化对经济增长产生直接或间接的拉动作用，成为保持经济持续发展的重要引擎。因此，研究城市化对经济增长的驱动机制，探讨未来城市化发展如何促进经济增长具有重要的现实意义。

一、世界城市化进程中的经济增长

选取世界 95 个国家 1970~2015 年的城市化率（URB）和人均 GDP

（PGDP）的面板数据。为了更加直观明了掌握世界城市化率与经济增长之间的关系，运用 Stata 软件绘制散点图，结果如图 3 – 1 所示。可以看出，随着城市化水平的逐步上升，经济发展呈增长趋势。

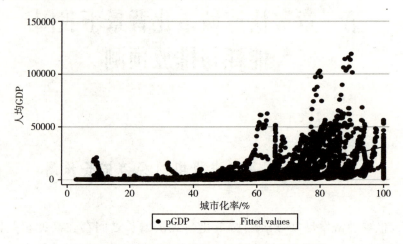

图 3 – 1　世界城市化率与人均 GDP 的演变趋势

二、我国城市化进程中的经济增长预测

根据人类发展历史和统计数据表明，城市化进程对一个国家或地区的经济发展会产生巨大影响，国内外学者对此进行了广泛研究。Lucas（1988）[172]，Romer（1986）[173]基于内生经济增长理论，认为城市化通过人力资本与知识积累推动经济增长。Fay 和 Opal（2000）[174]，Jones 和 Kone（1996）[175]对不同国家和地区的面板数据进行研究，结果表明城市化与经济增长之间存在长期的正向关系。陈明星等（2010）以世界 120 个国家和我国 31 个省域的面板数据，对城市化与经济发展水平进行研究，结果表明城市化对经济发展的推进作用存在明显的区域分异[176]。孙东琪等（2013）基于 DEA 模型、层次分析法以及耦合度模型对长江三角洲地区的城市面板数据进行分析，发现城市化不同发展阶段对经济发展产生不同影响[177]。刘华军等（2014）

采用空间计量模型对我国省域面板数据进行空间溢出效应分析，通过比较各种空间关联模式表明在整体上城市化对于经济增长具有正项的空间溢出效应[178]。

（一）研究方法

面板数据模型是一类含有横截面、时期和变量三维信息，可依据平行数量分析变量间相互关系并预测其变化趋势的计量经济模型[179]，它兼具截面数据和时间序列数据的优点。相较于截面数据，面板数据模型可以控制由不可观测经济变量所引致的普通最小二乘估计的偏差，使得模型设定更为合理、参数估计更准确；相较于时间序列数据，面板数据模型含有 N 个个体，T 个时间段，可以提供较多的数据信息与自由度，降低经济变量之间的共线性，提高估计量的有效性。因而，面板数据模型被广泛应用于实际经济问题分析，研究领域不断扩大[180]，其一般形式为：

$$y_{it} = \mu + \sum_{k=1}^{K} \beta_{ki} x_{kit} + \nu_{it} \tag{3.1}$$

其中，$i = 1$，$\cdots$，N 表示观测的个体，$t = 1$，$\cdots$，T 表示时间序列，y_{it} 表示个体 i 在时刻 t 的观测值，x_{kit} 是 k 维解释变量，β_{ki} 表示个体 i 的第 k 个解释变量 x_{kit} 的系数，μ 表示共同均值项，ν_{it} 表示随机误差项。

构建面板数据模型后，需要对该模型进行参数估计，包括混合最小二乘回归、固定效应和随机效应模型等多种形式，还可以采用可行广义最小二乘法进行估计，消除可能存在的异方差性和序列相关性，能够得出有效的估计结果（Woodridge，2002）。回归分析可以很好地确定两种或两种以上变量间相互依赖的定量关系，面板数据虽然减轻了数据的非平稳，使得变量的相关性降低，但是各变量还会有趋势、截距问题，可能还是非平稳数据，存在单位根，为了避免出现伪回归或者虚假回归，面板数据模型估计前需对各面板序列数据进行单位根检验。面板单位根检验主要有两类：一是同质单位根检验，如 Levin，Lin 和 CHU（2002）提出的 LLC 检验和 Breitun 检验；二是异质单位根检验，如 Im，Pesearn 和 Shin（2003）提出的 IPS 检验、Fisher-ADF 检验和 Fisher-PP 检验等。只有同时通过同质单位根检验和异质单位根检验，才能说明数据序列不含单位根，是平稳数据[181-182]。

在面板数据模型形式的选择上，采用 F 检验确定是选用混合模型还是固定效应模型，并根据 Hausman 检验结果确定是采用固定效应模型还是随机效应模型。首先，检验个体效应（混合效应或固定效应），原假设是使用混合模型，若 F 统计量的概率为 0.0000 < 0.05，说明固定效应模型好于混合效应模型；其次，使用 LM 统计量方法检验时间效应（混合效应或随机效应），原假设是使用混合模型，若 LM 检验得到的 P 值为 0.0000 < 0.05，说明随机效应较为显著，也优于混合 OLS 模型；最后，采用 Hausman 检验确定固定效应模型或随机效应模型，原假设是使用随机效应模型，若 Hausman 检验的 P 值为 0.0000 < 0.05，认为随机效应模型的基本假设得不到满足，需要使用固定效应模型[182]。

（二）驱动机制

城市化进程是一个复杂的动态过程，经济增长不仅受城市化率的影响，还会受社会经济运行中的其他因素影响。

（1）消费。消费反映社会需求得到满足的状况，它是社会再生产过程中的一个重要环节，也是最终环节。在经济循环流中，消费会通过反馈机制对经济增长产生影响。考虑到数据可得性和代表性，选取社会消费品零售总额（SC）衡量我国消费支出状况。

（2）投资。投资与经济增长、技术变化的关系非常紧密，经济理论中认为经济增长情况主要由投资决定，投资是经济增长的基本推动力和必要前提。投资是技术进步的载体，技术进步的产生和应用都离不开投资。固定资产投资额（FI）是以货币表现的建造和购置固定资产活动的工作量，它是反映固定资产投资规模、速度、比例关系和使用方向的综合性指标，选取固定资产投资额衡量我国投资状况。

（3）出口。对外贸易是一个国家或地区与另一个国家或地区之间的商品、劳务和技术的交换活动，通过对外贸易参与国际分工，从而节约社会劳动，不但使各国资源能够得到最充分利用，而且还可以保证社会再生产顺利进行，加速社会扩大再生产的实现。出口是对外贸易的重要组成部分，也是反映国民经济情况的重要指标，选取经营单位所在地出口总额（EXPORT）衡量我国出口情况。

（三）模型设定与指标选择

1. 模型设定

目前，城市化进程更加注重城市化发展质量，人均指标能够更为全面地反映城市化进程中经济社会的全面发展，其衡量作用日渐凸显。其中，人均 GDP 较为客观地反映了一个国家或地区社会发展水平和发展程度，在衡量经济发展程度的同时，也反映了社会公平与平等状况。因此，以人均 GDP 衡量经济增长程度，作为被解释变量，城市化率 URB 作为内生变量，构建以下线性回归模型，考察我国城市化与经济增长之间的关系：

$$PGDP = \alpha_0 + \alpha_1 URB + \varepsilon \tag{3.2}$$

考虑到对模型进行线性回归、对数变换并不改变模型的基本性质，进而对线性回归模型进行半对数变换和全对数变换，以研究不同模型下各个变量之间的关系：

$$\ln PGDP = \alpha_0 + \alpha_1 URB + \varepsilon \tag{3.3}$$

$$\ln PGDP = \alpha_0 + \alpha_1 \ln URB + \varepsilon \tag{3.4}$$

城市化进程中，投资、消费和出口均会对人均 GDP 产生影响，构建以下面板数据模型：

$$\ln PGDP_{it} = \alpha_i + \beta_{1i}\ln SC_{it} + \beta_{2i}\ln FI_{it} + \beta_{3i}\ln EXPORT_{it} + \varepsilon_{it} \qquad (3.5)$$

$$\ln SC_{it} = \varphi_i + \phi_i URB_{it} + \varepsilon_{it} \qquad (3.6)$$

$$\ln FI_{it} = \tau_i + \gamma_i URB_{it} + \varepsilon_{it} \qquad (3.7)$$

$$\ln EXPORT_{it} = \rho_i + \theta_i URB_{it} + \varepsilon_{it} \qquad (3.8)$$

由模型（3.2）~模型（3.8）可以看出，投资、消费和出口都受到城市化的影响，故而构建如下模型衡量城市化直接效用的生产函数：

$$\ln PGDP_{it} = \alpha_{0i} + \alpha_{1i} URB_{it} + \alpha_{2i}\ln SC_{it} + \alpha_{3i}\ln FI_{it} + \alpha_{4i}\ln EXPORT_{it} + \varepsilon_{it}$$

$$(3.9)$$

利用控制变量 X 对投资、消费和出口进行简单替代，将其作如下简化：

$$\ln PGDP = f(URB;\ln SC,\ln FI,\ln EXPORT) = f(URB;\ln X) \qquad (3.10)$$

$$\ln X = f(URB) \qquad (3.11)$$

基于模型（3.9），建立消费、投资、出口和城市化之间的函数关系。联立模型（3.10）和模型（3.11），得到了一个包含直接效用与间接效用的系统驱动机制。利用链式法则得出：

$$\frac{d\ln PGDP}{dURB} = \frac{\partial\ln PGDP}{\partial URB} + \frac{\partial\ln PGDP}{\partial\ln SC} \times \frac{d\ln SC}{dURB} + \frac{\partial\ln PGDP}{\partial\ln FI} \times \frac{d\ln FI}{dURB} +$$

$$\frac{\partial\ln PGDP}{\partial\ln EXPORT} \times \frac{d\ln EXPORT}{dURB} \qquad (3.12)$$

$$\begin{cases} \ln PGDP_{it} = \alpha_{0i} + \alpha_{1i}\ln X_{it} + \alpha_{2i}URB_{it} + \mu_{it} & (3.13) \\ \ln X_{it} = \beta_{0i} + \beta_{1i}URB_{it} + \varepsilon_{it} & (3.14) \end{cases}$$

$$\Rightarrow \ln PGDP_{it} = (\alpha_{0i} + \sum \alpha_{1i}\beta_{0i}) + (\alpha_{2i} + \sum \alpha_{1i}\beta_{1i})URB_{it} + \mu_{it} + \varepsilon_{it}$$

$$(3.15)$$

其中，$\alpha_{2i} + \sum \alpha_{1i}\beta_{1i}$ 表示总体效用，$\dfrac{\alpha_{2i}}{\alpha_{2i} + \sum \alpha_{1i}\beta_{1i}}$ 与 $\dfrac{\alpha_{1i}\beta_{1i}}{\alpha_{2i} + \sum \alpha_{1i}\beta_{1i}}$ 表示各驱动渠道的贡献力度，利用驱动渠道贡献力的比较，可以分析当前城市化对于经济增长的驱动作用。

2. 数据来源及指标选择

基础数据来源于《中国统计年鉴》，时间跨度为 2000~2015 年，为保持数据统计口径的一致性和数据的可比性，剔除通货膨胀对结果的影响，以 2000 年为基期对人均 GDP、社会消费品零售总额、固定资产投资额以及经营单位所在地出口总额进行处理。

（四）实证分析

首先，对模型（3.2）~模型（3.4）进行普通最小二乘法线性回归分析，估计结果如表 3−1 所示。表中，各个方程的拟合度 R^2 以及 Adj. R^2 值均大于 0.9，表明拟合程度较好，上述构建的模型成立。F 统计量都远大于 $F_{0.05}(1,14)=4.60$ 的临界值，说明方程在 5% 的置信水平上是显著的。估计参数的 t 检验绝对值均大于 $|t_{0.025}(14)|=2.145$，说明各变量均在 5% 的水平上显著。城市化率的估计系数均为正值，说明各个模型中，城市化率和人均 GDP 之间存在显著正相关性，表明城市化水平的提高会推动人均 GDP 的增加。

表 3−1　　　　　　　　时间序列模型实证结果

解释变量	被解释变量	被解释变量	lnPGDP
	PGDP	半对数模型	全对数模型
cons	−34262.62 * (−17.97)	6.477775 * (122.43)	−2.34041 * (−11.71)
URB	1106.776 * (27.16)	0.0685975 * (60.66)	
lnURB			3.132767 * (60.1)
R^2	0.9814	0.9962	0.9961
Adj. R^2	0.98	0.9959	0.9959
F	737.78	3680.22	3611.99

注：括号中的数值为 t 检验值，* 表示在 5% 统计水平上显著。

根据检验结果选取半对数模型，并对 2000~2015 年 30 个省域面板数据的平稳性进行检验，结果表明 lnPGDP 数据平稳，不存在单位根；URB、lnSC、lnFI、lnEXPORT 存在单位根，但一阶差分后均为一价单整序列。将相关数据代入模型（3.13），测算城市化对于人均 GDP 影响的总体效应。从表 3-2 中可以看出，方程的拟合优度达到 0.9629，说明通过消费、投资以及出口综合影响，城市化对人均 GDP 的变动具有显著影响。通过 Hausman 检验，概率为 0.000，小于 5% 的置信区间，故而拒绝原假设随机效应模型，采用固定效应模型，得出城市化率与人均 GDP 的直接效应机制。

表 3-2   城市化与人均 GDP 的直接效应机制

解释变量	cons	URB	lnFI	lnSC	lnEXPORT	WithinR^2	F
被解释变量 lnPGDP	-8.333* (13.1)	0.024* (10.28)	1.731 (12.5)	0.647 (4.49)	0.078 (5.02)	0.963	2897.8

注：括号中的数值为 t 检验值，*表示在 5% 统计水平上显著。

其次，将相关数据代入模型（3.14），测算消费、投资和出口等因素的贡献度。从表 3-3 中可以看出，投资、消费和出口对于城市化影响的拟合优度分别为 0.857、0.805 和 0.817，从而进一步评估城市化对人均 GDP 的驱动渠道及特点。

表 3-3   城市化与人均 GDP 的间接效应检验

	lnFI	lnSC	lnEXPORT
URB	0.022* (51.8)	0.016* (43.05)	0.119* (44.43)
cons	5.825* (282.26)	6.063* (333.04)	0.686* (2.55)
withinR^2	0.857	0.805	0.817
Model	RE	FE	FE

注：括号中的数值为 t 检验值，*表示在 5% 统计水平上显著。

最后，以城市化直接效应、间接效应机制的验证结果为基础，将城市化对人均 GDP 的效用进行系统量化分析。根据链式求导法则，基于模型（3.15）进行总体效用的度量，对城市化驱动人均 GDP 的机制特点进行评价。

从表 3 - 4 可以看出，我国城市化对人均 GDP 增长的驱动机制呈现以下特点：

表 3 - 4　　　　　　　　城市化驱动人均 GDP 的总体效用

		α_{1i}	β_{1i}	$\alpha_{2i} + \sum \alpha_{1i}\beta_{1i}$	贡献程度
直接效应	URB			0.024	0.293
间接效应	lnFI	1.731	0.022	0.038	0.463
	lnSC	0.647	0.016	0.011	0.134
	lnEXPORT	0.078	0.119	0.009	0.110
总体效应				0.082	1.000

（1）间接效应在城市化推动人均 GDP 增长过程中居于主导地位。从总体效用来看，城市化对人均 GDP 增长的边际弹性为 0.082，即城市化率每提高 1 个单位可以为人均 GDP 带来 0.082 个单位的增长。但从直接效应和间接效应上进行区分，城市化自身对人均 GDP 的实际贡献度仅有 0.293，绝大部分的推动力量源自间接效应。

（2）间接效应中投资贡献作用突出。固定资产投资贡献度高达 46.3%，远远超过消费和出口的贡献度。这意味着当前我国人均 GDP 的增长主要依托总量庞大、发展迅速的固定资产投资，投资带来的杠杆效应是支撑我国人均 GDP 增长的主要物质基础。

（3）消费和出口对于人均 GDP 的推动力度旗鼓相当。消费作为社会再生产的重要环节，与人民生活息息相关，出口则是顺应全球化潮流，加速生产要素流动，促进经济发展的有力手段。在改革开放以来，我国注重发展国际贸易，贸易顺差推动了我国物质财富的积累，也增加了人均 GDP。自金融危机后，我国意识到了内需对于经济稳定发展的重要作用，实行战略调整推动内需增长。

（五）我国经济增长预测

1. 城市化进程趋势预测

Northam 认为城市化发展过程近似"S形"曲线，Verhust 于 1838 年提出 Logistic 模型，并被广泛应用于模拟事物在资源有限条件下呈现"S形"增长的发展过程。Logistic 模型一直是联合国分析城市化进程的理论基础，其一般表达式为：

$$U(t) = \frac{K}{1 + e^{a-bt}} \qquad (3.16)$$

其中，U 为城市化水平，K 为城市化水平的饱和值，a 为积分常数，b 为增长参数。

令 $a = \ln K \cdot c$，$b = -\ln d$ 有：

$$U(t) = \frac{K}{1 + K \cdot c \cdot e^{\ln d \cdot t}} \qquad (3.17)$$

其中，c 为模型回归常数，d 为模型回归系数。

城市化水平的饱和值为关键参数，大多数发达国家城市化水平在 75% ~ 85% 之间[183]，由于需要保留一定的农村居民来满足城镇居民需求，故 $K \leqslant 100\%$。K 的估算方法有最小二乘回归拟合法[184-185]、自回归估算法[186]、拟合优度最大估算法[187]等。采用最优拟合优度法，通过对 K 进行不同赋值，以最优拟合优度的拟合模型作为确定 K 值的依据。运用 SPSS17.0，以我国 1990 ~ 2013 年城市化水平时序数据作为因变量进行 Logistic 曲线拟合，结果表明：当 K 值为 88% 时，拟合优度最大（R^2 为 0.997，F 值为 3361.714），估计值标准误最小（0.035）。因此，城市化水平饱和值为 88%。

将 88% 设为城市化水平饱和值，以我国 1990 ~ 2013 年城市化水平时序数据为因变量，时间 t 为自变量（设 1990 年为 1）进行曲线拟合回归，得到我国城市化进程的 Logistic 模型：

$$U_t = \frac{88}{1 + 2.728 \cdot e^{\ln 0.942 \cdot t}}$$

$$(967.888) \quad (67.738)$$

$$(3.18)$$

$$R^2 = 0.997 \qquad F = 3361.714$$

$R^2 = 0.997$ 说明模型对实际数据的拟合程度较好。F 检验和 t 检验的结果表明，回归系数和常数项都通过了显著性检验，模型能较好地解释城市化进程的变化趋势。进一步根据模型（3.18），对我国 2014～2050 年城市化发展趋势进行预测分析。

由图 3 – 2 可知，我国城市化水平预测值在 2014 年、2020 年、2040 年和 2050 年分别为 55.80%、61.63%、77.91% 和 82.14%，2015～2030 年我国城市化年均增幅为 1.04%，2030～2040 年年均增幅为 0.668%。可以看出，在未来的 20～30 年，我国城市化水平仍将处于加速发展的上升期，并在 2015～2040 年维持较高的增长速度，但在 2040 年之后，我国城市化进程速度趋于平缓，年均增幅约为 0.42%。

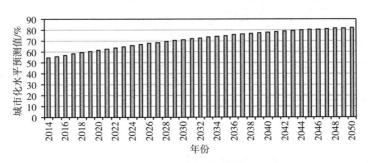

图 3 – 2 我国 2014～2050 年城市化水平预测值

2. 我国经济增长预测

根据上述研究得出城市化率与人均 GDP 的面板数据模型：$\ln PGDP_{it} = 5.722 + 0.082 URB$，再依据我国 2000～2050 年城市化率及其预测值，得到该期间我国人均实际 GDP 及其预测值，结果如表 3 – 5 所示。

表 3 - 5　　　　　　　城市化率与人均 GDP 预测结果　　　　　　单位：元

年份	城市化率	人均实际GDP 预测值	年份	城市化率	人均实际GDP 预测值	年份	城市化率	人均实际GDP 预测值
2000	36.22	5955.32	2017	58.20	36115.88	2034	74.24	134502.93
2001	37.66	6701.72	2018	59.37	39739.40	2035	74.92	142211.41
2002	39.09	7535.50	2019	60.51	43640.24	2036	75.57	150017.62
2003	40.53	8479.95	2020	61.63	47824.63	2037	76.19	157897.91
2004	41.76	9379.86	2021	62.72	52296.89	2038	76.79	165828.67
2005	42.99	10375.27	2022	63.78	57059.25	2039	77.36	173786.53
2006	44.34	11589.79	2023	64.81	62111.71	2040	77.91	181748.60
2007	45.89	13160.56	2024	65.82	67451.91	2041	78.43	189692.73
2008	46.99	14402.83	2025	66.80	73075.11	2042	78.93	197597.62
2009	48.34	16088.82	2026	67.74	78974.14	2043	79.40	205443.08
2010	49.95	18359.46	2027	68.66	85139.46	2044	79.85	213210.06
2011	51.27	20458.22	2028	69.55	91559.21	2045	80.29	220880.87
2012	52.57	22759.55	2029	70.40	98219.32	2046	80.70	228439.14
2013	53.73	25030.74	2030	71.23	105103.72	2047	81.09	235870.02
2014	54.77	27259.03	2031	72.02	112194.48	2048	81.46	243160.02
2015	56.10	30400.06	2032	72.79	119472.05	2049	81.81	250297.25
2016	57.01	32761.73	2033	73.53	126915.54	2050	82.14	257271.24

注：2000~2015 年的人均 GDP 均以 2000 年为基期进行平减处理，2016~2050 年的人均实际 GDP 在此基础上得到。

从整体上看，我国人均实际 GDP 随着我国城市化进程的推进而不断提升，表明城市化是经济增长的重要推动力量，通过提高城市化水平，解开城乡二元结构的束缚，实现经济持续增长。从人均 GDP 增长趋势来看，其发展态势与城市化发展的"相似性"和"异质性"并存。当城市化处于 30% ~70% 的快速扩张区间时，经济也呈现出快速增长趋势；当城市化率高于 70% 以后则经济呈现出缓慢增长，但总体仍是快速增长态势，其幅度甚至超过上一阶段。

第二节　城市化进程中的能源消耗预测

一、世界城市化进程中的能源消耗

选取世界 112 个国家 1971～2014 年的城市化率（URB）和能源消耗（ENE）的面板数据，对城市化率与能源消耗之间的关系进行分析。为了更加直观地掌握世界城市化率与能源消耗之间的关系，运用 Stata 软件绘制散点图，结果见图 3－3。可以看出，随着城市化水平的逐步上升，能源消耗呈现增长趋势。

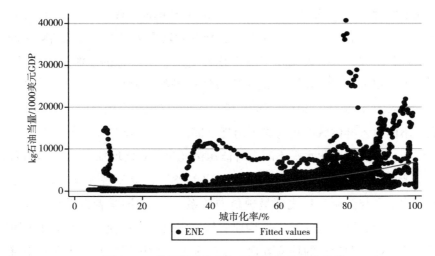

图 3－3　世界城市化率与能源消耗的演变趋势

二、我国城市化进程中的能源消耗预测

20 世纪 80 年代以来，我国城市化进程快速发展推动了人口和非农产业由农村向城市的大规模迁移，促使社会生产方式、居民生活方式和

消费方式等方面发生一系统变化，在拉动经济增长与提高人民生活水平的同时，也带来了能源消耗日益增加，能源约束日趋突出等问题，成为制约经济发展的主要"瓶颈"。因此，城市化对能源消耗变动产生双重效应，一方面，城市化是增加能源消耗的重要因素[188-190]，生产方式、生活方式和消费方式的变迁引发能源需求的上涨，从而推动能源消耗的增长；另一方面，城市化对生产形成集聚效应和规模效应，有利于能源利用效率的提高，在一定程度上对能源消耗起到抑制作用。城市化发展对能源消耗的影响最终呈现为负向的集聚效应还是正向的促进效应？目前学术界的结论尚未统一，大多数学者认为城市化水平与能源消耗之间存在正相关关系，如 Jones（1989、1991）运用 1980 年 59 个发展中国家的相关数据研究城市化对能源消耗的影响机制，结果发现城市化与能源消耗之间存在正向关系[191-192]。Parikh 和 Shukla（1995）运用 1967~1987 年发展中国家和发达国家的相关数据对城市化与人均能源消耗之间关系进行研究，结果表明发展城市化改变了生产过程的能源消耗模式，通过人口集聚、消费规模扩张和消费结构升级提高能源需求[193]。Poumanyvong 和 Kaneko（2010）运用 1977~2005 年 99 个国家的相关数据研究了不同收入群体城市化与能源消耗之间的关系，结果发现在中高收入群体中，伴随城市化水平不断提升能源消耗也会随之增加[72]。但也有部分学者持相反观点，如 Ewing 和 Rong（2008）研究发现在高收入国家，城市化水平与能源消耗之间呈现负向关系[194]。我国学者也进行了相关研究，王蕾、魏后凯（2014）构建省域固定效应面板模型，研究不同区域能源消耗长期趋势的均衡方程，结果表明，我国城市化、工业化对能源消耗产生正向效应，城市化的影响作用更为显著[195]。曹孜、陈洪波（2015）根据我国城市化与能源消耗的变化特征，以城市化、居民收入水平、产业结构和人口密度为门槛变量，分析其对人均能源消耗的门槛效应，结果表明城市化对于能源消耗有正向影响，特点是城市化率超过44% 之后，能源消耗出现快速上涨的趋势[196]。王超、蒋瑛（2016）根据 IPAT 模型，运用 1997~2012 年我国 30 个省域面板数据进行实证分析，结果表明城市化对于我国能源消费具有正向效应[197]。

（一）城市化对能源消耗变动的贡献测算

1. 基于 LMDI 能源消耗因素分解模型

在 LMDI 方法的基础上，借鉴 Ang 等（2000）[198]、Carla 等（2009）[199]的研究成果，构建能源消耗因素分解模型，具体为：

$$ENE = \sum_i \sum_j ENE_{ij} = \sum_i \sum_j \frac{ENE_{ij}}{ENE_i} \cdot \frac{ENE_i}{Y_i} \cdot \frac{Y_i}{CS_i} \cdot CS_i \quad (3.19)$$

其中，ENE 为能源消耗总量，ENE_{ij} 为省域 i 第 j 种能源消耗量，ENE_i 为省域 i 能源消耗总量，Y_i 为省域 i 国内生产总值，CS_i 为省域 i 居民消费总额。由于能源种类主要分为煤炭、焦化、石油、天然气、电力五大类，因此将我国能源消耗总量分解为 30 个省域（台湾、香港、澳门及西藏多个变量数据缺失未包括在内）的煤炭、焦炭、原油、汽油、煤油、柴油、燃料油、天然气和电力 9 种能源种类的能源消耗总和。

将居民消费纳入能源消耗分解式考察消费需求对能源消耗的间接影响，根据《中国统计年鉴》将居民消费分为食品、衣着、居住、家庭设备用品及服务、医疗保健、交通通信、文教娱乐用品及服务、其他商品及服务 8 类。基于我国城市化进程中的城乡二元结构差异，对省域 i 居民消费进行向量分解：

$$CS_i = \left(\frac{P_{iu}}{P_i} \quad \frac{P_{ir}}{P_i} \right) \cdot \left(\frac{\sum_{k=1}^{8} CS_{iku}}{P_{iu}} \quad \frac{\sum_{k=1}^{8} CS_{ikr}}{P_{ir}} \right)^T \cdot P_i$$

$$= (PS_{iu} \quad PS_{ir}) \cdot (CS_{iku} \quad CS_{ikr})^T \cdot P_i \quad (3.20)$$

其中，P_{iu} 为省域 i 城镇人口数，P_{ir} 为省域 i 农村人口数，P_i 为省域 i 总人口量，PS_{iu} 为省域 i 城镇人口占总人口的比重，PS_{ir} 为省域 i 农村人口占总人口的比重，CS_{iku} 为省域 i 城镇居民 k 类产品的消费量，CS_{ikr} 为省域 i 农村居民 k 类产品的消费量。

将模型（3.20）代入模型（3.19）得到能源消耗分解式为：

$$
\begin{aligned}
ENE &= \sum_{i=1}^{30}\sum_{j=1}^{9} ENE_{ij} = \sum_{i=1}^{30}\sum_{j=1}^{9} \frac{ENE_{ij}}{ENE_i}\cdot\frac{ENE_i}{Y_i}\cdot\frac{Y_i}{CS_i}\cdot CS_i \\
&= \sum_{i=1}^{30}\sum_{j=1}^{9} EST_{ij}\cdot EIT_i\cdot CIS_i\cdot\left(\frac{P_{iu}}{P_i}\quad\frac{P_{ir}}{P_i}\right)\cdot\left(\frac{\sum_{k=1}^{8}CS_{iku}}{P_{iu}}\quad\frac{\sum_{k=1}^{8}CS_{ikr}}{P_{ir}}\right)^T\cdot P_i \\
&= \sum_{i=1}^{30}\sum_{j=1}^{9}\sum_{k=1}^{8} EST_{ij}\cdot EIT_i\cdot CIS_i\cdot(PS_{iu}\quad PS_{ir})\cdot(CS_{iku}\quad CS_{ikr})^T\cdot P_i
\end{aligned}
$$

$$(3.21)$$

其中，EST_{ij} 为省域 i 第 j 种能源所占消耗的比例，即能源消耗结构；EIT_i 为省域 i 的能源强度；CIS_i 为国内生产总值与居民消费总额的比值，即消费抑制因子。

对模型（3.21）两边取对数再进行微分转换：

$$
\begin{aligned}
d\ln ENE &= d\ln\sum_{i=1}^{30}\sum_{j=1}^{9} ENE_{ij} \\
&= d\ln\Big(\sum_{i=1}^{30}\sum_{j=1}^{9}\sum_{k=1}^{8} EST_{ij}\cdot EIT_i\cdot CIS_i\cdot(PS_{iu}\quad PS_{ir})\cdot \\
&\quad (CS_{iku}\quad CS_{ikr})^T\cdot P_i\Big) \\
&= \frac{d\ln(\sum_{i=1}^{30}\sum_{j=1}^{9} EST_{ij})}{\sum_{i=1}^{30}\sum_{j=1}^{9} EST_{ij}} + d\ln EIT_i + d\ln CIS_i + \\
&\quad \frac{d(\sum_{k=1}^{8} PS_{iu}CS_{iku} + \sum_{k=1}^{8} PS_{ir}CS_{ikr})}{\sum_{k=1}^{8} PS_{iu}CS_{iku} + \sum_{k=1}^{8} PS_{ir}CS_{ikr}} + d\ln P_i \\
&= \frac{d\ln(\sum_{i=1}^{30}\sum_{j=1}^{9} EST_{ij})}{\sum_{i=1}^{30}\sum_{j=1}^{9} EST_{ij}} + d\ln EIT_i + d\ln CIS_i +
\end{aligned}
$$

$$\sum_{k=1}^{8} (\theta_{iku} \cdot d\ln PS_{iu} + \theta_{iku} \cdot d\ln CS_{iku} + \theta_{ikr} \cdot d\ln PS_{ir} +$$

$$\theta_{ikr} \cdot d\ln CS_{ikr}) + d\ln P_i$$

$$= d\ln \left(\sum_{i=1}^{30} \sum_{j=1}^{9} EST_{ij} \cdot EIT_i \cdot CIS_i \cdot \sum_{k=1}^{8} (PS_{iu}^{\theta_{iku}} \cdot CS_{iku}^{\theta_{iku}} \cdot \right.$$

$$\left. PS_{ir}^{\theta_{ikr}} \cdot CS_{ikr}^{\theta_{ikr}}) \cdot P_i \right)$$

$$(3.22)$$

其中，$\theta_{iku} = (PS_{iu}CS_{iku}) / \left(\sum_{k=1}^{8} PS_{iu}CS_{iku} + \sum_{k=1}^{8} PS_{ir}CS_{ikr} \right)$ 为省域 i 城镇居民

k 类产品的消费占居民消费的比例；$\theta_{ikr} = (PS_{ir}CS_{ikr}) / \left(\sum_{k=1}^{8} PS_{iu}CS_{iku} + \right.$

$\left. \sum_{k=1}^{8} PS_{ir}CS_{ikr} \right)$ 为省域 i 农村居民 k 类产品的消费占居民消费的比例，且

$\sum_{k=1}^{8} (\theta_{iku} + \theta_{ikr}) = 1$。

根据模型（3.22）得到基于 LMDI 因素分解[200-201]的能源消耗总量的影响关系式：

$$ENE = \sum_{i=1}^{30} \sum_{j=1}^{9} \sum_{k=1}^{8} EST_{ij} \cdot EIT_i \cdot CIS_i \cdot PS_{iu}^{\theta_{iku}} \cdot CS_{iku}^{\theta_{iku}} \cdot PS_{ir}^{\theta_{ikr}} \cdot CS_{ikr}^{\theta_{ikr}} \cdot P_i$$

$$(3.23)$$

把模型（3.23）各个因素变量看作关于时间 t 的连续可微的函数，两边同时对 t 求导，得到能源消耗总量的瞬时增长率：

$$\frac{dENE}{dt} = \sum_{i=1}^{30} \sum_{j=1}^{9} \sum_{k=1}^{8} ENE_{ij} \left(\frac{dEST_{ij}}{EST_{ij}dt} + \frac{dEIT_i}{EIT_i dt} + \frac{dCIS_i}{CIS_i dt} + \frac{dPS_{iu}^{\theta_{iku}}}{PS_{iu}^{\theta_{iku}} dt} + \right.$$

$$\frac{dCS_{iku}^{\theta_{iku}}}{CS_{iku}^{\theta_{iku}} dt} + \frac{dPS_{ir}^{\theta_{ikr}}}{PS_{ir}^{\theta_{ikr}} dt} + \frac{dCS_{ikr}^{\theta_{ikr}}}{CS_{ikr}^{\theta_{ikr}} dt} + \frac{dP_i}{P_i dt} \right)$$

$$= \sum_{i=1}^{30} \sum_{j=1}^{9} \sum_{k=1}^{8} ENE_{ij} \left(\frac{d\ln EST_{ij}}{dt} + \frac{d\ln EIT_i}{dt} + \frac{d\ln CIS_i}{dt} + \frac{d\ln PS_{iu}^{\theta_{iku}}}{dt} + \right.$$

$$\frac{d\ln CS_{iku}^{\theta_{iku}}}{dt} + \frac{d\ln PS_{ir}^{\theta_{ikr}}}{dt} + \frac{d\ln CS_{ikr}^{\theta_{ikr}}}{dt} + \frac{d\ln P_i}{dt} \Big) \tag{3.24}$$

在时间段 [0, T] 对模型 (3.24) 两边求积分, 可得:

$$ENE_T - ENE_0 = \int_0^T \frac{dENE}{dt} dt$$

$$= \int_0^T \sum_{i=1}^{30} \sum_{j=1}^{9} \sum_{k=1}^{8} ENE_{ij} \Big(\frac{d\ln EST_{ij}}{dt} + \frac{d\ln EIT_i}{dt} + \frac{d\ln CIS_i}{dt} +$$

$$\frac{d\ln PS_{iu}^{\theta_{iku}}}{dt} + \frac{d\ln CS_{iku}^{\theta_{iku}}}{dt} + \frac{d\ln PS_{ir}^{\theta_{ikr}}}{dt} + \frac{d\ln CS_{ikr}^{\theta_{ikr}}}{dt} + \frac{d\ln P_i}{dt} \Big) dt \tag{3.25}$$

运用积分中值定理对模型 (3.25) 进行离散化处理, 得到:

$$ENE_T - ENE_0 = \sum_{i=1}^{30} \sum_{j=1}^{9} \sum_{k=1}^{8} ENE_{ij}(t^*) \Big(\ln \frac{EST_{ij,T}}{EST_{ij,0}} + \ln \frac{EIT_{i,T}}{EIT_{i,0}} + \ln \frac{CIS_{i,T}}{CIS_{i,0}} +$$

$$\ln \frac{PS_{iu,T}^{\theta_{iku,T}}}{PS_{iu,0}^{\theta_{iku,0}}} + \ln \frac{PS_{ir,T}^{\theta_{ikr,T}}}{PS_{ir,0}^{\theta_{ikr,0}}} + \ln \frac{CS_{iku,T}^{\theta_{iku,T}}}{CS_{iku,o}^{\theta_{iku,0}}} + \ln \frac{CS_{ikr,T}^{\theta_{ikr,T}}}{CS_{ikr,0}^{\theta_{ikr,0}}} + \ln \frac{P_{i,T}}{P_{i,0}} \Big) \tag{3.26}$$

其中, $ENE_{ij}(t^*)$ 是权重函数, $t^* \in [0, T]$, LMDI 将其定义为对数平均函数:

$$L(ENE_{ij,T}, ENE_{ij,0}) = \begin{cases} \frac{ENE_{ij,T} - ENE_{ij,0}}{\ln ENE_{ij,T} - \ln ENE_{ij,0}}, & ENE_{ij,T} \neq ENE_{ij,0} \\ ENE_{ij,T} & , ENE_{ij,T} = ENE_{ij,0} \\ 0 & , ENE_{ij,T} = ENE_{ij,0} = 0 \end{cases} \tag{3.27}$$

故模型 (3.26) 表示能源消耗变动总效应 (ΔENE) 分解为能源结构效应 (ΔENE_{EST})、能源强度效应 (ΔENE_{EIT})、消费抑制效应 (ΔENE_{CIS})、城市化效应 (ΔENE_{UR})、居民消费效应 (ΔENE_{CON}) 和人口规模效应

（ΔENE_P）：

$$\Delta ENE = \Delta ENE_{EST} + \Delta ENE_{EIT} + \Delta ENE_{CIS} + \Delta ENE_{UR} + \Delta ENE_{CON} + \Delta ENE_P$$

（3.28）

2. 城市化对能源消耗变动的贡献测算

依据前文所述我国城市化发展进程，1996 年我国城市化率达到 30.48%，自此进入城市化快速发展阶段。鉴于此事实，在保证数据获取的连续性与完整性基础上，选取 2000 ~ 2015 年我国 30 个省域面板数据，动态考察城市化对能源消耗变动的影响效应，数据来源于《中国统计年鉴》《中国能源统计年鉴》分地区煤炭、焦炭、原油、汽油、煤油、柴油、燃料油、天然气和电力 9 种能源种类的能源消耗，相关经济数据均以 2000 年为基期进行平减处理，剔除通货膨胀对结果的影响。

根据能源消耗因素分解模型，得到我国能源消耗影响因素分解结果，如表 3 - 6 ~ 表 3 - 8 所示。

表 3 - 6　　　　　分时期我国能源消耗变动影响因素分解结果　　　　单位：10^4tce

时期	能源结构	能源强度	消费抑制	城市化	居民消费	人口规模	能源消耗量
2001 ~ 2005	263.71	16964.01	17703.81	8695.41	77594.74	3853.32	125075
2006 ~ 2010	655.37	− 57535.35	23917.90	14283.06	130952.46	13779.56	126053
2011 ~ 2015	− 63.83	− 104014.31	− 21834.61	15037.18	160285.31	8396.26	57806

表 3 - 7　　　　2000 ~ 2015 年我国能源消耗变动影响因素分解结果

影响效应	贡献值/10^4tce	贡献率/%	影响效应	贡献值/10^4tce	贡献率/%
能源结构效应	855.24	0.28	城市化效应	38015.65	12.31
能源强度效应	− 144585.65	− 46.80	居民消费效应	368832.51	119.39
消费抑制效应	19787.10	6.40	人口规模效应	26029.14	8.43
能源消耗总量	308934	100			

表 3 - 8　　　　　　　　我国城市化进程对能源消耗变动的贡献率　　　　　　单位：%

时期	2001 ~ 2005 年	2006 ~ 2010 年	2011 ~ 2015 年	2001 ~ 2015 年
贡献率	6.95	11.33	26.10	12.31

从表 3 - 6 和表 3 - 7 可知，2000 ~ 2015 年我国能源消耗总量由 138383 万吨标准煤提升至 447317 万吨标准煤，增幅达到 308934 万吨标准煤。其中，"十五""十一五"和"十二五"时期能源消耗总量分别增加 125075 万吨标准煤、126053 万吨标准煤和 57806 万吨标准煤，能源消耗总量整体上呈现增长趋势。从影响因素效应来看，能源结构、能源强度、消费抑制、城市化、居民消费和人口规模对能源消耗影响差异明显。能源结构效应、消费抑制效应、城市化效应、居民消费效应和人口规模效应对我国能源消耗变动产生了正向贡献，能源强度效应对能源消耗变动产生了抵制作用。首先是居民消费拉动产业发展引发能源消耗大幅增加，贡献率高达 119.39%；其次是 12.31% 的城市化效应、8.43% 的人口规模效应以及 6.40% 的消费抑制效应；而能源结构效应的贡献率仅为 0.28%。从 2006 年起，我国开始强制实施节能减排目标，推动了能源结构不断优化，通过控制煤炭等传统化石能源消耗比重，加大清洁能源在能源消耗中所占份额，逐步抑制能源消耗总量的增长，在"十二五"时期能源结构效应出现了负增长。与技术因素相关的能源强度对能源消费呈现抑制作用，"十一五"和"十二五"时期通过技术创新提高能源利用效率，能源强度效应出现连续负增长，能源消耗稳步下降。2000 ~ 2015 年能源强度效应对能源消耗的贡献值为 - 144585.65 万吨标准煤，贡献率为 - 46.8%。从表 3 - 8 进一步看出，随着城市化水平快速发展，城市化效应对能源消耗变动的贡献率逐年递增，"十五""十一五"和"十二五"期间贡献率分别达到 6.95%、11.33% 和 26.10%。因此，居民消费是推动我国能源消耗持续增长的主导因素，城市化是导致能源消耗增加的重要因素，而能源强度则是抑制能源消耗增长的主要因素。

（二）我国能源消耗预测

以能源消耗总量（*ENE*）为因变量，城市化率（*UR*）为自变量，采用曲线拟合回归分析方法，构建城市化率与能源消耗总量耦合关系模型，不同模型拟合结果如表 3 - 9 所示。

表 3 - 9　　我国城市化率与能源消耗总量不同拟合模型估计结果

拟合模型	R²	F 值	Sig 值
线性	0.954	698.953	0.000
对数	0.893	284.992	0.000
二次	0.986	1162.649	0.000
幂	0.980	1631.318	0.000
增长	0.981	1723.390	0.000
指数	0.981	1723.390	0.000

从表 3 - 9 可知，二次函数拟合结果最优，由此可得城市化率与能源消耗总量耦合为二次曲线模型：

$$ENE = 88032.377 - 5471.383UR + 214.997UR^2$$
$$(2.728) \qquad (-2.953) \qquad (8.740)$$

$$(3.29)$$

将图 3 - 2 我国城市化水平预测值代入模型（3.29），可测算出城市化进程中能源消耗总量的预测值。

由表 3 - 10 可知，到 2020 年、2030 年、2040 年和 2050 年我国能源消耗总量预计分别为 567275.58 万吨标准煤、788989.18 万吨标准煤、966578.33 万吨标准煤和 1089206.26 万吨标准煤，表明未来我国城市化进程中，城市化发展对能源消耗的需求刚性仍将保持不变，能源消耗压力依然较大。但同时发现，2016～2020 年能源消耗年均增长 18483.16 万吨标准煤，2021～2030 年能源消耗年均增长 19853.69 万吨标准煤，2031～2040 年能源消耗年均增长下降至 15742.64 万吨标准煤，2041～2050 年能源消耗年均增长继续下降至 10794.82 万吨标准煤，说明随着城市化水平的提升，"高碳"能源结构不断向"低碳"能源结构调整，低碳技术创新进一步降低能源强度，居民消费方式的低碳转变，产业结构的优化升级，使得能源结构效应、能源强度效应对能源消耗的抑制作用日益增强，居民消费效应、城市化效应对能源消耗的促进作用逐渐减弱，虽然能源消耗总量持续增长，但能源消耗增量却呈现逐年下降态势。

表 3 - 10 城市化进程的能源消耗总量预测结果

年份	城市化率/%	能源消耗总量预测值/10^4 tce	年份	城市化率/%	能源消耗总量预测值/10^4 tce	年份	城市化率/%	能源消耗总量预测值/10^4 tce
2000	36.22	171884.72	2017	58.20	497797.55	2034	74.24	866590.07
2001	37.66	186876.73	2018	59.37	520887.54	2035	74.92	884663.00
2002	39.09	202646.91	2019	60.51	544067.36	2036	75.57	902179.53
2003	40.53	219415.84	2020	61.63	567275.58	2037	76.19	919132.41
2004	41.76	234445.30	2021	62.72	590452.24	2038	76.79	935517.27
2005	42.99	250125.24	2022	63.78	613539.37	2039	77.36	951332.35
2006	44.34	268083.69	2023	64.81	636481.38	2040	77.91	966578.33
2007	45.89	289668.98	2024	65.82	659225.43	2041	78.43	981258.11
2008	46.99	305614.23	2025	66.80	681721.76	2042	78.93	995376.58
2009	48.34	325894.43	2026	67.74	703923.95	2043	79.40	1008940.41
2010	49.95	351104.95	2027	68.66	725789.12	2044	79.85	1021957.90
2011	51.27	372605.89	2028	69.55	747278.05	2045	80.29	1034438.71
2012	52.57	394513.26	2029	70.40	768355.28	2046	80.70	1046393.72
2013	53.73	414674.84	2030	71.23	788989.18	2047	81.09	1057834.86
2014	54.77	433242.61	2031	72.02	809151.89	2048	81.46	1068774.90
2015	56.10	457665.55	2032	72.79	828819.31	2049	81.81	1079227.34
2016	57.01	474859.79	2033	73.53	847971.01	2050	82.14	1089206.26

第三节 城市化进程中的碳排放预测

城市化快速推进使得能源消费呈现急剧增长和能源需求刚性的特征[97]，大量的能源消费使得我国碳排放总量快速增长。城市化快速推进带来了我国经济的高速增长，经济发展的规模效应进一步加剧了碳排放的增加，引发的环境问题日益严峻。Parikh，Shukla（1995）运用发展中国家面板数据研究发现，城市人口增加将带来能源消费和碳排放的增加[193]。Poumanyvong，Kaneko（2010）运用 STIRPAT 模型对 99 个国家面板数据研究表明，城镇化对二氧化碳排放在所有国家均起到正向影响[72]。杜立民（2010）运用静态和动态省级面板数据考察了我国二氧化碳排放的影响因素，研究表明城市化水平对二氧化碳排放存在显著正向影响[202]。郭郡郡、刘成玉（2012）基于省际面板数据研究城市化对我国碳排放的影响，研究发现城市化对碳排放存在正向影响[203]。刘华军（2012）利用时间序列与省际面板数据分析城市化对二氧化碳的动态影响，研究发现城市化对二氧化碳排放存在显著正向影响[204]。武力超等（2014）运用 99 个国家 2005~2012 年的面板数据，以面板平滑转换模型为分析工具，考察了城市化和碳排放之间的机制转移效应，结果显示城市化水平对二氧化碳排放具有明显的正效应和非线性关系[205]。因此，城市化已成为我国碳排放的重要驱动因素之一[206-207]，对碳排放呈现显著正向效应。

一、城市化对碳排放变动的贡献测算

目前我国还没有公开碳排放量，本书采用煤炭、焦炭、汽油、煤油、柴油、燃料油和天然气等 7 种化石能源消费量来测算我国碳排放总量。借鉴 B W Ang[208]（2007）提出的 LMDI 分解法，进一步将碳排放总量按生产部门分为农林牧渔业、工业、建筑业、商业（包括批发、零售业和住宿、餐饮业以及其他行业）和运输业（包括交通运输、仓储和邮政业）的碳排放总量：

$$
C = \sum_{i=1}^{5} \sum_{j=1}^{7} C_{ij} = \sum_{i=1}^{5} \sum_{j=1}^{7} \frac{E_i}{G_i} \cdot \frac{G_i}{GDP} \cdot \frac{C_{ij}}{E_{ij}} \cdot \frac{E_{ij}}{E_i} \cdot \frac{GDP}{P'} \cdot \frac{P'}{P} \cdot P
$$

$$
= \sum_{i=1}^{5} \sum_{j=1}^{7} EIT_i \cdot STR_i \cdot COE_{ij} \cdot EST_{ij} \cdot PGDP \cdot UR \cdot P
$$

$$(3.30)$$

其中，C 为省域二氧化碳排放总量，C_{ij} 为第 i 生产部门第 j 种碳排放量，E_i 为第 i 生产部门能源消费量，G_i 为第 i 生产部门 GDP，GDP 为国内生产总值，E_{ij} 为第 i 生产部门第 j 种能源消费量，P' 为城镇人口数，P 为总人口量，EIT_i 为第 i 生产部门的能源强度，STR_i 为第 i 生产部门在经济结构中的比例，COE_{ij} 为第 i 生产部门第 j 种能源的碳排放系数，EST_{ij} 为第 i 生产部门第 j 种能源所占消费的比例，$PGDP$ 为人均 GDP，UR 为城市化水平。

假定各种能源碳排放系数恒定不变，依据 LMDI 模型加法形式原理，省域二氧化碳排放变化量可分解为：

$$
\Delta C = C(t+1) - C(t)
$$

$$
= \sum_{i=1}^{5} EIT_i(t+1) \cdot STR_i(t+1) \cdot \sum_{j=1}^{7} EST_{ij}(t+1) \cdot PGDP(t+1) \cdot
$$

$$
UR(t+1) \cdot P(t+1) - \sum_{i=1}^{5} EIT_i(t) \cdot STR_i(t) \cdot \sum_{j=1}^{7} EST_{ij}(t) \cdot
$$

$$
PGDP(t) \cdot UR(t) \cdot P(t)
$$

$$
= \sum_{i=1}^{5} \Delta EIT_i \cdot STR_i(t+1) \cdot \sum_{j=1}^{7} EST_{ij}(t+1) \cdot PGDP(t+1) \cdot
$$

$$
UR(t+1) \cdot P(t+1) + \sum_{i=1}^{5} EIT_i(t) \cdot \Delta STR_i \cdot \sum_{j=1}^{7} EST_{ij}(t+1) \cdot
$$

$$
PGDP(t+1) \cdot UR(t+1) \cdot P(t+1) + \sum_{i=1}^{5} EIT_i(t) \cdot STR_i(t) \cdot
$$

$$\sum_{j=1}^{7} \Delta EST_{ij} \cdot PGDP(t+1) \cdot UR(t+1) \cdot P(t+1) + \sum_{i=1}^{5} EIT_i(t) \cdot$$

$$STR_i(t) \cdot \sum_{j=1}^{7} EST_{ij}(t) \cdot \Delta PGDP \cdot UR(t+1) \cdot P(t+1) +$$

$$\sum_{i=1}^{5} EIT_i(t) \cdot STR_i(t) \cdot \sum_{j=1}^{7} EST_{ij}(t) \cdot PGDP(t) \cdot \Delta UR \cdot P(t+1) +$$

$$\sum_{i=1}^{5} EIT_i(t) \cdot STR_i(t) \cdot \sum_{j=1}^{7} EST_{ij}(t) \cdot PGDP(t) \cdot UR(t) \cdot \Delta P$$

$$= \Delta C_{EIT} + \Delta C_{STR} + \Delta C_{EST} + \Delta C_{PGDP} + \Delta C_{UR} + \Delta C_P \tag{3.31}$$

其中，ΔC 为省域二氧化碳排放变化量综合效应，分解为六大因素效应之和；ΔC_{EIT} 为能源强度效应，反映各生产部门的技术水平引起的二氧化碳排放量变化之和；ΔC_{STR} 为经济结构效应，反映经济结构调整引起的二氧化碳排放量变化之和；ΔC_{EST} 为能源结构效应，反映各生产部门的能源消费结构变化引起的二氧化碳排放量变化之和；ΔC_{PGDP} 为经济规模效应，反映经济发展状况引起的二氧化碳排放量变化之和；ΔC_{UR} 为城市化效应，反映城市化进程引起的二氧化碳排放量变化之和；ΔC_P 为人口规模效应，反映人口规模扩张引起的二氧化碳排放量变化之和。

选取 1990～2012 年我国相关数据，动态考察快速城市化对二氧化碳变动的影响效应，数据来源于《中国统计年鉴》《中国能源统计年鉴》全国能源平衡表中煤炭、焦炭、汽油、煤油、柴油、燃料油和天然气 7 种能源种类的能源消耗。根据二氧化碳排放因素分解模型，得到我国二氧化碳排放影响因素分解结果，如表 3－11 所示。

表 3－11　　　　　我国二氧化碳排放影响因素分解结果　　　　单位：10^4 tce

时期	能源强度	经济结构	能源结构	经济规模	城市化	人口规模	能源消耗量
2001～2005	-3051.88	5548.95	505.79	171696.47	4276.55	775.07	179751
2006～2010	-21707.16	-35799.22	-303.36	394338.15	7321.77	1202.50	345052.7
2010～2011	-6569.84	-2931.85	-472.24	109453.66	1632.00	295.18	101406.90
2011～2012	-3525.12	-16710.76	-515.60	64426.84	1719.28	335.01	45729.6

城市化进程对二氧化碳排放变化量的贡献率为：

$$e_{UR} = \frac{\Delta C_{UR}}{\Delta C}$$

$$= \frac{\sum_{i=1}^{5} EIT_i(t) \cdot STR_i(t) \cdot \sum_{j=1}^{7} EST_{ij}(t) \cdot PGDP(t) \cdot \Delta UR \cdot P(t+1)}{C(t+1) - C(t)} \times 100\%$$

$$(3.32)$$

1996 年我国城市化率达到 30.48%，自此进入城市化快速发展阶段。鉴于此事实，考察 1996~2012 年我国城市化进程对二氧化碳排放变化量的贡献，结果如表 3-12 所示。

表 3-12 　　　　　我国城市化进程对二氧化碳排放变动的贡献率 　　　单位：%

时期	1996~2000 年	2001~2005 年	2006~2010 年	2010~2011 年	2011~2012 年
贡献率	6.19	2.38	2.12	1.61	13.68

从表 3-11 计算结果可知，我国二氧化碳排放总量呈增长趋势，能源强度、经济结构、能源结构、经济规模、城市化和人口规模对二氧化碳排放影响差异明显。从 2001 年始，能源强度对二氧化碳排放呈现稳定的抑制作用，城市化与人口规模对二氧化碳排放的影响呈现持续增长态势，"十五"期间，经济结构效应和能源结构效应与二氧化碳排放量呈现正方向变化，带来了二氧化碳排放量的增加。2006 年我国开始强制实施节能减排目标，能源强度对二氧化碳排放的减排效应在"十一五"期间出现了大幅提升，经济结构调整与能源结构调整降低了二氧化碳排放量。在国际金融危机的背景下，我国经济依然实现了高增长，经济规模对二氧化碳排放的驱动效应"十一五"期间较"十五"期间上升 129.67%，使得二氧化碳增排量大于二氧化碳减排量，二氧化碳排放变化量持续增加，直到 2012 年才有所回落。

在快速城市化背景下，能源强度、经济结构、能源结构、经济规模、城市化和人口规模对二氧化碳排放影响效应增强。经济规模、城市化和人口规模对二氧化碳排放呈现正向影响，带来了二氧化碳排放的持续增长；能源强度对二氧化碳排放产生负向影响，具有减少二氧化碳排放的效应。随着城市化进程不断推进，经济结构和能源结构对二氧化碳排放的影响由驱动效应转化为抑制效应。从表 3 – 12 看出，1996～2000年城市化水平快速发展，对二氧化碳排放变化的贡献率高达 6. 19%，虽然 2004 年以后城市化发展明显减速，但城市化进程对二氧化碳排放变化的贡献率仍然保持在 2% 左右。因此，经济规模是推动我国二氧化碳排放持续增长的主导因素，城市化是导致二氧化碳排放增加的重要因素，而能源强度则是促进二氧化碳排放减少的主要因素，提高生产部门能源利用率是节能减排的主要动力。

二、城市化对碳排放增量效应预测

以城市化进程对二氧化碳排放贡献量（ΔC_{UR}）为因变量，城市化年净升幅（ΔUR）为自变量，采用曲线拟合回归分析方法，构建城市化与二氧化碳增量耦合关系模型，不同模型拟合结果如表 3 – 13 所示。

表 3 – 13　　我国城市化与二氧化碳增量不同拟合模型估计结果

拟合模型	R^2	F 值	Sig 值
线性	0. 821	91. 715	0. 000
对数	0. 832	98. 726	0. 000
二次	0. 829	48. 279	0. 001
三次	0. 829	48. 279	0. 001
复合	0. 930	263. 714	0. 000
幂	0. 951	386. 163	0. 000
增长	0. 930	263. 714	0. 000
指数	0. 930	263. 714	0. 000

从表 3 – 13 可知，幂函数拟合结果最优，由此可得城市化与二氧化碳增量耦合乘幂曲线模型：

$$\Delta C_{UR} = 700.33 \times \Delta UR^{1.324}$$

$$(14.854) \quad (8.337)$$

$$(3.33)$$

将图 3-2 我国城市化水平预测值代入模型（3.33），测算出城市化进程对二氧化碳排放增量的影响，以及根据城市化水平变化与其引起的二氧化碳排放量变化之间的关系，可以核算不同城市化水平下的动态边际二氧化碳排放量（$MC_{UR,t} = \Delta C_{UR,t} / \Delta UR_t$），所得结果如表 3-14 所示。

表 3-14   城市化进程的二氧化碳增量预测结果

年份	城市化水平预测值/%	城市化水平净升幅/%	城市化进程的二氧化碳增量/10^4tce	城市化的边际二氧化碳排放量/10^4tce
2015	55.80	1.23	920.57	748.43
2016	57.01	1.21	901.25	744.83
2017	58.20	1.19	880.42	739.85
2018	59.37	1.17	858.23	733.53
2019	60.51	1.14	834.85	732.32
2020	61.63	1.12	810.44	723.61
2021	62.72	1.09	785.16	720.33
2022	63.78	1.06	759.19	716.22
2023	64.81	1.03	732.67	711.33
2024	65.82	1.01	705.77	698.78
2025	66.80	0.98	678.62	692.47
2026	67.74	0.95	651.38	685.66
2027	68.66	0.92	624.16	678.43
2028	69.55	0.89	597.10	670.90
2029	70.40	0.86	570.30	663.14
2030	71.23	0.83	543.87	658.31
2031	72.02	0.80	517.89	647.36
2032	72.79	0.77	492.44	639.53
2033	73.53	0.74	467.61	631.91
2034	74.24	0.71	443.43	624.55

年份	城市化水平预测值/%	城市化水平净升幅/%	城市化进程的二氧化碳增量/10^4 tce	城市化的边际二氧化碳排放量/10^4 tce
2035	74.92	0.68	419.97	617.60
2036	75.57	0.65	397.27	611.18
2037	76.19	0.62	375.35	605.40
2038	76.79	0.60	354.25	590.42
2039	77.36	0.57	333.97	585.91
2040	77.91	0.55	314.53	571.87
2041	78.43	0.52	295.93	569.10
2042	78.93	0.50	278.17	556.34
2043	79.40	0.47	261.24	555.83
2044	79.85	0.45	245.13	544.73
2045	80.29	0.43	229.83	534.49
2046	80.70	0.41	215.32	525.17
2047	81.09	0.39	201.57	516.85
2048	81.46	0.37	188.57	509.65
2049	81.81	0.35	176.29	503.69
2050	82.14	0.34	164.71	484.44

由表 3-14 可知，2015～2050 年，我国城市化发展带来 18227.45 万吨标准煤的碳排放增量，年均增长 506.32 万吨标准煤。通过计算城市化效应与城市化水平变化的比值，可以得到城市化进程的边际碳排量，2015～2050 年城市化水平每提高 1 个百分点，碳排放将平均增加 632.21 万吨标准煤。其中，2015～2020 年城市化水平每提高 1 个百分点，碳排放将平均增加 737.10 万吨标准煤，2020～2030 年平均增加 692.65 万吨标准煤，2030～2040 年平均增加 612.57 万吨标准煤，2040～2050 年平均增加 530.03 万吨标准煤。由此可见，我国城市化进程具有显著的碳增量效应，但碳排放增量效应呈现递减趋势。

综上所述，经济规模是推动我国碳排放持续增长的主导因素，城市化是导致碳排放增加的重要因素，而能源强度则是促进碳排放减少的主要动力。在我国城市化进程中碳排放量仍将保持增长态势，城市化进程具有正向碳效应规律。随着我国城市化进程推进，城市化对碳排放的驱动作用呈减缓态势，主要是由于城市化水平的提高，促使经济结构、能源结构进一步优化配置，能源利用率显著提升，资源得到更合理利用，从而减少碳排放总量。同时，经济增长方式转变、低碳产业加速发展以及低碳消费模式改变，也会使碳排放量不断降低。

第四章 我国快速城市化背景下 经济增长低碳化研究

　　全球气候变化带来的不可逆后果严重影响人类社会的健康持续发展，2009 年 12 月哥本哈根世界气候大会依据《联合国气候变化框架公约》敲定了全球 2012～2020 年的减排协议。这是继《京都议定书》之后，又一部具有划时代意义的全球气候协议书，对全球气候变化的未来走向产生了决定性的影响。会议后，全球低碳化发展趋势明显，这是继工业化、信息化浪潮之后，全球掀起的第四次浪潮。主要表现在：一是全球主要的发达国家加速推进本国低碳经济转型，大规模资本入驻低碳经济领域，着力于培育新的可持续发展的经济增长点。如欧盟国家先后出台与低碳经济转型相结合的经济刺激计划；日本围绕"低碳革命"进行大规模投资，新能源成为投资重点。二是全球碳交易市场快速发展，低碳经济成为世界发展潮流。在京都议定书框架下，形成全球温室气体排放权的交易，简称碳交易。随着世界范围内低碳经济政策的逐步成熟和不断完善，世界各国和地区竞相着手构建区域性碳交易市场。其中，欧盟排放贸易体系、欧洲气候交易所、欧洲能源交易所、奥地利能源交易所、意大利电力交易所、伦敦能源经济协会、北欧电力交易所以及澳洲新南威尔士交易所成为全球温室气体排放交易发展的主要动力。此外，亚洲地区的新加坡贸易市场推出碳排量交易，香港交易所已进行筹备碳排放交易相关事项。

　　改革开放 40 年来，我国经济取得了举世瞩目的高速增长，以资源投入与规模扩张为特征的经济增长模式为我国工业化、城市化的快速发展提供了坚实的基础，但这种以"高消耗、高污染、高排放"的粗放型增长导致了资源能源耗竭、环境污染加剧等严重问题，降低了经济发展质量，制约了我国经济社会的可持续发展。2011 年我国经济总量超过日本成为世界上第二大经济体，同时也付出了巨大的资源环境代价，我国已成为世界第一能源消费、二氧化硫等污染物排放大国。根据《中国能源统计年鉴》数据，能源消费总量从 2000 年的 140993 万吨标准煤上升到 2015 年的 402164 万吨标准煤，人均废水排放、二氧化硫排放、烟（粉）尘排放分别高达 53.49 吨，135.24 千克，111.89 千克，碳排放量占全球总排放的 22.3%，能源消费占全球消费的 23%（中国统计年鉴、世界银行公开数据），面临着巨大的减排压力。我国资源消耗、能源短缺、环境恶化问题严重桎梏经济社会协调健康可持续的发展，经济发展的高碳模式难以为继。因此，低碳化是我国经济增长的必然趋势，依靠科学技术提高资源能源利用效率，开发可再生资源和清洁能源，依托低碳技术的开发与利用减少对高碳能源消耗，加大环境治理投入，提倡低碳消费方式，将环境保护和经济发展纳入统一框架，带来新的经济增长点。

自 2006 年以来，我国节能减排工作取得了积极进展，但节能减排压力依旧巨大。首先，我国经济增长过于依赖第二产业，第二产业长期处于主导地位，特别是重工业快速扩张导致资源能源的高消耗。1970 年以来第二产业迅速崛起，在很长一段时期内成为我国经济增长的主要动力，2007～2008 年更是达到 46.9%，在实现经济总量不断扩大的同时，也导致了经济增长粗放低效的后果，形成"高能耗、高污染"的产业结构；其次，我国资源禀赋"富煤、贫油、少气"的特点和以重化工业为主的产业结构，使得工业化、城市化的快速发展对化石能源的消耗量仍居高不下，2006 年煤炭占能源消费的比重为 75.5%，到 2020 年我国的能源结构中煤炭比重仍将维持在 60% 以上。我国对于煤炭的过度依赖形成的以煤为主导的能源结构造成了严重的环境污染和生态破坏，加上长期粗放低效的利用方式加剧了碳排放的扩张，能源需求与日俱增与节能减排之间的矛盾日益凸显。

第一节　我国快速城市化背景下经济
增长低碳化的评价

　　我国现阶段正处于工业化、城市化快速发展阶段，对能源需求的刚性使得能源消耗不断上升，虽然政府对资源节约和环境保护日益重视，但经济的快速增长仍然高度依赖于能源的高强度投入，污染物排放的增长还会持续。面对资源耗竭、环境恶化与经济增长的矛盾日益尖锐，推动经济增长由"高碳"向"低碳"转变符合我国提高经济发展质量，实现可持续发展的必然要求。经济增长低碳化是一项系统工程，必须从经济社会的整体出发，努力构建"资源、环境、经济"协调发展的新体系，为全面践行党的十八大提出的"创新、协调、绿色、开放、共享"五大发展理念构筑有力支撑，将生态文明建设放在"五位一体"总布局的突出地位。因此，经济增长低碳化是加快经济增长方式转变，实现经济集约发展、资源节约、环境保护的重要途径和手段。

　　关于经济增长低碳化的评价主要从生产率或者效率的角度进行研究，采用数据包络分析对资源环境约束下的经济增长效率进行测度。针对资源环境的外部性特征，国外学者提出的 Luenberger 生产率指数[209]、Malmquist-Luenberger 生产率指数[210]、全局 ML 生产率指数[211]、SBM 模型[212]和超效率 SBM 模型[213]，为环境约束下的经济增长效率测度提供了丰富的工具。近年来，我国学者开始将资源或环境约束纳入经济增长效率分析框架，研究包含非期望产出的经济效率评价。朱承亮等（2012）在对经济增长效率进行重新界定的基础上，基于产出角度 SBM-Undesirable 模型对节能减排约束下我国西部地区经济增长效率及其影响因素进行研究[214]。李婧等（2013）构建了一个能同时包含"稳增长""低能耗""低排放"多元目标的可持续发展分析框架，对我国经济低碳转型绩效进行了评估[215]。钱争鸣和刘晓晨（2014）运用 SBM 和超效率 SBM 模型对我国各省区绿色经济效率静态水平和动态变动进行测度，分析各省区绿色经济效率的区域差异[216]。雷明和虞晓雯（2015）基于非期望 DEA 和 GML 指数测算我国 1998~2013 年低碳经济增长，利用面板 VAR 模型对低碳经济增长的动态作用机制进行研究[60]。李兰冰和刘秉镰（2015）基于投入导向序列 Luenberger 生产率指标，构建基于资源环境约束的生产要素动态绩效评价模型对我国区域经济增长绩效进行研究[217]。班斓和袁晓玲（2016）引入非合意产出超效率 SBM 模型测算我国省际绿色经济效率，研究八大区域绿色经济效率空间影响机制[218]。李雪松等（2017）运用超效率 DEA 模型以及 Malmquist 指数对长江经济带 2000~2014 年经济增长的总体效率水平以及全要素生产率分解进行比较分析[219]。张卫东和罗怀芳（2017）运用环境约束下的 SBM-Undesirable 模型和 GML 全要素生产率指数测算我国区域经济增长效率及其变动趋势[220]。吴齐和杨桂元（2017）运用 Super-SBM 模型测算我国区域绿色经济效率，分析四大经济板块和八大综合经济区的差异程度[221]。

上述文献研究都是基于每一个决策单元的初始投入和最终产出数据进行效率的测度，将生产过程看成一个"黑箱"，忽略了系统的内部结构及其内在的关联机制。传统 DEA 方法不再适用于包含前后连续的多系统过程。Tone 和 Tsutsui（2009）构建了非径向网络 SBM – DEA 模型，不再视整个系统为一个"黑箱"，结构上考虑中间变量，从而得到分点效率及各阶段对总体效率影响[222]。Fukuyama（2012）在 Tone 和 Tsutsui（2009）的基础上，将松弛变量引入中间产出，测度了总体效率和各阶段的效率[223]。涂正革和谌仁俊（2013）将工业生产过程分为生产、环境治理两个环节，基于网络 DEA 的方向性环境距离函数方法对我国省级工业数据进行工业环境治理效率研究[224]。李静和倪冬雪（2015）基于 SBM 的网络 DEA 模型对工业行业绿色生产和环境治理的两阶段效率、生产率及构成进行了研究[225]。祝丽云等（2015）借鉴单阶段"黑箱"非期望 SBM 方法，基于网络 SBM – DEA 模型构建多阶段投入产出导向

的非期望网络 SBM-DEA 模型[226]。王小艳等（2016）将资源环境评价
体系分为生产系统和环境治理系统，建立 E-NSBM 模型对我国各省域资
源环境效率进行评价[227]。

　　事实上，经济增长低碳化过程是由多个子系统共同组成的复合系
统，评价经济增长低碳化应将各子系统之间相互关联考虑在内，不宜采
用单系统 DEA 模型而应采用网络 SBM 模型。综观现有文献，首先，网
络 SBM 模型大多应用于工业行业效率研究和资源环境效率分析，很少涉
及经济增长低碳化评价；其次，大多数文献只对经济增长低碳化进行静
态评价，并未对经济增长低碳化动态变化进行评价；最后，对经济增长
低碳化的研究多倾向于时间视角，而基于空间维度的研究较少，将时间
与空间两个维度结合起来进行分析的更是鲜见。有鉴于此，本书将经济
增长低碳化过程分为两个子系统：经济生产子系统和环境治理子系统，
在综合考虑期望产出和非期望产出的前提下，运用包含非期望产出的超
效率网络 SBM 模型评价经济增长低碳化的总体效率和子系统效率，并将
其与全局 ML 生产率指数方法相结合来测算我国经济增长低碳化的动态
变化及其分解效应。

一、经济增长低碳化评价模型

（一）包含非期望产出的超效率网络 SBM 模型

　　传统 DEA 方法把系统内容作为一个"黑箱"，投入经过黑箱转变为
产出，但忽略了决策单元 DMU 间的内部结构和具体运作过程。当每个
决策单元 DMU 都包含多个子系统的时候，传统 DEA 只能测算出决策单
元 DMU 的整体效率，而不能分别测算出各子系统的效率。Fare 和 Gross-
kopf 于 2000 年提出网络 DEA 模型，将传统 DEA 模型的"黑箱"打开，
指出决策单元 DMU 是由一系列的子系统组成，这些子系统之间通过中
间产品连接起来，并且子系统间的关系会影响系统的整体效率[228]。
Tone 和 Tsutsui （2009）提出基于松弛变量的非径向、非角度的网络

SBM 模型，使得决策单元效率随着投入和产出的松弛程度的变化而严格单调递减，较网络 DEA 模型更具分辨能力[224]。但网络 SBM 模型没有考虑决策单元中出现的非期望产出问题，并且每个决策单元 DMU 的前沿面都是一样的。Tone（2002，2003）提出的超效率 SBM 模型和非期望产出的 SBM 模型，将非期望产出引入 Super-SBM 模型，建立了包含非期望产出的 Super-SBM 模型，不仅避免了径向和角度选择差异带来的偏差和影响，还能够进一步解决多个决策单元效率同为 1 时的区分与有效排序问题，更为客观有效地测度决策单元效率[213,229]。因此，以网络 SBM 模型为基础，借鉴包含非期望产出的超效率 SBM 模型，构建包含非期望产出的超效率网络 SBM 模型测算低碳经济增长效率，用于分析我国经济增长低碳化评价问题。

假设有 n 个网络决策单元 $DMU_j(j=1,\cdots,n)$，每个网络决策单元有 $k(k=1,\cdots,K)$ 个子系统。网络决策单元 $DMU_j(j=1,\cdots,n)$ 在第 k 个子系统投入 $x_{ij}^k(i=1,\cdots,m_k)$，得到期望产出 $y_{rj}^{gk}(r=1,\cdots,r_k)$ 和非期望产出 $y_{pj}^{bk}(p=1,\cdots,p_k)$。中间产品 $z_j^{(k-1,k)} \in R_+^{t(k-1,k)}(j=1,\cdots,n;(k-1,k) \in L)$ 定义为第 $k-1$ 个子系统到第 k 个子系统的链接（Link），既可以表示决策单元 DMU_j 第 $k-1$ 个子系统的产出，也可以表示决策单元 DMU_j 第 k 个子系统的投入。那么，假定网络生产可能性集合满足闭集合、凸集、联合弱可处置性、投入和期望产出的强可处置性与联合弱可处置性，在规模报酬可变条件下，经济增长低碳化过程的网络生产可能性集合表示为：

$$
\begin{aligned}
T = \Big\{ (x_i^k, & z_r^{(k-1,k)}, y_r^k, y_p^k) : x_i^k \geqslant \sum_{j=1}^n x_{ij}^k \lambda_j^k (i=1,\cdots,m_k; k=1,\cdots,K) \\
& x_r^{gk} \leqslant \sum_{j=1}^n y_{rj}^{gk} \lambda_j^k (r=1,\cdots,r_k; k=1,\cdots,K) \\
& y_p^{bk} \geqslant \sum_{j=1}^n y_{pj}^{bk} \lambda_j^k (p=1,\cdots,p_k; k=1,\cdots,K) \\
& z^{(k-1,k)} = \sum_{j=1}^n z_j^{(k-1,k)} \lambda_j^{k-1} (\forall (k-1,k)) \\
& z^{(k-1,k)} = \sum_{j=1}^n z_j^{(k-1,k)} \lambda_j^k (\forall (k-1,k))
\end{aligned}
$$

$$\sum_{j=1}^{n} \lambda_j^k = 1 (k = 1, \cdots, K)$$

$$\lambda_j^k \geqslant 0 (\forall (j,k)) \Big\}$$
(4.1)

其中，λ_j^k $(j = 1, \cdots, n)$ 表示子系统 k 的强度矢量。基于上述生产可能性集合，以投入松弛变量 s_i^{k-}、期望产出松弛变量 s_r^{k+} 和非期望产出松弛变量 s_p^{kb-} 为基础，建立决策单元 DMU_0 的投入产出导向效率评价模型：

$$\rho_0^* = \min \frac{\displaystyle\sum_{k=1}^{K} \omega^k \Big[1 + \frac{1}{m_k} \Big(\sum_{i=1}^{m_k} \frac{s_i^{k-}}{x_{i0}^k} \Big) \Big]}{\displaystyle\sum_{k=1}^{K} \omega^k \Big[1 - \frac{1}{r_k + p_k} \Big(\sum_{r=1}^{r_k} \frac{s_r^{gk}}{y_{r0}^{gk}} + \sum_{p=1}^{p_k} \frac{s_p^{bk}}{y_{p0}^{bk}} \Big) \Big]}$$

$$s.t. \begin{cases} x_{i0}^k \geqslant \sum_{j=1,\neq 0}^{n} x_{ij}^k \lambda_j^k + s_i^{k-} (i = 1, \cdots, m_k; k = 1, \cdots, K) \\[2mm] y_{r0}^{gk} \leqslant \sum_{j=1,\neq 0}^{n} y_{rj}^{gk} \lambda_j^k - s_r^{gk} (r = 1, \cdots, r_k; k = 1, \cdots, K) \\[2mm] y_{p0}^{bk} \geqslant \sum_{j=1,\neq 0}^{n} y_{pj}^{bk} \lambda_j^k + s_p^{bk} (p = 1, \cdots, p_k; k = 1, \cdots, K) \\[2mm] 1 - \frac{1}{r_k + p_k} \Big(\sum_{r=1}^{r_k} \frac{s_r^{gk}}{y_{r0}^{gk}} + \sum_{p=1}^{p_k} \frac{s_p^{bk}}{y_{p0}^{bk}} \Big) > 0 \\[2mm] Z^{(k-1,k)} \lambda^{k-1} = Z^{(k-1,k)} \lambda^k (\forall (k-1,k)) \\[2mm] \sum_{j=1,\neq 0}^{n} \lambda_j^k = 1 (k = 1, \cdots, K), s_i^{k-}, s_r^{gk}, s_p^{bk}, \lambda_j^k \geqslant 0 \end{cases}$$
(4.2)

其中，ω^k 表示第 k 个子系统的效率对网络决策单元整体效率值的相对重要性；$\sum_{k=1}^{K} \omega^k = 1, \omega^k \geqslant 0 (\forall k)$；$\rho_0^*$ 是决策单元 DMU_0 的投入产出导向整体效率。定义第 k 个子系统的投入产出导向效率，表示为：

$$\rho_k^* = \frac{1 + \frac{1}{m_k}\left(\sum_{i=1}^{m_k} \frac{s_i^{k-*}}{x_{i0}^k}\right)}{1 - \frac{1}{r_k + p_k}\left(\sum_{r=1}^{r_k} \frac{s_r^{gk*}}{y_{r0}^{gk}} + \sum_{p=1}^{p_k} \frac{s_p^{bk*}}{y_{p0}^{bk}}\right)} \tag{4.3}$$

其中，s_i^{k-*}、s_r^{gk*}、s_p^{bk*} 是投入、期望产出和非期望产出的最优解。若 $\rho_0^* = 1$、$s_i^{k-*} = 0$、$s_r^{gk*} = 0$、$s_p^{bk*} = 0$ 时，DMU_0 为整体低碳技术有效的。

Link 的约束条件有四种情况可供选择，本书选择 Free Link，即为保持产出和投入之间的连续性，Link 是可自由调节的。如图 4 - 1 所示，将经济增长低碳化过程分为经济生产和环境治理两个子系统，对我国经济增长低碳化的评价分为对经济生产和环境治理两个子系统效率的测度。

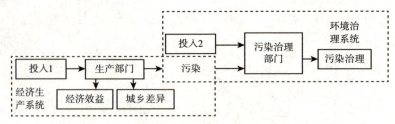

图 4 - 1　经济增长低碳化过程的两阶段链式

（二）基于包含非期望产出的超效率网络 SBM 模型的 GML 生产率指数

包含非期望产出的超效率网络 SBM 模型主要是对决策单元效率进行静态评价，不能对决策单元效率变化进行动态测度。Chambers，Chung 和 Fare（1996）构造了用来处理非期望产出的 Malmquist-Luenberger 生产率指数[230]，但 ML 指数存在线性规划无可行解和不具有传递性两个缺陷。为此，Oh（2010）构建全局 ML 生产率指数（GML 指数），首先引入同期生产技术集合 $P^t(x^t) = \{(y^t, b^t) \mid x^t$ 可以生产 $(y^t, b^t)\}$，$t = 1$，…，T；其次在同期生产技术集合基础上，定义全局生产技术集合 $P^G(x) = P^1(x^1) \cup P^2(x^2) \cup \cdots \cup P^T(x^T)$，该集合涵盖了所有观测单元的同期生产技术集合[211]。因此，运用全局生产技术集，仿照 GML 生产率指数的构造思路，构造包含非期望产出的超效率网络 SBM 模型的 GML 生产率指数，测算低碳经济增长效率 GML 指数，用于研究我国经济增长低碳化的动态变化。

$$
\begin{aligned}
GML_0^{t,t+1} &= \frac{1 + S_0^G(x_{i0}^{k,t}, y_{r0}^{gk,t}, y_{p0}^{bk,t}, z_0^{(k-1,k),t}; y_{r0}^{gk,t}, y_{p0}^{bk,t})}{1 + S_0^G(x_{i0}^{k,t+1}, y_{r0}^{gk,t+1}, y_{p0}^{bk,t+1}, z_0^{(k-1,k),t+1}; y_{r0}^{gk,t+1}, y_{p0}^{bk,t+1})} \\[2mm]
&= \frac{1 + S_0^t(x_{i0}^{k,t}, y_{r0}^{gk,t}, y_{p0}^{bk,t}, z_0^{(k-1,k),t}; y_{r0}^{gk,t}, y_{p0}^{bk,t})}{1 + S_0^{t+1}(x_{i0}^{k,t+1}, y_{r0}^{gk,t+1}, y_{p0}^{bk,t+1}, z_0^{(k-1,k),t+1}; y_{r0}^{gk,t+1}, y_{p0}^{bk,t+1})} \times \\[2mm]
&\quad \frac{\dfrac{1 + S_0^G(x_{i0}^{k,t}, y_{r0}^{gk,t}, y_{p0}^{bk,t}, z_0^{(k-1,k),t}; y_{r0}^{gk,t}, y_{p0}^{bk,t})}{1 + S_0^t(x_{i0}^{k,t}, y_{r0}^{gk,t}, y_{p0}^{bk,t}, z_0^{(k-1,k),t}; y_{r0}^{gk,t}, y_{p0}^{bk,t})}}{\dfrac{1 + S_0^G(x_{i0}^{k,t+1}, y_{r0}^{gk,t+1}, y_{p0}^{bk,t+1}, z_0^{(k-1,k),t+1}; y_{r0}^{gk,t+1}, y_{p0}^{bk,t+1})}{1 + S_0^{t+1}(x_{i0}^{k,t+1}, y_{r0}^{gk,t+1}, y_{p0}^{bk,t+1}, z_0^{(k-1,k),t+1}; y_{r0}^{gk,t+1}, y_{p0}^{bk,t+1})}} \\[2mm]
&= \frac{TE_0^t(x_{i0}^{k,t}, y_{r0}^{gk,t}, y_{p0}^{bk,t}, z_0^{(k-1,k),t}; y_{r0}^{gk,t}, y_{p0}^{bk,t})}{TE_0^{t+1}(x_{i0}^{k,t+1}, y_{r0}^{gk,t+1}, y_{p0}^{bk,t+1}, z_0^{(k-1,k),t+1}; y_{r0}^{gk,t+1}, y_{p0}^{bk,t+1})} \times \\[2mm]
&\quad \frac{TPG_0^{G,t}(x_{i0}^{k,t}, y_{r0}^{gk,t}, y_{p0}^{bk,t}, z_0^{(k-1,k),t}; y_{r0}^{gk,t}, y_{p0}^{bk,t})}{TPG_0^{G,t+1}(x_{i0}^{k,t+1}, y_{r0}^{gk,t+1}, y_{p0}^{bk,t+1}, z_0^{(k-1,k),t+1}; y_{r0}^{gk,t+1}, y_{p0}^{bk,t+1})} \\[2mm]
&= EC_0^{t,t+1} \times TPC_0^{t,t+1}
\end{aligned}
\tag{4.4}
$$

其中，$EC_0^{t,t+1}$、$TPC_0^{t,t+1}$ 分别为决策单元 DMU_0 在 t 期到 $t+1$ 期之间的技术效率变化和技术进步变化。当 $EC_0^{t,t+1}$ 大于（小于）1 时，说明技术效率改善（恶化）；当 $TPC_0^{t,t+1}$ 大于（小于）1 时，说明技术进步提升（下降）。

二、变量选取、数据来源与统计分析

（一）变量选取

在现有研究基础上，结合经济增长低碳化过程的特点进行投入产出指标的选取和数据处理，运用包含非期望产出的超效率网络 SBM 模型和 GML 生产率指数测算低碳经济增长效率，对我国经济增长低碳化进行评价。

（1）经济生产子系统投入生产所需要的劳动力、资本和能源等，运用一定的生产技术，获得经济效益。但投入的资源不会全部转化为期望产出，同时也会产生非期望产出的污染物。因此，此阶段的投入产出指标包括：

第一，投入指标有四个：劳动力投入（L），用各省域（年初从业人员＋年末从业人员）/2 表示；资本投入（K），运用永续盘存法估算资本存量来表示，计算公式是 $K_{i,t}=K_{i,t-1}(1-\delta_{it})+I_{i,t}$，其中 $K_{i,t}$ 为地区 i 第 t 年的资本存量，$I_{i,t}$ 为地区 i 第 t 年投资，用固定资本形成总额衡量，δ_{it} 为地区 i 第 t 年的资本折旧率，初始资本存量、固定资本投资价格指数的计算借鉴张军等（2004）[231]做法，以 2000 年为基期的不变价格，经济折旧率 δ 按照我国法定残值率代替资本品的相对效率选定 5%，根据上述公式得到 2000～2015 年各省域的资本存量；能源投入（E），选用各省域能源消耗总量表示；科技投入（RD），用 R&D 资本存量衡量，运用 Cuneo 等[232]的永续盘存法来核算，计算公式是 $RD_{i,t}=RD_{i,t-1}(1-\theta_{it})+RD_{i,t}$，其中 $RD_{i,t}$ 为地区 i 第 t 年的 R&D 资本存量，用 R&D 经费支出衡量，参照朱平芳等[233]的方法计算 R&D 价格指数，以 2000 年为基期，对各省域各年的 R&D 经费支出进行平减，θ_{it} 为地区 i 第 t 年的 R&D 资本折旧率，假定各省域各年保持不变为 15%。

第二，产出指标分为期望产出和非期望产出：期望产出表示经济效益产出，用各省域实际国内生产总值 GDP 衡量，以 2000 年的消费者物价指数（CPI）为基准，对各省域各年的国内生产总值进行调整，得到消除通货膨胀后的各省域各年实际国内生产总值；非期望产出表示污染物产出（R）和城乡收入差距（M），参照 Huang 等（2014）[234]的做法，运用熵值法将各省域工业废水排放量、工业废气排放量和工业固体废弃物产生量三类污染指标合成环境污染指数衡量污染物产出，选择城镇居民人均可支配收入和农村居民人均纯收入的比值衡量城乡收入差距，反映我国城乡二元经济结构。

（2）环境治理子系统通过环境污染治理投资，净化经济生产子系统产生的污染物。该子系统的新投入指标包括环境治理设施数（EF）、环境治理投资额（EI）和环境治理运行费用（EH）；产出指标包括工业废水排放达标量（WD）、工业 SO_2 去除率（RSO_2）、工业烟（粉）尘去除率（RSD）、工业固体废物综合利用量（SWU）、二氧化碳排放量。

二氧化碳排放量计算方法借鉴杜立民（2010）[202]研究我国二氧化碳排放的影响因素，参照 IPCC（2006）以及国家气候对策协调小组办公室和国家发展改革委能源研究所（2007）使用的估算方法，将化石能源燃烧和水泥生产过程排放的二氧化碳排放量加总作为研究基础（见表4-1）。

表4-1　　　　　　　经济增长低碳化过程的指标体系构建

子系统		指标选取	单位
经济生产子系统	投入变量	年平均从业人员数	万人
		资本存量	亿元
		能源消耗	万吨标准煤
		R&D 资本存量	亿元
	产出变量	实际 GDP	亿元
		城乡收入差距	%
两子系统中间连接变量		环境污染指数	%
环境治理子系统	投入变量	环境治理设施数	套
		环境治理投资额	亿元
		环境治理运行费用	亿元
	产出变量	工业废水排放达标量	万吨
		工业 SO_2 去除率	%
		工业烟（粉）尘去除率	%
		工业固体废物综合利用量	万吨
		二氧化碳排放量	万吨标准煤

为了与能源投入相匹配，选用煤炭、焦炭、汽油、煤油、柴油、燃料油和天然气7种能源作为估算化石能源燃烧排放二氧化碳的基础，计算公式为：

$$EC = \sum_{i=1}^{7} EC_i = \sum_{i=1}^{7} E_i \times CF_i \times CC_i \times COF_i \times \frac{44}{12} \qquad (4.5)$$

其中，EC 表示各省域估算的全部能源燃烧产生的二氧化碳总排放量，EC_i 表示各省域估算的各种能源燃烧产生的二氧化碳排放量，E_i 表示各省域第 i 种能源的消费总量，CF_i 表示第 i 种能源的发热值，CC_i 表示第 i 种能源的碳含量，COF_i 表示第 i 种能源的碳化因子。$CF_i \times CC_i \times COF_i$ 被称为第 i 种能源的碳排放系数，$CF_i \times CC_i \times COF_i \times \frac{44}{12}$ 被称为二氧化碳排放系数。

水泥生产过程中产生的二氧化碳排放量计算公式为：

$$CC = Q \times EF\text{cement} \qquad (4.6)$$

其中，CC 表示各省域水泥生产过程中产生的二氧化碳排放总量，Q 表示各省域水泥生产总量，$EF\text{cement}$ 表示各省域水泥生产过程产生的二氧化碳排放系数。

经济生产子系统的非期望产出作为"中间链接"从经济生产子系统进入环境治理子系统，是环境治理子系统的非期望投入。

（二）数据来源

基础数据来源于《中国统计年鉴》《中国能源统计年鉴》《中国环境统计年鉴》《中国科技统计年鉴》，时间跨度为 2000 ~ 2015 年，样本数据包括我国 30 个省域，其中西藏多个变量数据缺失未包括在内。为便于比较不同区域间的低碳经济差异，故根据国务院发展研究中心发展战略和区域经济研究部的研究报告《我国（大陆）区域社会经济发展特征分析》里提出的划分我国（大陆）区域的一种新方法，把我国 30 个省域（不包括港、澳、台地区和西藏）划分为八大区域：东北地区（辽宁、吉林、黑龙江）、北部沿海地区（北京、天津、河北、山东）、东部沿海地区（上海、江苏、浙江）、南部沿海地区（福建、广东、海南）、黄河中游地区（陕西、山西、河南、内蒙古）、长江中游地区（湖北、湖南、江西、安徽）；西南地区（云南、贵州、四川、重庆、广西）、西北地区（甘肃、青海、宁夏、新疆），从区域角度测算我国区域低碳经济增长效率，准确反映各地区经济增长低碳化的实际情况。

（三）投入产出指标统计分析

表4-2~表4-5给出了我国经济增长低碳化过程投入产出变量的描述性统计。

表4-2　　2000~2015年我国经济生产子系统投入产出变量的描述性统计

时期	指标	投入变量				产出变量		中间连接变量
		L	K	E	RD	实际GDP	M	R
2000~2005	平均值	2270.89	5752.00	6470.9	83.55	4392.53	2.9579	0.3690
	标准差	1535.99	5433.83	4225.29	108.53	3608.80	0.6281	0.0412
	最小值	273.90	281.53	480.00	0.83	263.68	1.7968	0.2874
	最大值	5784.40	28647.71	24162.00	667.24	20061.01	4.7585	0.5244
	平均增长率	1.25	37.51	11.99	36.33	11.74	3.5700	-2.2800
2006~2010	平均值	2475.37	19808.83	11293.09	167.29	8653.09	3.0921	0.3466
	标准差	1669.47	15270.70	7233.42	190.01	7053.99	0.5851	0.0427
	最小值	300.85	1720.85	920.00	3.88	526.87	2.1921	0.2742
	最大值	6348.05	77161.31	34808.00	950.17	36021.08	4.5937	0.4809
	平均增长率	2.42	22.15	7.89	7.72	13.38	-0.8700	3.4700
2011~2015	平均值	2682.76	45651.07	14535.15	219.32	14680.83	2.7200	0.4018
	标准差	1755.59	31130.44	8529.03	243.88	11177.94	0.4565	0.0422
	最小值	308.45	4261.65	1601.00	5.63	978.11	1.8451	0.3312
	最大值	6619.50	152176.50	38899.00	1159.26	54156.30	3.9791	0.5489
	平均增长率	1.89	16.26	2.20	4.23	9.42	-2.5400	-0.0800
2000~2015	平均值	2463.50	22613.22	10497.91	152.15	8939.05	2.9255	0.3723
	标准差	1654.21	25700.74	7547.96	193.35	8793.68	0.5840	0.0473
	最小值	273.90	281.53	480.00	0.83	263.68	1.7968	0.2742
	最大值	6619.50	152176.50	38899.00	1159.26	54156.30	4.7585	0.5489
	平均增长率	1.82	25.74	0.80	16.41	11.76	0.1700	0.4100

如表 4 - 2 所示，经济增长低碳化过程的经济生产投入不断增加，劳动人数平均值从 2000 ~ 2005 年的 2270.89 万人增加到 2011 ~ 2015 年 2682.76 万人，平均增长率达到 1.82%；资本存量平均值从 2000 ~ 2005 年的 5752 亿元增加到 2011 ~ 2015 年的 45651.07 亿元，平均增长率达到 25.74%；能源消耗平均值从 2000 ~ 2005 年的 6470.90 万吨标准煤大幅增加至 2011 ~ 2015 年的 14535.15 万吨标准煤，平均增长率达到 0.8%；科技存量平均值从 2000 ~ 2005 年的 83.55 亿元增加到 2011 ~ 2015 年的 219.32 亿元，平均增长率达到 16.41%。在产出方面，实际 GDP 平均值从 2000 ~ 2005 年的 4392.53 亿元增加至 2011 ~ 2015 年的 14680.83 亿元，平均增长率达到 11.76%；城乡收入差距从 2000 ~ 2005 年的 2.9579 减少至 2011 ~ 2015 年的 2.72，平均增长率达到 0.17%，环境污染综合指数从 2000 ~ 2005 年的 0.3690 小幅增加至 2011 ~ 2015 年的 0.4018，平均增长率达到 0.41%。

如表 4 - 3 所示，经济增长低碳化过程的环境治理投入持续增加，环境治理设施数平均值从 2000 ~ 2005 年的 6880.79 套增加至 2011 ~ 2015 年的 11001.8 套，平均增长率达到 5.44%；环境治理投资额平均值从 2000 ~ 2005 年的 51.95 亿元大幅增加至 2011 ~ 2015 年的 183.23 亿元，平均增长率达到 20.76%；环境治理运行费用平均值从 2000 ~ 2005 年的 12.47 亿元大幅增加至 2011 ~ 2015 年的 54.24 亿元，平均增长率达到 22.66%。在产出方面，工业废水排放达标量、工业 SO_2 去除率、工业烟（粉）尘去除率和工业固体废物综合利用量平均值分别从 2000 ~ 2005 年的 62268.51 万吨、26.29%、91.47%、1876.30 万吨增加至 2011 ~ 2015 年的 170970.2 万吨、62.65%、95.61%、7320.45 万吨，平均增长率分别达到 15.66%、22.21%、3.77%、25.22%，环境污染治理效果明显；二氧化碳排放量平均值从 2000 ~ 2005 年的 15334.89 万吨增加至 2011 ~ 2015 年的 36712.76 万吨，平均增长率达到 9.69%。

表 4 - 3　　2000～2015 年我国环境治理子系统投入产出变量的描述性统计

时期	指标	投入变量			产出变量				
		EF	EI	EH	WD	RSO_2	RSD	SWU	二氧化碳排放量
2000～2005	平均值	6880.79	51.95	12.47	62268.51	0.2629	0.9147	1876.30	15334.89
	标准差	4490.56	49.54	16.64	55534.71	0.1724	0.0466	1568.29	11044.04
	最小值	495.00	0.32	0.34	2067.00	0.0029	0.7528	39.00	963.71
	最大值	18219.00	312.49	189.32	288936.00	0.6836	0.9919	8683.00	61295.84
	平均增长率	3.78	17.98	24.57	8.03	12.9900	1.1500	17.07	12.19
2006～2010	平均值	8298.66	113.25	33.02	74295.43	0.4793	0.9601	4176.11	27501.27
	标准差	5849.88	186.70	31.49	66406.75	0.1996	0.0273	3393.39	19057.91
	最小值	575.00	4.96	1.75	3487.00	0.0044	0.8668	113.00	1971.45
	最大值	29916.00	1920.05	241.07	280457.00	0.8267	0.9928	17973.40	90073.64
	平均增长率	4.39	34.61	23.49	1.76	37.1700	0.9300	16.41	10.39
2011～2015	平均值	11001.80	183.23	54.24	170970.20	0.6265	0.9561	7320.45	36712.76
	标准差	7895.72	129.26	44.50	160185.80	0.1547	0.1332	8847.62	23651.04
	最小值	801.00	12.94	4.29	6474.00	0.0102	0.0372	201.00	4242.16
	最大值	35406.00	635.91	215.07	933519.00	0.8744	0.9992	96193.00	104452.80
	平均增长率	5.82	17.72	8.09	-0.21	24.7900	12.2000	40.64	3.99
2000～2015	平均值	8611.69	112.13	31.95	99996.21	0.4442	0.9418	4296.29	25817.47
	标准差	6365.42	141.08	36.42	113248.40	0.2326	0.0837	5824.13	20295.68
	最小值	495.00	0.32	0.34	2067.00	0.0029	0.0372	39.00	963.71
	最大值	35406.00	1920.05	241.07	933519.00	0.8744	0.9992	96193.00	104452.80
	平均增长率	5.44	20.76	22.66	15.66	22.2100	3.7700	25.22	9.69

同时，表 4 - 2 和表 4 - 3 数据在横截面上显示，2000～2005 年我国各省域劳动力人数、资本存量、能源消耗、科技存量的最大值分别为 5784.40 万人、28647.71 亿元、24162 万吨标准煤、667.24 亿元，到 2011～2015 年我国各省域劳动力人数、资本存量、能源消耗、科技存量

的最大值分别为 6619.50 万人、152176.5 亿元、38899 万吨标准煤、1159.26 亿元；各省域环境治理设施数、环境治理投资额、环境治理运行费用的最大值分别从 2000 ~ 2005 年的 18219 套、312.49 亿元、189.32 亿元增加至 2011 ~ 2015 年的 35406 套、635.91 亿元、215.07 亿元，经济生产投入和环境治理投入的地区差异变化显著。在产出方面，2000 ~ 2005 年我国各省域实际 GDP、环境污染综合指数的最大值分别为 20061.01 亿元、0.5244，2011 ~ 2015 年我国各省域实际 GDP、环境污染综合指数的最大值分别为 54156.3 亿元、0.5489；工业废水排放达标量、工业 SO_2 去除率、工业烟（粉）尘去除率和工业固体废物综合利用量最大值分别从 2000 ~ 2005 年的 288936 万吨、68.36%、99.19%、8683 万吨增加至 2011 ~ 2015 年的 933519 万吨、87.44%、99.92%、96193 万吨；二氧化碳排放量最大值从 2000 ~ 2005 年的 61295.84 万吨增加至 2011 ~ 2015 年的 104452.80 万吨，地区差距不断扩大；而城乡收入差距最大值从 2000 ~ 2005 的 4.7585 减少至 2011 ~ 2015 的 3.9791，城乡收入差异缩小。因此，我国 30 个省域的低碳经济系统投入产出存在差异性，并且地区差异呈现不断扩大的趋势。

表 4 - 4 给出了 2000 ~ 2015 年我国区域经济生产子系统投入产出指标的描述性统计。可以看出：北部沿海、东部沿海、南部沿海三个沿海地区投入总体规模和实际 GDP 产出水平均高于其他地区，从而促使北部沿海、东部沿海位于高度污染梯队，南部沿海地区位于中度污染梯队，但东部沿海地区环境污染平均增长率最小，并且三个沿海地区的城乡收入差距都较低；黄河中游、长江中游和东北地区投入总体规模和实际 GDP 产出水平较高，其中黄河中游地区的污染排放水平最高，平均增长率达到 0.68%，城乡收入差距也较大，而长江中游和东北地区位于中度污染梯队，城乡收入差距也较低；西南地区投入总体规模和实际 GDP 产出水平一般，但仍处于中度污染梯队，城乡收入差距达到最大；西北地区投入总体规模和实际 GDP 产出水平最低，城乡收入差距也较大，虽然污染排放水平最低，但其平均增长率高达 0.81%。

表4－4　2000～2015年我国区域经济生产子系统投入产出变量的描述性统计

地区	指标	投入变量				产出变量		中间连接变量
		L	K	E	RD	实际GDP	M	R
东北地区	平均值	1773.03	21822.36	11031.96	119.05	8383.51	2.4507	0.3782
	标准差	418.96	20005.65	5422.47	86.97	5222.11	0.1954	0.0499
	最小值	1142.01	1126.53	3766.00	13.37	1951.51	2.0642	0.3029
	最大值	2540.55	78285.58	23526.00	328.45	22097.66	2.7684	0.4818
	平均增长率	1.55	26.84	5.09	16.28	10.97	0.6500	0.2300
北部沿海	平均值	2832.67	33127.68	15176.86	323.79	12386.60	2.4542	0.3937
	标准差	2250.18	33324.64	11520.09	311.25	9766.43	0.2521	0.0748
	最小值	487.62	1295.42	2794.00	24.69	1701.88	1.8451	0.2867
	最大值	6619.50	152176.50	38899.00	1159.26	44760.19	2.9109	0.5489
	平均增长率	2.82	24.69	6.79	16.15	11.73	0.6000	0.4800
东部沿海	平均值	2964.86	40996.65	14483.38	306.92	17954.95	2.3066	0.3825
	标准差	1545.49	33614.10	7073.24	165.08	10310.07	0.1633	0.0399
	最小值	748.75	3644.52	5499.00	33.35	4771.17	1.7968	0.3037
	最大值	4760.36	140175.40	30235.00	599.88	46811.04	2.5678	0.4521
	平均增长率	2.21	22.54	7.26	16.23	11.69	1.0200	0.1900
南部沿海	平均值	2564.09	27280.38	10053.94	213.39	13543.82	2.7815	0.3574
	标准差	2063.39	33761.84	9641.62	262.92	14633.65	0.2248	0.0381
	最小值	330.97	376.51	480.00	0.83	526.82	2.1984	0.2742
	最大值	6201.27	137112.30	30145.00	815.55	54156.30	3.1528	0.4159
	平均增长率	3.33	24.34	9.04	16.06	11.39	0.3500	0.3900
黄河中游	平均值	2653.80	23705.36	12806.70	114.86	7889.96	3.1312	0.3946
	标准差	1910.38	24623.05	6004.61	112.85	5542.24	0.4634	0.0401
	最小值	1015.65	803.62	2731.00	3.34	1539.12	2.2719	0.3168
	最大值	6578.00	114504.40	23647.00	412.64	25174.67	4.1101	0.4722
	平均增长率	1.62	28.97	9.42	16.57	13.46	0.3400	0.6800

地区	指标	投入变量				产出变量		中间连接变量
		L	K	E	RD	实际GDP	M	R
长江中游	平均值	3400.99	19413.28	9200.45	107.21	7888.83	2.7871	0.3721
	标准差	655.99	16374.28	4304.56	70.61	4468.25	0.2541	0.0269
	最小值	2057.85	1130.58	2329.00	8.19	2003.07	2.284	0.3213
	最大值	4326.55	65118.51	17675.00	288.35	18410.80	3.2909	0.4162
	平均增长率	1.11	25.23	7.93	16.49	11.59	9.85E-03	0.2300
西南地区	平均值	2699.48	15675.41	8179.15	78.33	5724.67	3.5898	0.3665
	标准差	1130.87	14742.71	4346.71	94.83	4272.24	0.571	0.0299
	最小值	955.54	834.79	2428.00	4.18	1029.92	2.5573	0.3063
	最大值	4840.01	62888.49	20575.00	379.33	21146.49	4.7585	0.4267
	平均增长率	0.88	25.96	8.13	16.46	11.77	−0.8500	0.2100
西北地区	平均值	737.97	6184.01	4649.78	17.81	1809.93	3.4274	0.3349
	标准差	493.32	6237.99	3187.43	15.59	1483.59	0.4142	0.0338
	最小值	273.90	281.53	897.00	1.29	263.68	2.6609	0.2804
	最大值	1527.78	30089.25	15651.00	60.83	6062.52	4.2991	0.3973
	平均增长率	1.68	26.48	9.85	16.83	11.12	−0.1100	0.8100

表4-5给出了2000～2015年我国区域环境治理子系统投入产出指标的描述性统计。就环境治理投入水平来看,北部沿海、东部沿海地区的总体水平最高,南部沿海、黄河中游地区次之,东北地区、长江中游、西南地区第三,西北地区最低;就环境治理产出水平来看,北部沿海、东部沿海、长江中游地区的工业废水排放达标量、工业 SO_2 去除率、工业烟(粉)尘去除率和工业固体废物综合利用量综合水平最高,南部沿海地区次之,黄河中游、东北地区、西南地区第三,西北地区最低;就二氧化碳排放量来看,八大区域呈现出黄河中游>北部沿海>东部沿海>东北地区>长江中游>南部沿海>西南地区>西北地区的态势。黄河中游二氧化碳排放量居于全国各区域的首位,原因在于黄河中游一直

是我国重要的化石能源基地，其中山西、陕西、内蒙古接壤地区分布着我国和世界上鲜有的特大煤田，被称为"乌三角""乌金三角"，包括内蒙古的准格尔、鄂尔多斯、陕西的神木等地区，已成为我国优质动力煤生产和出口基地。该基地煤炭储量丰富、质量上乘，开采条件优越，并且临近广阔的能源消费市场。长期以来，煤炭占据该区域能源开发和利用的主导地位，一方面，由于发展模式粗放，侧重于能源开采，造成煤炭利用效率不高，环境破坏严重；另一方面，该区域产业对于煤炭能源依赖严重，重化工业趋势较其他区域程度较高，因而二氧化碳排放量居高不下，平均增长率也高达 11.02%，成为该区域可持续发展必须应对的重大问题。北部沿海地区分布着我国曾经四大工业基地中的京津唐工业基地，它是我国北方最大的综合性工业基地，涵盖北京、天津、唐山等城市，依托丰富的钢铁、石油、海盐等资源，且临近山西能源基地，工业基础良好，能源需求和能源消耗较大，因而二氧化碳排放量也处于全国前列。经过有效的环境治理，虽然总排量没有呈现大幅下降，但平均增长率控制为 8.03%，在全国属于较好水平。西北地区是我国二氧化碳排放量最低，但平均增长率最高（12.86%）的区域，原因在于我国很长一段时间内实行产业倾斜政策，工业发展呈现由沿海向内陆阶段性递减的趋势，西北地区工业发展时间尚短，故而二氧化碳排放量处于全国末位，但是西北地区也是我国重要的能源基地，是我国连通邻国的重要通道，石油、天然气等能源供应后来居上，同时承接东部、中部的产业转移，工业产业快速扩张，平均增长率表现强势。东北地区被誉为新中国的"工业摇篮"，布局在东北地区的钢铁、能源、化工、重型机械、汽车、造船、飞机、军工等重大工业项目，奠定了中国工业化的初步基础。东北老工业基地中的装备制造业特别是重大装备制造业，曾经为我国做出很大贡献，但随着近年来我国经济社会变革，东北地区的优势逐渐消失，各省域经济呈现出明显的分化趋势，呈现出不同的发展困境。辽宁省第三产业比重快速提升，但作为经济支柱、创新动力和可持续发展源泉的制造业"空心化"表现明显，致使工业比重下降。黑龙江省工业化进程的推进受能源瓶颈影响严重，工业化进程深化不够。近年来农业比重呈现出不断上升态势，在一定程度上反映了该省域逆工业化趋势。吉林省经济增长的动力是工业的发展，工业在产业结构中一枝独秀，产值比重超过 GDP 的 50%，汽车制造业在工业内部独占鳌头，其发展优劣很大程度上决定了该省域经济发展情况。综上可知，东北地区二氧化碳排放量也处于全国较高水平，但平均增长率是全国最低水平，仅为 5.6%。

表 4-5　2000~2015 年我国区域环境治理子系统投入产出变量的描述性统计

地区	指标	投入变量			产出变量				
		EF	EI	EH	WD	RSO$_2$	RSD	SWU	二氧化碳排放量
东北地区	平均值	7266.00	107.03	29.36	82455.30	0.3258	0.9581	4061.77	25445.70
	标准差	3902.00	88.08	28.06	78887.17	0.1817	0.0179	2927.16	11997.91
	最小值	3530.00	3.97	4.11	23310.00	0.0517	0.9229	778.95	8563.46
	最大值	18697.00	513.10	156.98	351993.00	0.6513	0.9852	11862.00	51734.40
	平均增长率	1.99	15.20	20.22	16.16	11.9200	0.3400	8.78	5.60
北部沿海	平均值	10802.00	202.93	48.00	141281.30	0.4614	0.9698	6476.75	37564.47
	标准差	7566.00	256.86	52.32	211890.90	0.2247	0.0249	6737.54	33125.18
	最小值	2853.00	34.41	3.21	8096.00	0.0624	0.8727	456.97	6008.05
	最大值	27284.00	1920.05	189.32	933519.00	0.8275	0.9992	19900.00	104452.80
	平均增长率	4.11	28.64	20.93	16.01	14.5200	0.4700	8.49	8.03
东部沿海	平均值	15194.00	215.37	66.82	185243.70	0.4634	0.9757	4000.98	31997.43
	标准差	8026.00	131.34	51.58	113763.20	0.2265	0.0202	2809.84	18512.34
	最小值	4731.00	66.69	10.45	35973.00	0.0666	0.8945	1099.41	12327.46
	最大值	29916.00	635.91	241.07	418384.00	0.7445	0.9928	10578.00	74472.93
	平均增长率	4.67	10.15	28.54	4.63	14.4900	0.3400	7.02	8.84
南部沿海	平均值	11358.00	107.03	34.11	111322.60	0.4176	0.8968	2565.97	19362.06
	标准差	9717.00	165.19	37.89	91217.07	0.2454	0.2239	2169.98	16817.35
	最小值	575.00	3.51	0.34	5640.00	0.0346	0.0372	39.00	963.71
	最大值	35406.00	1108.11	120.89	334112.00	0.7594	0.9940	7544.00	151762.69
	平均增长率	5.98	23.51	22.60	12.50	18.6500	30.9300	62.17	11.36

续表

地区	指标	投入变量			产出变量				
		EF	EI	EH	WD	RSO_2	RSD	SWU	二氧化碳排放量
黄河中游	平均值	9484.00	110.19	34.47	73227.51	0.4087	0.9445	6462.14	41557.12
	标准差	4099.00	97.36	31.97	57356.16	0.2223	0.0428	5227.59	20930.84
	最小值	3515.00	4.86	2.39	13968.00	0.0726	0.7941	380.54	6524.33
	最大值	19797.00	370.01	130.42	242477.00	0.7572	0.9922	20235.00	74002.73
	平均增长率	4.48	21.77	25.59	15.09	14.7900	0.8900	20.24	11.02
长江中游	平均值	7159.00	89.07	24.69	117783.40	0.6184	0.9399	5661.81	22448.10
	标准差	2209.00	79.78	18.85	74357.43	0.1399	0.0479	11773.77	9639.19
	最小值	3056.00	7.74	2.28	28796.00	0.2537	0.7858	702.24	6045.15
	最大值	12651.00	340.29	100.53	325234.00	0.8744	0.9914	96193.00	40246.18
	平均增长率	5.39	23.92	21.47	14.81	3.5600	0.9300	37.03	9.52
西南地区	平均值	7279.00	64.23	20.39	93480.36	0.4729	0.9303	3142.78	19008.18
	标准差	2905.00	44.66	15.26	76587.53	0.1936	0.0607	1923.57	9052.81
	最小值	1167.00	2.09	2.84	8386.00	0.1165	0.7528	271.00	5949.79
	最大值	13894.00	197.93	82.48	350689.00	0.7722	0.9912	8728.00	40870.70
	平均增长率	8.44	15.79	18.18	24.56	9.4500	1.2400	23.93	9.49
西北地区	平均值	2679.00	36.42	9.22	16562.69	0.3465	0.9235	1721.43	10697.20
	标准差	1660.00	46.55	9.16	12635.86	0.2867	0.0448	1954.71	8442.56
	最小值	495.00	0.32	0.35	2067.00	0.0029	0.8026	78.00	1186.24
	最大值	6970.00	235.78	46.13	57778.00	0.8267	0.9917	7247.00	39013.98
	平均增长率	6.78	24.97	25.72	15.84	8.1000	0.7200	34.96	12.86

三、我国经济增长低碳化的评价

运用我国各省域 2000～2015 年经济增长低碳化过程的投入产出数据，基于包含非期望产出的超效率网络 SBM 模型和 GML 生产率指数，使用 MAXDEA 软件对我国低碳经济增长效率、经济生产效率、环境治理效率进行动态评价研究。

（一）低碳经济增长效率及其分解

1. 总体时序变化特征

由表 4-6 可知，2000~2015 年我国低碳经济增长效率 GML 指数总体上呈现正的增长态势，年均增长率达到 0.45%。技术效率接近持平，技术进步也呈现正的增长态势，年均增长率分别为 0.02% 和 0.43%，技术进步的年均增长显著高于技术效率的年均增长。"十一五"和"十二五"期间低碳经济增长效率受到技术进步推动实现持续增长，年均增长率分别达到 0.93% 和 2.65%。

因此，我国低碳经济增长效率的提高主要得益于技术进步水平的影响，技术效率改善的作用偏低。2005 年以后我国政府逐渐意识到资源环境恶化所带来的不良后果，越来越重视资源环境与经济的协调问题，出台了一系列环境保护政策，通过加大环境治理投资和引进先进的节能减排技术提高环境治理效率，促使低碳经济增长效率得到不断改善。但须注意的是，我国低碳经济增长效率为 1.0045，表明在不增加劳动力、资本、能源等传统投入要素的前提下，通过提高低碳技术创新，我国低碳经济还存在较大的增长潜力[235]，原因在于我国经济增长仍然主要依靠劳动力、资本、能源等传统投入而不是技术进步的推动，在创造 GDP 的同时也加重了环境污染，从而导致低碳经济增长效率偏低。随着我国快速城市化对资源消耗不断增大，能源供需之间的失衡态势变得愈加严峻，环境问题日益严重，城市化发展越来越接近生态环境的约束边界，难以实现低碳经济增长效率的稳定提高，经济增长低碳化转型势在必行。

由图 4-2 和表 4-6 进一步可以看出，低碳经济增长效率 GML 指数整体上具有阶段性特征。2000~2005 年 GML 指数为 0.9780，呈现下降态势，主要是受到技术进步下降的影响；2005~2010 年 GML 指数为 1.0093，出现回升态势，主要是受到技术进步变化的影响，而技术效率有所下降，对低碳经济增长效率产生制约作用，在 2005~2006 年、2006~2007 年 GML 指数出现了 2 次短暂的下滑，均是由于技术效率下降所导致的，表明这个阶段低碳经济增长缺乏稳定性；2010～2015 年 GML 指数为 1.0265，呈现稳步上升趋势，主要是技术进步提升和技术效率改善的双重作用所致，这表明我国低碳经济增长效率在不断提高。主要原因在于[235]：在 2007 年之前我国经济保持年均 10% 的高速发展，正处于工业化中后期和城市化快速发展阶段，高能耗高污染产业大幅提升，经济增长对化石能源消费的高度依赖使得能源短缺、环境污染问题日益严峻，"高投入、高能耗和高污染"的增长模式加大了资源环境压力，经济高速增长态势导致低碳经济增长效率出现倒退。但在 2007 年之后全球经济增速放缓和经济增长"软着陆"，以及 2008 年金融危机爆发造成经济产出下降，我国经济增长逐步减慢，经济发展由上升阶段逐步转入下行调整区间，2012 年开始进入经济增长新常态。与此同时，国家加大了对环境污染的治理力度，把降低能源消耗强度和减少污染物排放总量确定为国民经济和社会发展的约束性指标，提出"节能减排"约束性目标，先后出台了《推进生态文明建设规划纲要》《大气污染防治行动计划》等一系列政策法规推进生态文明战略，国家层面"节能减排"政策的实施及技术研发的大力推广确保低碳经济增长效率得到了持续稳步的上升。

表 4 - 6　　　　2000～2015 年我国低碳经济增长效率 GML 指数及其分解

年份	GML	EC	TPC	年份	GML	EC	TPC
2000～2001	0.9493	0.9642	0.9846	2009～2010	1.0247	1.0121	1.0125
2001～2002	0.9583	1.0308	0.9296	2010～2011	1.0317	0.9718	1.0617
2002～2003	0.9902	1.0106	0.9798	2011～2012	1.0258	1.0344	0.9916
2003～2004	0.9973	0.9994	0.9979	2012～2013	1.0215	0.9464	1.0794
2004～2005	0.9961	1.0036	0.9925	2013～2014	1.0275	1.0418	0.9862
2005～2006	0.9794	0.9927	0.9866	2014～2015	1.0261	1.0095	1.0164
2006～2007	0.9899	0.9791	1.0110	2000～2005	0.9780	1.0015	0.9766
2007～2008	1.0262	1.0018	1.0243	2005～2010	1.0093	0.9984	1.0109
2008～2009	1.0272	1.0066	1.0204	2010～2015	1.0265	1.0001	1.0264
均值	1.0045	1.0002	1.0043				

注：表中各项指标的增长率为各项指数减去 1。

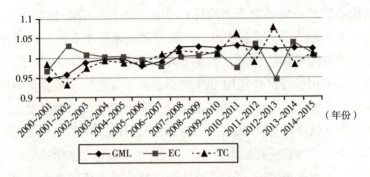

图 4 - 2   2000～2015 年低碳经济增长效率分解趋势

此外，从 GML 指数的分解来看，除了 2007～2008 年、2008～2009 年、2009～2010 年、2014～2015 年的低碳经济增长效率表现为技术效率变化和技术进步变化共同作用的"双驱动型"增长特征，大部分时期技术效率和技术进步此消彼长，表明我国低碳经济发展对技术推广和技术扩散效果均欠佳。因此，我国经济增长低碳化不仅要注重技术进步的提升，还需要注重技术效率的改善。

2. 区域差异分析

从分省域来看（见表 4 - 7），在 2000～2015 年，北京、上海、江苏、浙江、福建、广东等省市低碳经济增长效率大于 1. 02，平均增长率达到 3. 4%，高于全国平均水平。这些省域大多处于沿海发达地区，具有较强的经济实力、科学技术发展水平较高、环境保护政府支持力度较大，有效地减少了污染物的排放，促进低碳经济发展[235]。而河北、吉林、江西、云南、河南、贵州、广西、甘肃、青海、宁夏、新疆等省域的低碳经济增长效率小于 1，这些省域多处于重工业省份或西部地区，生产技术相对落后，资源利用率较低，污染物排放量较高，低碳经济增长效率整体下降；其余省域的低碳经济增长效率介于 1. 00～1. 02 之间，整体效率呈现上升趋势。总体上，我国 60% 以上的省域低碳经济增长效率呈现增长趋势，低碳经济增长效率提高的 19 个省域中除安徽省技术效率恶化外，其余省域技术效率的改善和技术进步的提升共同促进了低碳经济增长效率的提高；而低碳经济增长效率降低的 11 个省域，除甘肃省外技术进步均呈现下降态势。各省域技术进步变化与低碳经济增长效率的变动趋势相同，技术效率变化除甘肃、安徽和新疆等省域外均大于或等于 1，且 60% 的省域技术进步变化大于技术效率变化，技术进步显著提升的地区，其低碳经济增长效率在 2000～2015 年也实现了提高，再次表明技术进步对低碳经济增长效率的提高具有显著的影响。

表 4-7　　2000～2015 年我国各省域低碳经济增长效率 GML 指数及其分解

地区	GML	EC	TPC	地区	GML	EC	TPC
北京	1.0477	1.0000	1.0477	河南	0.9844	1.0000	0.9844
天津	1.0123	1.0000	1.0123	湖北	1.0073	1.0004	1.0069
河北	0.9973	1.0000	0.9973	湖南	1.0069	1.0000	1.0069
山西	1.0142	1.0000	1.0142	广东	1.0321	1.0000	1.0321
内蒙古	1.0158	1.0000	1.0158	广西	0.9930	1.0000	0.9930
辽宁	1.0041	1.0039	1.0001	海南	1.0111	1.0000	1.0111
吉林	0.9950	1.0000	0.9950	重庆	1.0054	1.0000	1.0054
黑龙江	1.0008	1.0000	1.0008	四川	1.0062	1.0003	1.0059
上海	1.0339	1.0000	1.0339	贵州	0.9834	1.0000	0.9834
江苏	1.0317	1.0000	1.0317	云南	0.9893	1.0000	0.9893
浙江	1.0297	1.0000	1.0297	陕西	1.0104	1.0056	1.0048
安徽	1.0012	0.9989	1.0022	甘肃	0.9972	0.9943	1.0029
福建	1.0275	1.0000	1.0275	青海	0.9510	1.0000	0.9510
江西	0.9917	1.0000	0.9917	宁夏	0.9701	1.0000	0.9701
山东	1.0151	1.0000	1.0151	新疆	0.9726	0.9966	0.9759
东北地区	0.9999	1.0013	0.9986	黄河中游	1.0061	1.0014	1.0047
东部沿海	1.0318	1.0000	1.0318	长江中游	1.0018	0.9998	1.0019
北部沿海	1.0179	1.0000	1.0179	西南地区	0.9954	1.0001	0.9953
南部沿海	1.0235	1.0000	1.0235	西北地区	0.9726	0.9977	0.9748

从八大区域来看，2000～2015年我国东部沿海、北部沿海、南部沿海、黄河中游地区低碳经济增长效率GML指数分别为1.0318、1.0179、1.0235、1.0061，均高于全国平均水平，且东部沿海低碳经济增长效率提高的幅度最大，平均增长率为3.18%；次之是北部沿海和南部沿海地区，说明我国低碳经济增长效率的逐年上升主要归功于三个沿海地区低碳经济增长效率的提高。长江中游、东北地区、西南地区和西北地区低碳经济增长效率低于全国平均水平，其中东北、西南和西北地区效率水平出现下降。从低碳经济增长效率GML指数的贡献来源来看，除东北地区、西南和西北地区技术进步变化指数小于1外，其他地区技术进步变化指数均大于1，其中东部沿海最高；而技术效率变化指数相差不大，除长江中游和西北地区出现恶化外，其他地区的效率水平均大于或等于1。因此，我国八大区域低碳经济增长效率GML指数增幅的差异主要来自技术进步变化的差异。东部、北部、南部三大沿海地区低碳经济增长效率的提高主要得益于技术进步的提升，黄河中游地区则是由技术效率和技术进步共同推动低碳经济增长效率的提高，造成东北、西南和西北地区低碳经济增长效率下降的主要原因是受到技术进步下降的制约，而长江中游地区虽然技术效率出现恶化，但技术进步有所提高，从而使得低碳经济增长效率回升。

由此可见，我国八大区域低碳经济增长效率GML指数存在明显的地区差异，呈现出沿海地区高于东北、黄河中游地区，长江中游地区高于西南地区、西北地区的空间格局。为了进一步研究不同区域之间的差异性，绘制出我国八大区域低碳经济增长效率的分布情况（见图4-3）。东部沿海地区GML指数处于八大区域中最高水平，其内部差异也最小，区域内上海、江苏、浙江三省域发展平衡，低碳经济增长效率分布集中；南部沿海、北部沿海地区GML指数较高，但北部沿海地区内部差异较大；黄河中游地区GML指数平均增长0.61%，区域内部差异来自各省域技术进步和技术效率两方面的差异；长江中游地区低碳经济增长效率有所提高，其区域内部发展比较均衡，GML指数分布较为集中；东北地区、西南地区和西北地区低碳经济增长效率出现下降，其中西北地区内部差异较大，在技术进步和技术效率两方面地区内部差异明显。

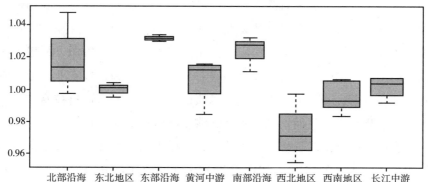

图 4－3　我国八大区域低碳经济增长效率 GML 指数分布情况

　　因此，我国不同区域和省域低碳经济增长效率 GML 指数呈现出明显的异质性。从东部沿海地区来看，该区域整体上和区间内的低碳经济增长效率都呈现出高度的协同发展趋势，原因在于技术进步起到了主导作用。东部沿海区位优势、战略地位突出，自然条件优越，社会条件相对完善，立体综合交通网络基本形成，还坐拥我国最大的综合性工业基地，拥有我国城市化水平最高的城市群——长三角城市群，上海、江苏、浙江之间区域联动程度较高。工业化和城市化的双重吸引，带来了丰富的人力资源，推动了科学技术进步，进而推动低碳经济增长效率的提升。截至 2014 年底，东部沿海地区拥有国家工程研究中心和工程实验室等创新平台近 300 家，年研发经费支出和有效发明专利数均约占全国 30%；科学技术领域支出总额为 1768.6 亿元，其中上海 432 亿元、江苏 717.1 亿元、浙江 619.5 亿元；专利申请受理量为 34.5 万件，其中上海 5.3 万件、江苏 17.4 万件、浙江 10.9 万件；专利申请授权量为 20.2 万件，其中上海 3.5 万件、江苏 8.7 万件、浙江 8 万件。从南部沿海地区来看，该区域整体上和区间内的低碳经济增长效率呈现提升态势，且技术进步是其提升的内在动力，但具体表现有所不同。海南省地处我国最南端，有"大温室"的美称，水热条件得天独厚，奠定了农业在该省域经济发展中的基础地位和支柱产业地位，再加上海南省地理环境的制约，工业发展相对落后，进一步凸显出农业的重要性。我国进入经济新常态，要求产业结构不断优化升级，海南省根据自身发展特色，发挥市场配置资源的决定性作用，依托当地丰富的自然资源，积极推进农业的战略性调整，大力发展市场农业、绿色农业和科技农业，推进农业产业化经营，不断提高农业整体素质，实现科技兴农、科技富农，农业技术进步明显，从而推动该省域低碳经济增长效率的提升。福建和广东两省的低碳经济增长效率的提升主要依托于第二产业，产业结构长期以来以工业为主导，截至 2015 年两省工业产值比重分别达到 44.8% 和 50.3%。由于地理位置优越、经济发达、开放程度高，两省吸引了大量高科技人才和高新技术企业入驻，尤其是广东地区分布着珠江三角洲这一特大城市群，拥有先进的制造业和现代服务业，是我国参与经济全球化的主体区域、全国科技创新与技术研发基地、全国经济发展的重要引擎，辐射带动华南、华中和西南地区发展的龙头，是我国人口集聚最多、创新能力最强、综合实力最强的三大区域之一。从北部沿海地区来看，该区域 GML 指数较高但是区域差异显著，同其他沿海区域一样，技术进步是低碳经济增长效率提升的内在动力。北部沿海地区分布着京津冀城市群和山东半岛城市群，经济科技都比较发达，因而整体效率提升，但由于京津冀城市群在长期发展过程中存在生产要素过度集中的现象，造成"北京吃太饱、天津吃半饱、河北吃不着"的局面，河北的发展受到很大影响。就 2015 年 R&D 经费投入强度来看，北京、天津和山东分别达到 6.01%、3.08% 和 2.27%，而河北仅为 1.18%，科技进步水平低于同一区域其他三个省份。从黄河中游地区来看，区域整体上低碳经济增长效率提升，科技效率和科技进步都起到推动作用。但内部省域分化态势显著，山西和内蒙古技术进步对于低碳经济增长效率提升起到决定性作用；陕西低碳经济增长效率提升则是受技术效率和技术进步

双重影响，共同推动；河南低碳经济增长效率下降，技术退步。山西和
内蒙古产业结构相似度较高，长期严重依赖于以煤炭为主的能源重工产
业，近年来加大对化石能源开发利用技术的投入，不断延伸深加工产业
链。陕西是我国高等院校和科研院所聚集的省域之一，在校学生人数仅
次于北京、上海，居中国第三位，是我国高校密度和受高等教育人数最
多的区域，是我国三大教育、科研中心之一。河南的技术退步拉低了该
省的 GML 指数，与其他省域相比存在一定距离。从长江中游地区来看，
GML 指数大于 1 是由于技术进步弥补了技术效率退步带来的负面影响，
推动了低碳经济增长效率。安徽、湖北、湖南三省低碳经济增长效率呈
现增长态势，但原因大不相同。安徽的技术效率下降幅度较小，未对技
术进步的推动作用起到太大的阻碍作用；湖北的技术进步和技术效率都
对低碳经济增长效率起到推动作用，但技术进步表现更为明显；湖南则
完全由技术进步主导推动低碳经济增长效率。江西受技术退步作用明
显，低碳经济增长效率呈现下降趋势。原因在于长江中游地区工业基础
较为雄厚，依托长江这条黄金水道湖南和湖北两省区域联系密切，安徽
受到长三角的辐射和带动优于其他省域，相比之下江西的发展相对落
后。从东北、西南和西北地区来看，这些区域技术退步明显，拉低了整
体的低碳经济增长效率，即使东北和西南地区的技术效率呈现提升的趋
势，也不能阻止 GML 指数的下降。在新形势下，这些区域面临转型发
展，东北地区工业"空心化"趋势明显，高新技术产业比重下降，能源
对重工业束缚趋紧，环境污染加重；西南和西北地区起步较晚，技术基
础薄弱，缺乏科学完善的产业规划与指导，在承接产业转移后延续粗放
型发展模式，生态问题突出，从而造成了技术的退步，拉低了低碳经济
增长效率。其中，青海、宁夏、新疆的技术进步水平偏低，2015 年
R&D 经费投入强度仅为 0.48%、0.88%、0.56%，远低于全国平均水平
的 2.07%，且甘肃、新疆的技术效率均小于 1。

（二）经济增长低碳化的子系统效率及其分解

2000~2015 年我国低碳经济增长效率、经济生产效率与环境治理效

率变化趋势基本一致（见图 4－4）。经济生产效率年均增长率为
0.98％，增幅显著高于低碳经济增长效率和环境治理效率，经济生产效
率的提高来源于技术进步的提升和技术效率的改善，其年均增长率分别
为 0.86％、0.12％。随着国家对环境保护的持续重视，环境治理效率得
到持续提高，但其年均仅增长 0.02％，仍然存在较大的提升空间。环境
治理效率的增长主要来源于技术进步的提升，其年均增长率达到
0.19％，而技术效率的恶化对环境治理效率产生制约作用，使其增速减
弱。由此可知，我国低碳经济增长效率处于经济生产效率与环境治理效
率之间，经济生产效率高于环境治理效率，在资源节约型和环境友好型
社会建设大环境下，各地区注重对资源和环境的保护力度，环境治理效
率实现了逐步上升，但我国经济持续增长、城市化进程快速推进，对能
源需求的刚性仍然存在，城市建设扩张仍需依赖于高能耗、高排放产业
的快速发展，环境污染物排放量增加。因此，在环境治理阶段需要更先
进的技术和设备来处理经济生产过程中产生的大量污染物，环境治理成
本快速上升，导致环境治理效率损失较大，成为制约低碳经济增长效率
提升的"短板"。经济生产环节还是依靠劳动、资本和能耗的传统投入，
产生大量的污染物，增加环境治理环节的治理成本，经济生产环节低碳

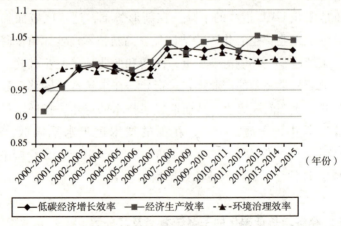

图 4－4　2000~2015 年我国低碳经济增长效率、经济生产效率及环境治理效率趋势

化有待提高。而包含非期望产出的超效率网络 SBM 模型的 GML 指数测算低碳经济增长效率，经济生产子系统非期望产出的增加及环境治理子系统环境治理成本的增加降低了低碳经济增长效率（见表4-8）。因此，低碳经济增长效率的提高依赖于经济生产效率和环境治理效率的共同作用，积极推行"低投入、低能耗、低排放"的经济生产方式，通过加强技术吸收和技术推广提高环境治理水平[235]。

表4-8　　　　2000～2015 年我国区域低碳经济子系统效率及其分解

经济生产	GML	EC	TPC	环境治理	GML	EC	TPC
北京	1.0679	1.0000	1.0679	北京	1.0236	1.0000	1.0236
天津	1.0179	1.0000	1.0179	天津	1.0045	1.0000	1.0045
河北	1.0155	1.0000	1.0155	河北	0.9824	1.0000	0.9824
山西	1.0095	1.0000	1.0095	山西	1.0183	1.0000	1.0183
内蒙古	1.0068	1.0000	1.0068	内蒙古	1.0088	1.0000	1.0088
辽宁	1.0044	1.0000	1.0044	辽宁	1.0080	1.0000	1.0080
吉林	1.0047	1.0000	1.0047	吉林	0.9896	1.0000	0.9896
黑龙江	1.0027	1.0000	1.0027	黑龙江	0.9989	1.0000	0.9989
上海	1.0428	1.0000	1.0428	上海	1.0244	1.0000	1.0244
江苏	1.0268	1.0000	1.0268	江苏	1.0239	1.0000	1.0239
浙江	1.0261	1.0000	1.0261	浙江	1.0205	1.0000	1.0205
安徽	1.0014	1.0162	0.9853	安徽	1.0004	1.0000	1.0004
福建	1.0259	1.0000	1.0259	福建	0.9899	1.0000	0.9899
江西	1.0067	1.0000	1.0067	江西	1.0221	1.0000	1.0221
山东	1.0119	1.0000	1.0119	山东	1.0018	1.0000	1.0018
河南	1.0001	1.0000	1.0001	河南	0.9848	1.0000	0.9848
湖北	1.0256	1.0000	1.0256	湖北	1.0034	1.0000	1.0034
湖南	1.0051	1.0000	1.0051	湖南	1.0051	1.0000	1.0051
广东	1.0157	1.0000	1.0157	广东	1.0036	1.0000	1.0036
广西	0.9909	1.0000	0.9909	广西	0.9976	1.0000	0.9976

续表

经济生产	GML	EC	TPC	环境治理	GML	EC	TPC
海南	1.0039	1.0000	1.0039	海南	1.0054	1.0000	1.0054
重庆	1.0188	1.0000	1.0188	重庆	1.0073	1.0000	1.0073
四川	1.0225	0.9749	1.0488	四川	1.0044	0.9766	1.0285
贵州	0.9933	1.0395	0.9555	贵州	0.9847	1.0000	0.9847
云南	0.9794	1.0000	0.9794	云南	0.9943	1.0000	0.9943
陕西	1.0163	1.0004	1.0159	陕西	1.0050	0.9940	1.0111
甘肃	1.0069	1.0303	0.9774	甘肃	0.9897	1.0000	0.9897
青海	0.9829	1.0000	0.9829	青海	0.9613	1.0000	0.9613
宁夏	0.9678	1.0000	0.9678	宁夏	0.9786	1.0000	0.9786
新疆	0.9979	0.9760	1.0224	新疆	0.9669	0.9799	0.9868
东北地区	1.0039	1.0000	1.0039	东北地区	0.9989	1.0000	0.9989
东部沿海	1.0319	1.0000	1.0319	东部沿海	1.0229	1.0000	1.0229
北部沿海	1.0281	1.0000	1.0281	北部沿海	1.0029	1.0000	1.0029
南部沿海	1.0151	1.0000	1.0151	南部沿海	1.0108	1.0000	1.0108
黄河中游	1.0082	1.0001	1.0081	黄河中游	1.0042	0.9985	1.0057
长江中游	1.0096	1.0040	1.0056	长江中游	0.9997	1.0000	0.9997
西南地区	1.0008	1.0027	0.9981	西南地区	0.9977	0.9953	1.0024
西北地区	0.9888	1.0014	0.9874	西北地区	0.9741	0.9949	0.9790
全国平均	1.0098	1.0012	1.0086	全国平均	1.0002	0.9983	1.0019

　　从区域角度分析，东部、北部、南部沿海和黄河中游地区的经济生产效率和环境治理效率均呈现正增长的态势，技术进步的提升是推动经济生产效率和环境治理效率实现增长的主导因素；西北地区经济生产效率和环境治理效率均呈现负增长态势，在经济生产子系统中技术进步下降带来的阻碍作用明显大于技术效率改善带来的推动作用，致使经济生产效率下降，而在环境治理子系统中，技术进步和技术效率都呈现下滑趋势，加剧了环境治理效率的下降。东北、西南以及长江中游地区均呈

现出经济生产效率提升、环境治理效率下降的态势，技术进步这一因素
是东北地区两大子系统呈现"一高一低"态势的决定性因素；西南地区
经济生产子系统中技术效率的提升填补了技术进步停滞带来的负面作
用，推动了经济生产效率的提升，在环境治理子系统中则相反，技术进
步无法弥补技术效率下降带来的负面影响，导致了环境治理效率下降；
长江中游地区经济生产效率的提升受技术进步和技术效率两者的共同推
动，但环境治理效率受技术进步后退的影响呈现下降趋势。

　　从省域角度分析，我国共有 24 个省域经济生产效率呈现增长态势，
占全国总数的 80%，大部分省域的技术进步起到主导作用。广西、贵
州、云南、青海、宁夏、新疆等省域经济生产效率呈现负增长，除新疆
是由于技术效率下降引起外，其余省域均是由技术进步倒退引起。全国
12 个省域环境治理效率呈现下降态势，技术进步倒退起主导作用，这些
省域主要分布于东北、西南、西北地区。这表明我国各省域经济生产效
率和环境治理效率具有比较明显的不平衡发展态势，低碳经济发展水平
还存在着较大的地区差异。其中，两子系统效率下降的省域主要集中在
西南和西北欠发达地区。东北地区、长江中游、西南地区和西北地区都
呈现不同程度的环境治理效率损失，技术进步对环境治理效率起主导作
用，技术效率影响较弱。

　　究其原因在于：首先，沿海地区是我国经济发达地区，依靠优越的
地理位置，先进的科学技术水平以及国家政策的扶持，实现了经济高速
增长和能源高效利用，再加上公众环保意识认知程度较高，因而有效地
减少了污染物的排放，实现了环境治理目标，形成良性循环，进一步推
动经济发展和环境保护。而欠发达地区经济相对落后，经济发展迫切，
在经济发展和承接产业转移时延续了以往低效粗放的发展模式，"高碳
经济"特征明显，地区间的非均衡发展也造成了欠发达地区科技水平落
后、资源要素配置不合理等问题，导致经济生产效率下降。同时由于该
地区生态环境的脆弱，环境承载能力较差，过度的能源消耗和污染物排
放加剧了这一短板，形成恶性循环，成为限制该地区可持续发展的瓶

颈。其次，虽然我国于 2006 年提出节能减排，并在"十一五"和"十二五"时期取得一定成效，但我国正处于经济社会转型的关键时刻，长期以来"高投入、高能耗、高污染"为特征的发展模式积累的碳总量规模巨大，为实现可持续发展而进行的产业结构、能源结构、消费结构调整的任务十分艰巨，节能减排形势依然严峻，不容乐观。最后，环境保护多从三次产业的生产过程着手降低碳排放，没有对末端治理和源头治理给予同等对待，阻碍环境治理向纵深推进，环境治理缺乏统筹兼顾，规划不合理、治理技术水平不高、相关设备落后、专业人才缺乏等原因都造成了环境治理的边际成本增加，环境治理效率下降。

（三）各子系统效率协调度分析

为了对我国各省域低碳经济子系统的协调度进行分析，根据经济生产子系统和环境治理子系统的面板数据绘制图 4 – 5，经济生产效率以 1.02 为分界线，环境治理效率以 1 为分界线，作两条垂直相交的虚线将

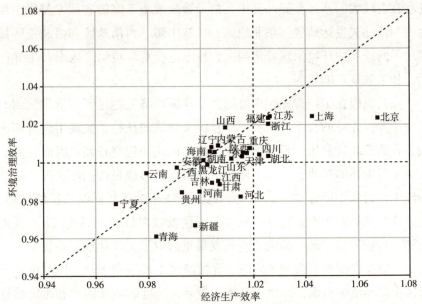

图 4 – 5　2000 ~ 2015 年我国低碳经济子系统效率分布情况

坐标区域划分为Ⅰ、Ⅱ、Ⅲ、Ⅳ四个象限。其中，第Ⅰ象限和第Ⅲ象限分别表示经济生产效率和环境治理效率同步变化，均处于全国领先水平或落后水平；第Ⅱ象限表示经济生产效率较低但环境治理效率较高；第Ⅳ象限则表示环境治理效率较低但经济生产效率较高。45°对角线衡量的是两个子系统的协调度，落在对角线上表明该省域经济生产子系统与环境治理子系统之间协调发展，越接近该对角线，协调程度越高。

从四个象限分布情况来看，除了第四象限没有省域分布，其余象限均有省域分布。第Ⅰ象限分布着北京、上海、江苏、浙江、福建、四川和湖北等省域，主要集中在沿海地区；第Ⅱ象限分布着重庆、天津、陕西、山西、内蒙古、辽宁、海南、湖南、广东、山东、安徽等省域，主要集中在长江中游和黄河中游地区；第Ⅲ象限分布着黑龙江、江西、吉林、甘肃、广西、贵州、河南、河北、云南、新疆、宁夏和青海等省域，主要集中在西南和西北地区。作为沿海地区经济发达，环境承载力较高，科技水平和环保意识较强，促使经济生产效率和环境治理效率同时提升；长江中游地区和黄河中游地区依托丰富的能源，重化工业基础良好，经济发展程度高于西部地区，但重化工业带来的环境污染严重，导致环境治理效率跟不上经济生产效率；西南地区和西北地区发展起步较晚，生态环境脆弱，经济发展问题和环境问题都比较明显，进而导致经济生产效率和环境治理效率均低于全国其他区域。

从协调水平来看，我国各省域低碳经济子系统协调度"高水平协调"与"低水平协调"并存，江苏、浙江和福建三省处于高水平协调，即经济生产效率和环境治理效率都比较高，呈现二者高水平协同发展；甘肃和青海两省处于低水平协调，即经济生产效率和环境治理效率都比较低，经济欠发达，环境治理有待提升，呈现出低水平协同发展。此外，低碳经济子系统不协调的省域众多，如北京的经济生产效率显著地高于环境治理效率，北京是我国的经济、政治、文化、国际交流中心，其特殊的定位决定了其经济发展程度远高于环境治理程度；而宁夏环境治理效率高于经济生产效率，宁夏位于我国西北地区的沿黄城市群，由于其深处内陆，自然条件相对恶劣，基础设施建设落后于东部和中部地区，经济发展程度较低，环境受工业污染较小，同时治黄工程成效明显，环境治理效率得到提升，呈现出环境治理效率高于经济生产效率。其余，大多数省域呈现经济生产效率高于环境治理效率的不协调趋势。

第二节 我国快速城市化背景下经济增长低碳化的时空演进分析

一、研究方法

探索性时空数据分析（ESTDA）整合时间要素和空间要素，运用时空耦合的方法对客观现象的空间格局、关联、变迁进行研究，可以较好地反映客观现象在地理空间分布的演变过程[236-237]。运用 ESTDA 方法分析我国经济增长低碳化的空间依存性，探讨其时空格局演进趋势，具体过程如下：

（一）全局空间自相关性

全局空间自相关用于研究区域中某一变量在区域整体空间上是否存在集聚特性，描绘了相关变量在区域整体范围内的空间依赖程度。运用 Patrick Alfred Pierce Moran 提出的全局空间自相关 Global Moran's I 指数测度我国经济增长低碳化的空间相关性和异质性，计算公式为：

$$I = \frac{n \sum_{i=1}^{n} \sum_{j=1}^{n} W_{ij}(x_i - \bar{x})(x_j - \bar{x})}{\left(\sum_{i=1}^{n} \sum_{j=1}^{n} W_{ij} \right) \sum_{i=1}^{n} (x_j - \bar{x})^2} \tag{4.7}$$

其中，I 为全局 Moran's I 指数；x_i，x_j 分别表示省域 i，j 关于变量 x 的观测值；$\bar{x}$ 表示变量 x 的均值；n 为研究区域中的省域数量；W_{ij} 为空间权重矩阵。Moran's I 指数取值区间为 $[-1, 1]$，I 指数越接近 1，表示各省域间空间正相关性越强，呈现空间集聚分布；I 指数越接近 -1，表示各省域间空间负相关性越强，绝对值体现空间自相关的强度；I 指数等于 0，表示各省域间空间不存在空间自相关，呈现空间随机性分布。

用 Z 检验对结果进行显著性检验以确保数据的有效性，计算公式为：

$$Z = \frac{Moran's\ I - E(I)}{\sqrt{VAR(I)}} \tag{4.8}$$

其中，$VAR(I)$ 是全局 Moran's I 的理论方差，$E(I) = \dfrac{1}{n-1}$ 为理论期望。若 $Z > 0$ 且通过 Z 值显著性检验，则说明我国经济增长低碳化在空间分布上具有显著正相关性。

（二）局部空间自相关性

采用局部空间统计方法测度我国各省域经济增长低碳化的空间关系，分析不同省域经济增长低碳化在空间上是否存在区域效应。局部空间自相关是将全局 Moran's I 指数分解到各省域，即为局部 Moran's I 指数，用于检验低值和高值在空间上的集聚或离散效应，计算公式为：

$$I_i = \frac{(x_i - \overline{x})}{\sum\limits_{i=1}^{n} (x_i - \overline{x})^2} \sum\limits_{j=1}^{n} W_{ij}(x_j - \overline{x}) \tag{4.9}$$

若各省域局部 Moran's I 指数存在明显的局部空间自相关，则可以将我国各省域经济增长低碳化的空间关系分为 4 种类型，绘制局部 Moran's I 散点图和 LISA 聚类图，用二维象限表来研究省域与相邻省域的关系。分布在第一象限（HH 型）及第三象限（LL 型）表示我国经济增长低碳化的空间差异较小，研究省域和相邻省域的低碳经济增长效率都较高或较低，在空间分布上具有集聚特征；第二象限（LH 型）及第四象限（HL 型）表示我国经济增长低碳化的空间差异较大，研究省域与相邻省域的低碳经济增长效率呈现高低不同的空间异质特征。

(三) 时空跃迁测度

LISA 集聚图从局部的视角揭示了各省域间的空间依赖性, Rey (2001) 提出时空跃迁 (space-time transition) 方法测度不同时段 Moran's I 散点图中各省域间局部空间关联类型的转移情况[238]。根据各省域自身与邻域单元之间的低碳经济增长效率转移状态将时空跃迁划分为 4 类跃迁路径。第 I 类表示省域单元自身发生跃迁, 邻近省域稳定, 跃迁路径为: $HH_t \rightarrow LH_{t+1}$、$LH_t \rightarrow HH_{t+1}$、$HL_t \rightarrow LL_{t+1}$、$LL_t \rightarrow HL_{t+1}$; 第 II 种省域单元自身稳定, 邻近省域发生跃迁, 跃迁路径为: $HH_t \rightarrow HL_{t+1}$、$LH_t \rightarrow LL_{t+1}$、$HL_t \rightarrow HH_{t+1}$、$LL_t \rightarrow LH_{t+1}$; 第 III 种表示省域单元自身发生跃迁, 邻近省域也发生跃升, 跃进路径为: $HH_t \rightarrow LL_{t+1}$、$LL_t \rightarrow HH_{t+1}$、$LH_t \rightarrow HL_{t+1}$、$HL_t \rightarrow LH_{t+1}$; 第 IV 种表示省域单元自身及邻近省域均稳定, 跃迁路径为: $HH_t \rightarrow HH_{t+1}$、$LL_t \rightarrow LL_{t+1}$、$HL_t \rightarrow HL_{t+1}$、$LH_t \rightarrow LH_{t+1}$。各省域经济增长低碳化的空间稳定性可以表示为:

$$S_t = \frac{F_{0,t}}{n} \tag{4.10}$$

其中, $F_{0,t}$ 表示在 t 研究时段内发生第 IV 类跃迁路径的省域数量, n 为所有可能发生跃迁的省域数量。S_t 的取值范围是 [0, 1], S_t 值越接近 1, 表示我国经济增长低碳化的空间稳定性越强。

二、时空演进分析

(一) 全局空间自相关分析

根据 ESTDA 方法, 运用 GeoDa 软件对我国经济增长低碳化进行全局空间自相关性检验, 计算 2000 ~ 2001 年和 2014 ~ 2015 年低碳经济增长效率 Moran's I 指数分别为 0.2607 和 0.3439, 相应 P 值分别为 0.003 和 0.002, 通过 P = 0.05 的显著性检验, 表明整体上我国经济增长低碳化呈现显著的空间正相关, 空间关联性逐步上升, 意味着我国经济增长低碳化正向空间集聚效应增强。此外,Moran's I 指数整体上小于 1,表明虽然在空间上各省域经济增长低碳化呈现正相关,但相关性还比较弱,各省域间空间联系有待加强。为进一步描述各省域空间集聚效应,绘制 2000～2001 年和 2014～2015 年低碳经济增长效率的 Moran's I 散点图(见图 4-6)描绘各省域与相邻省域的空间相关,反映我国 30 个省域经济增长低碳化空间格局的演进趋势。从整体来看,我国大多数省域集中分布在第一象限和第三象限,少数省域分布在第二象限和第四象限,说明各省域经济增长低碳化的"空间集聚性"和"空间异质性"并存,但"空间集聚性"占主导地位。

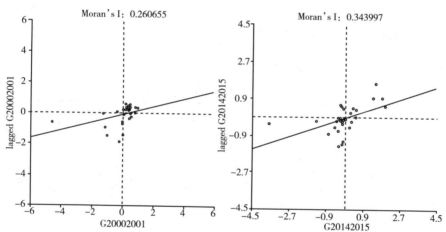

图 4 - 6 2000～2001 年及 2014～2015 年我国经济增长低碳化的全局 Moran's I 散点图

(二) 局部空间自相关分析

采用局部空间统计方法,将全局 Moran's I 指数分解到各个省域,计算在 0.05 显著性水平下我国各省域低碳经济增长效率的局部 Moran's I 指数,并运用 LISA 聚类图研究空间区域与其他相邻区域的空间关联程度,对 2000～2001 年和 2014～2015 年我国各省域低碳经济增长效率进行局部 LISA 聚类图分析。可以发现(见表 4-9):东北地区空间上呈现正相关关系,从 HH 型跃迁到 LL 型,表明该区域经济增长低碳化空间差异较小；北部沿海地区、东部沿海地区、南部沿海地区空间上呈现正相关关系，HH 型保持不变，区域经济增长低碳化空间差异较小；黄河中游地区、长江中游地区空间集聚存在较大差异，主要存在 LH 型、LL 型和 HL 型的局部空间集聚特征和空间关联模式；西南地区、西北地区空间上呈现正相关关系，LL 型保持不变，区域经济增长低碳化空间差异较小。因此，2000～2015 年，我国各省域经济增长低碳化呈现空间联系增强的趋势，经济增长低碳化的空间格局具有一定的稳健性，沿海发达地区各省域经济增长低碳化程度最高，东北、西南和西北地区各省域经济增长低碳化程度较低，这些地区各省域空间依赖性都较强；黄河中游、长江中游地区各省域经济增长低碳化程度较高，但空间关联不紧密，区域联动有一定的上升空间。

表 4 - 9   2000～2001 年及 2014～2015 年我国经济增长
低碳化的 LISA 聚类图结果

年份	第一象限 （HH）	第二象限 （LH）	第三象限 （LL）	第四象限 （HL）
2000～2001	黑龙江、吉林、辽宁、北京、天津、河北、山东、上海、江苏、浙江、福建、广东、海南、河南、湖北、湖南、江西、安徽	内蒙古、广西	新疆、甘肃、青海、陕西、宁夏、四川、云南、贵州	山西、重庆
2014～2015	北京、天津、福建、浙江、上海、江苏、河北、山东、海南	安徽、江西、广东	黑龙江、吉林、辽宁、内蒙古、陕西、山西、新疆、甘肃、青海、宁夏、四川、云南、贵州、广西、湖北	河南、重庆、湖南

（三）时空跃迁演进

进一步对 2000～2001 年及 2014～2015 年我国各省域经济增长低碳化的时空跃迁进行分析，结果见表 4 - 10。发生第 I 种跃迁情况的省域数量为：$HH_t \rightarrow LH_{t+1}$（3）、$LH_t \rightarrow HH_{t+1}$（0）、$HL_t \rightarrow LL_{t+1}$（1）、$LL_t \rightarrow$

$HL_{t+1}(0)$；发生第Ⅱ种跃迁情况的省域数量为：$HH_t \to HL_{t+1}(2)$、$LH_t \to LL_{t+1}(2)$、$HL_t \to HH_{t+1}(0)$、$LL_t \to LH_{t+1}(0)$；发生第Ⅲ种跃迁情况的省域数量为：$HH_t \to LL_{t+1}(4)$、$LL_t \to HH_{t+1}(0)$、$LH_t \to HL_{t+1}(0)$、$HL_t \to LH_{t+1}(0)$；发生第Ⅳ种跃迁情况的省域数量为：$HH_t \to HH_{t+1}(9)$、$LL_t \to LL_{t+1}(8)$、$HL_t \to HL_{t+1}(1)$、$LH_t \to LH_{t+1}(0)$。

表 4 - 10　　　　我国经济增长低碳化的时空跃迁矩阵

空间关联模式	HH_{t+1}	LH_{t+1}	LL_{t+1}	HL_{t+1}
HH_t	北京、天津、福建、浙江、上海、江苏、河北、山东、海南	安徽、江西、广东	黑龙江、吉林、湖北、辽宁	河南、湖南
LH_t			内蒙古、广西	
LL_t			新疆、甘肃、青海、陕西、宁夏、四川、云南、贵州	
HL_t			山西	重庆

由此可知，发生跃迁类型最多的省域为第Ⅳ类，经济增长低碳化的时空跃迁 S_t 值为 0.6，表明 2000～2015 年我国经济增长低碳化的空间集聚趋势具有较好的空间稳定性。其中，发生 $HH_t \to HH_{t+1}$ 跃迁的省域集中在东部地区，通过城市群的辐射和带动作用，经济增长低碳化在空间分布上呈现出明显的集聚效应；发生 $LL_t \to LL_{t+1}$ 跃迁的省域集中在西南和西北地区，这些省域城市化起步较晚，粗放型经济增长模式加剧了"经济发展—生态环境"的矛盾，经济增长低碳化呈现出空间集聚的演进趋势。第Ⅰ类跃迁比例为 13.33%，安徽、江西和广东发生了 $HH_t \to LH_{t+1}$ 型跃迁，只有山西发生了 $HL_t \to LL_{t+1}$ 型跃迁；第Ⅱ类跃迁比例为 13.33%，河南、湖南发生了 $HH_t \to HL_{t+1}$ 型跃迁，内蒙古、广西发生了 $LH_t \to LL_{t+1}$ 型跃迁；第Ⅲ类跃迁比例为 13.33%，黑龙江、吉林、湖北和辽宁发生了 $HH_t \to LL_{t+1}$ 型跃迁。因此，我国各省域经济增长低碳化转

型主要来自各省域自身发展因素，受邻近省域溢出效应影响较小，经济增长低碳化的空间集聚效应具有较高的路径锁定特征。

第三节 我国快速城市化背景下经济增长低碳化的动力机制及其发展模式

经济增长低碳化是一个复杂的系统过程，上一节探讨了经济增长低碳化的时空演进过程，哪些因素影响了这种演变，以及这些因素是如何促进经济增长低碳化转型的？本节将围绕这些问题展开分析，探寻经济增长低碳化演进的动力因素，深入分析其作用机制。

一、动力机制构建

（一）动力因素选择

关于推动我国经济增长低碳化的动力因素，学者们进行了许多有益的研究与探索[239-249]。经济增长低碳化转型是以生态文明建设为目标，经济增长方式由粗放向集约转变、污染控制由高碳污染到低碳减排，实现经济发展质量和环境效益提升的过程。该过程是一个推动经济增长低碳化转型的资源、经济、社会、科技和政策等多种动力要素相互联系、相互制约和相互作用所决定的系统工程。因此，借鉴现有研究成果，运用系统论的理论和方法[250-252]，提出经济增长低碳化的动力因素，包括：经济发展驱动因素、社会发展促进因素、资源效率支撑因素、技术进步提升因素、制度改革保障因素。

经济增长低碳化的经济发展驱动因素主要包括经济发展水平和产业结构两方面。其中，经济发展水平是实现低碳经济增长目标和节能减排目标的基础，产业结构优化升级是实现经济增长低碳化的直接动力。通过提高经济发展质量，转换经济增长动力，促使"高碳经济"转化为

"低碳经济"，实现经济增长的低碳跨越。产业结构优化升级是指产业结构向合理化和高级化演变，大力发展高效、低耗的第三产业，逐步降低第二产业在经济体系中的比重，推动产业结构向高层次演进，提高低碳水平，实现经济社会可持续发展。

经济增长低碳化的社会发展促进因素主要包括人口素质和人口城市化水平两方面。人口素质水平体现了劳动者的文化水平，劳动者文化水平的提高有利于产业结构的优化升级，有利于低碳生活方式转变，形成从供给端和需求端双向控制碳排放的方式，促进经济增长低碳化；人口城市化是指随着社会生产力的发展，大量人口从农村向城市转移的过程，它被认为是一个国家或地区实现经济健康发展的必然选择[253]。一方面，随着我国城市化水平的提高，形成了人口和产业的聚集效应加速物质资本、人力资本和知识资本等要素的积累，生产效率得到提高，从而促进经济增长；另一方面，在人口快速城市化的过程中，农村劳动力向城市转移，优化第一产业，促进非农产业发展，加速产业结构优化升级，从而促进经济增长[254]，但当城市人口规模不断增加超越了合理规模，则将产生聚集的不经济效应，从而加剧碳排放增长[255]。因此，人口城市化水平会影响经济增长的低碳化绩效。

经济增长低碳化的资源效率支撑因素主要包括能源强度和能源结构两方面。传统经济增长方式对资源的过度依赖，使得资源濒临枯竭。经济增长低碳化的首要任务就是解决工业化、城市化快速发展对资源能源的刚性需求与资源环境约束之间的矛盾。因此，提高资源利用效率，降低能源强度，建立低碳生产技术体系，加大清洁、低碳、可再生的能源发展，建立清洁能源结构，逐步实现对传统化石能源的替代，提倡新能源消费形式，优化能源结构，减少碳排放量，实现经济增长成功低碳转型。

经济增长低碳化的技术进步提升因素主要包括技术进步和技术创新两方面。技术进步能为经济增长低碳化带来先进的低碳技术、节能减排技术、清洁生产技术、污染排放处理技术，提高资源要素的产出能力和资源环境综合利用效率[256]，减少资源消耗和环境污染，实现低碳排放和资源循环再生。IPCC 在 2000 年发布的《排放情景特别报告》明确指出，技术进步是解决未来气候变化和温室气体减排的重要驱动因素，其作用超过其他所有驱动因素之和[247]。另外，低碳技术创新通过低碳生产方式，淘汰改进落后技术和设备，提高企业低碳创新能力，改造提升传统"高碳"产业，推动产业转型升级，改善经济发展质量，为经济增长低碳化不断注入动力。

制度创新是经济增长低碳化的重要保障，是实现经济、社会和资源环境三者之间协调发展的关键力量。这就要求全社会成员包括政府、企业和个人改变传统"高碳"生产方式和生活方式，某些个体更多地放弃一部分在原来制度安排下的既得利益，这种既得利益可能是在损害他人利益（外部性）的基础上获得，出于理性经济人的本能，这些既得利益者一般不会主动或心甘情愿地放弃这些既得利益[257]。因此，需要制度作为经济增长低碳化的保障，通过制度创新，推动制度变迁，构建与经济增长低碳化相应的法律法规、财政政策、税收政策、产业政策等，优化经济增长低碳化的保障机制。

（二）计量模型设定

传统回归模型主要考察自变量对因变量条件均值的影响，忽略了自变量对整个条件分布的影响，而 Koenker 和 Bassett（1978）[258] 提出的分位数回归就能很好地解决这个问题。分位数回归模型通过最小化绝对离差来估计自变量与因变量条件分位数之间的关系，不容易受到极端值的影响，估计过程更加稳健。因此，分位数回归成为探寻差异化影响效果、研究一个数据集合中不同位置数据点分布特征的最适宜方法[259]，越来越多地应用于研究现实中异质性、复杂性等问题。此外，分位数回归能够与不同时空跃迁类型进行深度嵌套[260-261]，嵌套结果可以揭示不同动力因素对经济增长低碳化时空跃迁的动力机制。

假设随机变量 Y 的分布函数为：$F(y) = P(Y \leqslant y)$，定义 $Q_y(\tau) = \inf\{y: F(y) \geqslant \tau\}$ 是变量 Y 的 $\tau(0 < \tau < 1)$ 分位数。给定 x_i，y_i 的条件分

位数为：$Q_{y_i}(\tau|x_i) = x_i^T\beta_i(\tau), \beta_i(\tau)(i=1,2,\cdots,P)$ 是 τ 分位数对应的参数[262]，其参数估计值为：

$$\beta_i(\tau) = \underset{\beta \in R^p}{\operatorname{argmin}}\left\{\sum_{i:y_i \geqslant x_i^T\beta}\rho_\tau(y_i - x_i^T\beta) + \sum_{i:y_i < x_i^T\beta}(1-\rho_\tau)\,|\,y_i^P - x_i^T\beta\,|\right\}$$

$$(4.11)$$

其中 argmin{ } 函数表示取函数最小值时 β 的取值。

Koenker（2004）[263]将分位数回归与面板数据相结合，提出分位数回归模型：

$$Q_{y_{it}}(\tau|x_{it}) = \alpha_i + x_{it}^T\beta(\tau), i=1,2,\cdots,N; t=1,2,\cdots,T \quad (4.12)$$

为了估计不同分位数下的参数，对 $\min\limits_{(\alpha,\beta)}\sum\limits_{j=1}^{J}\sum\limits_{t=1}^{T}\sum\limits_{i=1}^{N}\omega_j\rho_{\tau_j}(y_{it}-\alpha_i-x_{it}^T\beta(\tau_j))$ 进行参数估计得到：

$$\{[\beta(\tau_j,\lambda)],[\alpha_i(\lambda)]\} = \underset{(\alpha,\beta)}{\operatorname{argmin}}\sum_{j=1}^{J}\sum_{t=1}^{T}\sum_{i=1}^{N}\omega_j\rho_{\tau_j}(y_{it}-\alpha_i-x_{it}^T\beta(\tau_j))+\lambda\sum_{i=1}^{N}|\alpha_i|$$

$$(4.13)$$

重点考察我国各省域城市化水平对经济增长低碳化影响是否存在差异，借鉴相关研究[264-273]，使用 Koenker（2004）[263]提出的固定效应惩罚分位数回归方法以及 R 程序进行模型估计。以低碳经济增长效率为因变量，分位自变量包括城市化水平、经济发展水平、产业结构升级、人力资本、能源强度、技术进步、经济开放水平等动力因素，建立如下计量模型：

$$Q_{y_{it}} = (\tau|\alpha_i,x_{it}) = \alpha_i + \beta_1(\tau)URB_{it} + \beta_2(\tau)\ln PGDP_{it} + \beta_3(\tau)UIS_{it} +$$
$$\beta_4(\tau)HC_{it} + \beta_5(\tau)EI_{it} + \beta_6(\tau)TP_{it} + \beta_7(\tau)OPEN_{it} \quad (4.14)$$

其中，y_{it} 为低碳经济增长效率 GML 指数，表征经济增长低碳化程度；*URB* 为非农人口占总人口比重，参照程莉等（2017）[274]用于表征人口在城市空间集聚带来的新型城市化水平，研究以质量提升为主的新型城市化建设与低碳经济增长之间的关系；ln*PGDP* 为按 2000 年不变价格衡量的人均实际 GDP 的对数，表征经济发展水平；UIS 为产业结构升级，采用第三产业产值与第二产业产值之比来衡量；HC 为人力资本，根据托马斯等（2003）[275] 和杨文举（2015）[276] 提出的方法，用平均受教育年限来衡量，公式为 $HC_{it} = \sum_{j=1}^{5} \dfrac{edu_{ij}^{t}}{5} \times \dfrac{p_{ij}^{t}}{\sum_{j=1}^{5} p_{ij}^{t}}$ $(i = 1, \cdots, 30; j = 1, \cdots, 5)$，

受教育水平将 6 岁及 6 岁以上人口依次分为：未上过学、小学、初中、高中和大专及以上五类，对应的受教育年限 edu 依次为 3 年、6 年、9 年、12 年、16 年，p 为受教育层次人口数量；EI 为能源效率，用能源消费总量占 GDP 比值来表示；TP 为技术进步，用专利授权数占 GDP 比值为表示；OPEN 为经济开放度，参照王文博等[277]，采用实际利用外商直接投资占 GDP 比重和进出口总额占 GDP 比重的加权平均指标来综合衡量，实际利用外商直接投资和进出口总额用各年平均汇率换算为人民币水平；α_i 表示个体固定效应。此外，为了保证分析结果的稳健性，借鉴黄清煌、高明[278] 的做法，采用自抽样对面板数据进行处理模型估计。

二、动力机制模式

（一）经济增长低碳化动力因素模型估计结果

分位数回归可以全面刻画我国低碳经济增长效率的分布状况，表 4 - 11 给出 10%、20%、30%、40%、50%、60%、70%、80% 和 90% 分位数回归估计结果。

表 4 - 11　　　　　　　　　　分位数回归估计结果

分位数/自变量	截距	URB	lnPGDP	UIS	HC	EI	TP	OPEN
10%	-0.329	-0.169 **	0.118 ***	0.155 *	-0.021 *	0.045 **	0.013 **	0.178 *
20%	0.103	-0.139 **	0.074 **	0.147	-0.008	0.013 *	0.009	0.092 **
30%	0.435 **	-0.107 *	0.029 *	0.199 **	0.004	-0.003	0.015 **	0.042
40%	0.468 **	-0.045	0.031 **	0.208 ***	-0.003	-0.002	0.018 **	-0.012

续表

分位数/自变量	截距	URB	lnPGDP	UIS	HC	EI	TP	OPEN
50%	0.470 **	0.047	0.036 **	0.229 ***	- 0.011 **	- 0.004 *	0.015	- 0.068 **
60%	0.637 **	0.182 **	0.017 *	0.229 ***	- 0.012 **	- 0.006 *	0.034 *	- 0.156 *
70%	0.584 **	0.214 **	0.023 *	0.249 ***	- 0.016 **	- 0.006 *	0.045 **	- 0.195 **
80%	0.616 **	0.312 **	0.021 *	0.227 ***	- 0.015 **	- 0.001 *	0.086 **	- 0.324 ***
90%	0.452 **	0.449 ***	0.072 *	0.238 ***	- 0.051 *	- 0.014 *	0.149 **	- 0.558 **

注：* 、** 和 *** 分别表示10%、5%和1%的显著性水平下显著。

　　首先，新型城市化水平在不同的条件分位水平下，对低碳经济增长效率表现出不同程度的影响。随着分位点的增加，新型城市化水平的回归系数由负转化为正，影响作用呈现逐步递增的变化趋势。具体来看，在10%分位点，回归系数为 - 0.169；在30%分位点，回归系数为 - 0.107；在50%分位数点，回归系数转变为0.047，但不显著；在70%、90%分位点，回归系数分别为0.214和0.449。这表明，处于低碳经济增长效率领先的省域，新型城市化水平的提高能够带来更为优越的低碳经济增长效率；处于低碳经济增长效率落后的省域，新型城市化进程对低碳经济增长效率的提高产生了负向抑制作用。其原因在于：低碳经济增长效率领先的省域大多处于沿海发达地区，具有较强的经济实力、科学技术发展水平较高、环境保护政府支持力度较大。随着新型城市化水平超过40%，劳动力、资本和技术等生产要素的积累促进了地区经济增长；推动第二、第三产业的发展，加速产业结构优化升级；资源能源利用效率和污染处理技术的提高，环境污染情况逐步改善；完善的生态文明体系形成政府自上而下的环境管控和倒逼机制，促使企业积极进行节能减排、低碳发展，从而实现低碳经济增长效率的改善。与之相反，低碳经济增长效率落后的省域主要处于中、西部地区，中、西部地区大多数欠发达省域的新型城市化水平还处于初中级阶段，快速扩张的城市化建设对资源能源的消耗大幅度增加，随着城市规模不断扩大加剧了二氧化碳的排放，带来了环境污染持续上升和生态环境破坏等负面影响；同时，新型城市化建设强调城乡一体化发展，缩小城乡发展差距会挤占用于经济发展的资源，从而不能有效推动低碳经济发展效率的增长。但从长远来看，新型城市化水平的继续提高，将会对中、西部地区的低碳经济增长效率产生正向影响。

其次，人均 GDP 在各分位水平上的回归系数显著为正，表明处于不同经济发展阶段的省域，经济发展水平对低碳经济增长效率都产生拉动作用；在 10% 和 20% 的低分位点，经济生产效率的提升促进了低碳经济发展效率的增长，但在经济生产阶段主要依赖要素投入，经济生产效率保持高速增长的同时也带来了严重的环境污染问题，环境治理效率偏低导致经济发展水平对低碳经济增长效率的影响有所下降，低碳经济增长效率的提升速度变缓；在 60% 分位点达到最低，经济发展水平变化 1%，只引起低碳经济增长效率 0.017% 的增长，但在经济发达省域，政府加大环境保护资金投入，督促企业进行技术创新、扩大清洁能源和可再生能源的利用范围，节能减排效果不断增强，并且人们的节能增效意识也不断增强，有效地减少了高碳消耗和高碳排放，环境治理水平不断提高，从而经济发展水平作用于低碳经济增长效率，低碳经济增长效率的提升速度增强。

观察其他的分位自变量，产业结构升级除了 20% 分位点的其他分位点上的回归系数均显著为正，表明优化产业结构有助于低碳经济增长效率的提升。通过产业结构升级优化了资源配置效率，对"高能耗、高污染、低效率"的传统产业进行改造，提高能源利用效率减少污染物排放，加大第三产业发展，发展高附加值、高技术、低能耗的产业，缓解资源约束和环境污染问题，优化了经济发展质量和效益，为实现经济增长低碳化奠定良好的产业结构基础。能源强度除在 10% 和 20% 低分位点显著为正，其他分位点的回归系数显著为负，表明能源强度下降对低碳经济增长效率的影响呈现先上升后下降的态势；在低碳经济增长效率落后省域，大多数处于我国资源与人口大省的中部地区，以及经济欠发达的西部地区，这些地区的经济增长模式依然对能源产生高度依赖，在实现经济发展在数量上快速增长的同时，高碳能源消费结构对传统化石能源产生巨大需求，导致高能耗、高污染、高排放问题日益严重，阻碍了经济质量和效益的提升；在低碳经济增长效率发达省域，经济发展开始逐步从高速增长阶段转向高质量发展阶段，经济增长对能源的依赖性逐渐减弱，低碳约束对能源强度形成倒逼机制，有效遏制能源强度的攀升[279]，能源强度持续降低却对低碳经济增长效率产生了负向作用，这与唐建荣等（2015）和公维凤等（2013）的研究相符合，片面强调降低能源强度，可能对经济发展产生阻尼效应[62,280]。人力资本仅在30%分位点上的回归系数为正值，且未通过显著性检验，现阶段我国大多数地区经济增长还是以要素驱动为主的粗放低效模式，人力资本对经济增长的贡献远低于物资资本和能源消耗对经济增长的推动，除了少数东部地区省域，人力资本整体水平偏低，形成了经济发展的路径锁定效应[281]；而且人力资本分布不平衡阻碍了人力资本集聚效应的形成，出现东部地区人力资本闲置与中西部地区人力资本不足的矛盾，加剧了各地区技术水平差距和产业结构差异，进一步造成人力资本对劳动生产率改进、资源能源有效利用和环境质量改善没有产生明显的促进作用，从而尚未能发挥提升低碳经济增长效率的作用。技术进步在大多数分位水平上的回归系数显著为正，对低碳经济增长效率的正向促进作用大致呈现递增的变化趋势，表明技术进步可以提高资源能源效率和污染控制技术的推广，技术创新实现资源的有效配置，减少传统高碳能源消耗，开发和普及清洁能源、可再生能源的使用，有效缓解资源约束和环境污染对经济增长的制约，促进各地区经济增长低碳化转型。经济开放度除了10%和20%分位点的大多数分位点的回归系数显著为负，表明我国大多数地区存在"污染天堂效应"，随着经济开放度的提高，外资和外贸成为影响我国经济发展的重要外部因素。通过引入先进的生产技术和管理模式，产生技术溢出效应提升了经济增长效率；同时也存在国外低技术、高能耗的污染产业转移和低质量外资引进的现象，将低端污染产品的生产投向我国，通过进出口贸易产品的技术结构实现环境污染转移，导致我国环境效率损失，产生大量能源消耗和环境污染。资源环境负向效应降低了经济增长的质量和效益，从而经济开放度对经济增长低碳化没有产生促进作用，技术溢出效应没有抵消环境污染，在一定程度上验证了我国"污染天堂"的假说[282-284]。但有少数欠发达地区通过高质量的外资和先进技术的引进，降低了污染排放，改善了环境质量，存在"污染光环效应"[285]。

（二）经济增长低碳化的时空跃迁动力机制模式

借鉴张子昂等（2016）[260]的研究方法，将分位数回归模型的分位点划分出低分位响应（0.1～0.5）和高分位响应（0.6～0.9）两种类型，进一步根据不同分位点动力因素系数的正负值，划分出低分位制约、低分位驱动、高分位制约和高分位驱动四种经济增长低碳化动力因素分位响应类型，将不同响应阶段的动力因素分位数与低碳经济增长效率跃迁类型进行嵌套。在经济增长低碳化的时空跃迁类型与分位数回归模型嵌套分析的基础上，分析城市化水平、经济发展水平、产业结构升级、人力资本、能源强度、技术进步、经济开放度等动力因素对经济增长低碳化的时空跃迁动力机制模式，对我国经济增长低碳化转型的时空演变机制进行探讨（见表4－12）。

表4－12　　我国经济增长低碳化时空跃迁与分位数回归的嵌套情况

分位响应类型	跃迁机制类型	动力类型	跃迁路径的省域
低分位制约	自身低状态不变（$LH_t \rightarrow LL_{t+1}$、$LH_t \rightarrow LH_{t+1}$、$LL_t \rightarrow LL_{t+1}$、$LL_t \rightarrow LH_{t+1}$）	同向制约（$LH_t \rightarrow LL_{t+1}$、$LL_t \rightarrow LL_{t+1}$）	$LH_t \rightarrow LL_{t+1}$（内蒙古、广西）$LL_t \rightarrow LL_{t+1}$（新疆、甘肃、青海、陕西、宁夏、四川、云南、贵州）
		反向发展（$LH_t \rightarrow LH_{t+1}$、$LL_t \rightarrow LH_{t+1}$）	$LH_t \rightarrow LH_{t+1}$（0）$LL_t \rightarrow LH_{t+1}$（0）

续表

分位响应类型	跃迁机制类型	动力类型	跃迁路径的省域
低分位驱动	自身向高状态跃迁（$LH_t \to HL_{t+1}$、$LH_t \to HH_{t+1}$、$LL_t \to HL_{t+1}$、$LL_t \to HH_{t+1}$）	同向发展（$LH_t \to HH_{t+1}$、$LL_t \to HH_{t+1}$）	$LH_t \to HH_{t+1}$（0） $LL_t \to HH_{t+1}$（0）
		反向发展（$LH_t \to HL_{t+1}$、$LL_t \to HL_{t+1}$）	$LH_t \to HL_{t+1}$（0） $LL_t \to HL_{t+1}$（0）
高分位制约	自身向低状态跃迁（$HL_t \to LL_{t+1}$、$HL_t \to LH_{t+1}$、$HH_t \to LL_{t+1}$、$HH_t \to LH_{t+1}$）	同向制约（$HL_t \to LL_{t+1}$、$HH_t \to LL_{t+1}$）	$HL_t \to LL_{t+1}$（山西） $HH_t \to LL_{t+1}$（黑龙江、吉林、湖北、辽宁）
		反向发展（$HL_t \to LH_{t+1}$、$HH_t \to LH_{t+1}$）	$HL_t \to LH_{t+1}$（0） $HH_t \to LH_{t+1}$（安徽、江西、广东）
高分位驱动	自身高状态不变（$HL_t \to HL_{t+1}$、$HL_t \to HH_{t+1}$、$HH_t \to HL_{t+1}$、$HH_t \to HH_{t+1}$）	同向发展（$HL_t \to HH_{t+1}$、$HH_t \to HH_{t+1}$）	$HL_t \to HH_{t+1}$（0） $HH_t \to HH_{t+1}$（北京、天津、福建、浙江、上海、江苏、河北、山东、海南）
		反向发展（$HL_t \to HL_{t+1}$、$HH_t \to HL_{t+1}$）	$HL_t \to HL_{t+1}$（重庆） $HH_t \to HL_{t+1}$（河南、湖南）

低分位制约模式能够解释 $LH_t \to LL_{t+1}$、$LH_t \to LH_{t+1}$、$LL_t \to LL_{t+1}$、$LL_t \to LH_{t+1}$ 型时空跃迁机制，城市化水平、人力资本、能源强度是低碳经济增长效率时空跃迁的制约因素，其中城市化水平、能源强度的影响显著，而人力资本的影响不显著（见图4-7）。城市化水平影响最明显，回归系数在 -0.169 ~ 0.047 之间，能源强度的影响相对较小，从而城市化水平的提高、能源强度的下降显著影响内蒙古、广西和新疆、甘肃、青海、陕西、宁夏、四川、云南、贵州等省域保持自身状态不变，低碳经济增长效率处于较低水平，邻近省域经济增长低碳化转型受到制约，低碳经济增长效率同样处于较低水平，属于同向制约类型。低分位驱动模式能够解释 $LH_t \to HL_{t+1}$、$LH_t \to HH_{t+1}$、$LL_t \to HL_{t+1}$、$LL_t \to HH_{t+1}$ 型时

空跃迁机制，经济发展水平、产业结构升级、技术进步和经济开放度是低碳经济增长效率时空跃迁的驱动因素，其中经济发展水平、产业结构升级、技术进步的影响显著，而经济开放度的影响不显著。产业结构升级影响最明显，经济发展水平和技术进步的影响相对较小，从而产业结构升级、人均 GDP 增加和技术进步能够驱动省域自身向高水平跃迁，推动低碳经济增长效率较快提升，促进经济增长低碳化转型的实现，而低碳经济增长效率落后省域均不属于此种模式。因此，在我国经济增长低碳化动力机制的低分位响应模式中，低碳经济增长效率落后省域的经济基础薄弱、工业化程度偏低，根据陈佳贵等 (2006)[286] 提出的工业化不同阶段标志值，目前贵州处于前工业阶段，广西、云南、新疆、甘肃、陕西、宁夏处于工业化初期，内蒙古、青海、四川处于工业化中期，这些省域主要分布在西部地区。随着城市化进程推进，西部地区产业结构已经从"一二三"型调整为"二三一"型的发展态势，但产业结构仍然具有明显的资源依赖型特征[287]，以资源开发型重工业为支柱产业，生产"高能耗、低附加值"的初级产品为主，存在严重产能过剩问题，第三产业中新兴产业比重较低，仍以传统服务业为主，技术创新能力不足，无法为产业结构升级提供有力的驱动和支撑。经济发展水平、产业结构升级、技术进步等影响经济增长低碳化的动力因素欠缺，制约着资源利用效率的提升和环境污染的降低，城市化水平的提高、能源强度的下降无法促进省域自身向低碳经济增长效率的高水平跃迁，省域自身和邻近省域都处于较低水平，阻碍了经济增长低碳化转型的实现。

高分位制约模式能够解释 $HL_t \rightarrow LL_{t+1}$、$HL_t \rightarrow LH_{t+1}$、$HH_t \rightarrow LL_{t+1}$、$HH_t \rightarrow LH_{t+1}$ 型时空跃迁机制，人力资本、能源强度、经济开放度是制约低碳经济增长效率时空跃迁的重要因素 (见图 4-8)。一方面，人力资本水平、能源强度、经济开放度同向制约黑龙江、吉林、湖北、辽宁和山西等省域低碳经济增长效率提升，这些省域经济增长低碳化转型在高分位阶段上受阻碍，低碳经济增长效率向低水平跃迁，邻近省域经济增长低碳化转型也受到抑制；另一方面，这些动力因素同样制约安徽、江

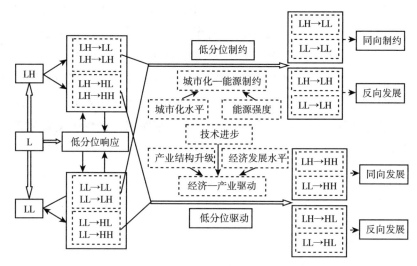

图 4 - 7　我国经济增长低碳化时空跃迁动力机制模式（低分位响应模式）

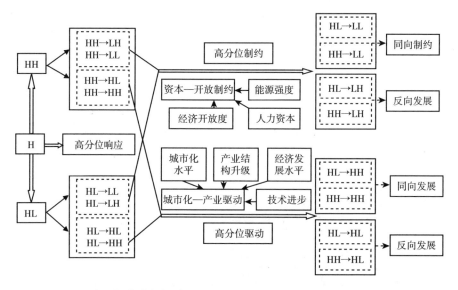

图 4 - 8　我国经济增长低碳化时空跃迁动力机制模式（高分位响应模式）

西、广东等省域向低碳经济增长效率高水平跃迁，但却反向促进邻近省域经济增长低碳化发展，此模式主要分布在中部地区。高分位驱动模式

能够解释 $HL_t \rightarrow HL_{t+1}$、$HL_t \rightarrow HH_{t+1}$、$HH_t \rightarrow HL_{t+1}$、$HH_t \rightarrow HH_{t+1}$ 型时空跃迁机制，城市化水平、产业结构升级、经济发展水平、技术进步对此类型省域经济增长低碳化转型产生显著的促进作用，其中北京、天津、福建、浙江、上海、江苏、河北、山东、海南等省域属于同向发展，邻近省域经济增长低碳化发展良好；河南、湖南和重庆等省域属于反向发展，对邻近省域经济增长低碳化转型产生抑制作用，此模式主要分布在东部地区。

第五章 我国快速城市化背景下经济增长低碳化路径

低碳化发展是应对全球气候问题以及我国可持续发展的必由之路。在我国快速城市化背景下，城市建设的扩张及与之相伴的产业发展、消费扩张与升级、建筑与交通发展等问题都需要有效地嵌入低碳技术，以促进我国快速城市化背景下经济增长的低碳化。因此，本书将分别探讨低碳主导下的产业发展、城市建设扩张、城市交通发展、消费方式转变，以构建我国快速城市化背景下经济增长低碳化机理和路径。

第一节 我国快速城市化背景下经济增长低碳化机理

一、低碳主导下的产业发展低碳化

产业结构指的是国民经济各产业部门之间以及各产业部门内部的构成。在费希尔的三次产业分类法、收入弹性差异、投资报酬差异的基础上，配第一克拉克定理描述了产业结构的演进规律。马克思社会资本再生产理论则解释了产业结构保持一定比例关系是社会化大生产的客观要求。产业结构的变动必须与社会经济条件相适应才能推动社会发展，然而我国长期延续的粗放低效的产业发展模式与低碳发展的时代要求格格不入，严重影响我国经济社会可持续发展和国际竞争力提升，在低碳化成为世界经济社会发展浪潮的背景下，结合我国节能减排目标，贯彻"创新、协调、绿色、开放、共享"五大发展理念，为推动新型城市化进程、走低碳可持续发展路径，全面建成小康社会，实现社会主义现代化建设，必须加快调整产业结构，推动产业结构合理化和高级化，从而实现产业结构的优化升级[288]。产业发展低碳化是经济低碳发展的核心内容，产业发展低碳化研究是低碳经济研究的重中之重。

（一）农业低碳化发展

长期以来世界的发展是"高碳"的，在此背景下"高能耗、高物耗、高排放和高污染"成为当代农业发展过程中呈现出的重要表征。农业是重要的碳来源部门，在产品生产的各个流程中都会产生大量的二氧化碳，"石油农业""机械农业"和"化学农业"发展模式突出[289]。在农产品生产过程中的各个阶段包括投入品使用、耕作、养殖和废弃物处理等过程都伴随着二氧化碳、甲烷和氧化亚氮等温室气体。另外，农业具有强大的碳汇能力，与生态系统密切相关，通过草地、湿地、森林等资源，能够吸收和储备二氧化碳，但由于长期延续的发展模式对耕地、林地、草地破坏严重，生态系统的自我调节和涵养能力受损，农业具备的碳汇能力有所下降，加剧了二氧化碳排放带来的威胁。农业可以通过技术创新、制度创新、产业转型、新能源开发等多种手段降低碳排放，实现现代农业由高碳农业向低碳农业的转型。具体体现在减排和固碳两方面。

减排型发展模式是根据先进的技术，科学的规划，降低生产要素的投入，提高资源的利用效率，减少不必要的生产流程，控制农产品必要生产流程中二氧化碳排放量，从根源上减少农业生产中的碳排放量。循环农业是针对传统农业发展粗放低效问题，吸收和借鉴循环经济学和生态工程学的理论方法而提出的以"低量化、高利用、低排放、再循环"为特征的发展模式，它是实现农业可持续发展战略的重要途径。主要的方法有：发挥节水技术，推广喷灌滴灌技术，低压管理灌溉技术，化学调控节水，调整作物种植结构；推广立体农业，实现农业废弃物的循环利用，用于发电、生产沼气、田地施肥等，提高农业空间利用度；延伸农业产业链，实现农产品深加工，提高附加值；清洁生产，严格农产品清洁标准和绿色标准，推广无公害农产品、绿色食品、有机食品。

固碳型发展模式是利用农业与生态系统密切的联系，通过提高耕地、林地、草地等储存碳的能力，降低空气中温室气体的数量，达到农业低碳发展的目标。主要的方法有：耕地保护，落实耕地免耕或浅耕政策，推广有机肥技术，秸秆返田技术，提高固碳能力；植树造林，建设现代林业，提高涵养能力。

（二）工业低碳化发展

工业结构指的是工业行业内部各部门之间生产要素的配比关系及它们之间的相互依存、相互制约的联系。工业结构具有自身的发展规律，按照轻重工业划分，工业结构发展规律为"以轻工业为主——以重化工业为主——以工业高加工化为主"。工业革命以来，工业部门是一次能源消费的主要部门。根据《中国统计年鉴》数据，2000 年我国能源消费量达到 146964 万吨标准煤，其中工业能源消费总量达到 103773.85 万吨标准煤，比重达到 70.62%。随着我国工业化的继续发展，工业能源消费总量持续上升，比重居高不下，就轻重工业来看，重化工业中原材料工业以及能源工业能耗大、污染重的特点最为突出，相较于轻工业节能减排压力更为巨大。在我国经济快速发展过程中，产业结构最明显的特征就是工业比重偏高和工业重工化趋势明显，重工业增长速度远超过轻工业且差距逐渐扩大。实践表明，这种产业发展结构在推动我国国民经济快速发展的同时，弊端逐步凸显，造成了环境污染加剧、资源和能源瓶颈束缚趋紧的发展困境，对后续的可持续发展提出严峻挑战。低碳化浪潮下，我国工业结构必须调整升级，通过调整影响工业结构的决定性因素，使得结构得到优化，发挥结构效应，实现国民经济持续健康增长[290]。

工业内部的轻重结构变动对工业发展低碳化具有重要的影响。如果工业内部拥有更多低能耗、高效率的"清洁部门"对于我国实现减排目标大有益处。因此，工业发展低碳化离不开工业内部产业结构的调整，能耗行业比重的不断下降，同时科学规划产业生产流程，推动科技与产业发展的融合，利用科技提高能源使用效率，促进资源综合利用、发展循环经济。轻工业主要提供生活消费品，包括两大分类：一是以农产品为原料的棉、毛、麻、丝的纺织及缝纫，皮革及其制品，纸浆及造纸，食品制造等工业；二是以非农产品为原料的日用金属、日用化工、日用玻璃、日用陶瓷、化学纤维及其织品、火柴、生活用木制品等工业。轻工业对于原材料的依赖性较强，多为劳动密集型产业，距离低碳化发展还有一定的距离。重工业是相对于轻工业的工业部门，是一个国家或地区经济发展的基础性行业。重工业包括钢铁工业、冶金工业、机械、能源（电力、石油、煤炭、天然气等）、化学、建筑材料等工业，为国民经济各部门提供技术装备、动力和原材料的基础工业。按照生产性质和产品用途可以划分为：采掘工业、原材料工业以及制造工业（加工工业），重工业能源消耗和温室气体排放都十分巨大。因此，实现工业发展低碳化可以从以下几个方面入手。

1. 淘汰过剩生产能力，改造落后生产方式

由于我国经济增长方式不合理，忽视了市场供求关系，造成了很多工业行业库存急剧飙升，销售停滞，产品价格回落，利润大幅下滑，贸易摩擦加剧等一系列严重后果，造成了严重的资源、能源浪费。由于我国工业化、城市化进程对于能源行业、制造行业依赖较重，市场信号和政策倾斜都刺激了高能耗产业的盲目扩张，以至于在我国应对国际国内形势进行深化改革阶段面临着供求失衡、产能过剩的局面。因此，我国可以通过设定资源、能源、环保标准，淘汰一批落后产能，通过企业兼并重组提升产能的整体质量，通过技术改造、流程改造等方式转变落后的生产方式，提高能源和资源的利用效率，降低碳排放量[290-291]。

2. 推进节能减排进程，发展节能技术

首先，政府要起到带头示范作用，在政府机关，事业单位率先推行节能减排措施，加强宣传力度，逐步完善法律法规和政策制度，吸收借鉴发达国家的经验教训，制定既与世界接轨，又符合我国发展现状的节能环保标准，加大执法检查力度，推进社会约束力的形成。其次，各个工业企业，特别是高能耗企业要树立节能减排意识，调整能源消费结构，推广节能技术。其中，调整能源消费结构指的是在提高现用能源的综合利用效率，加大可再生能源、清洁能源在能源消费中的比重，逐步调整以煤炭为主的消费结构，实现节能减排。节能技术被广泛应用于各个行业，该技术的运用使得企业在生产流程的各个环节中实现工艺改造升级，从而提高能源、资源的使用效率，大幅度降低能源、资源的耗用，可以从新增工业产能的能效控制和改造现有工业节能技术两方面入手。具体表现在：（1）节能先进炉型的使用。先进的节能炉型能够通过更加合理的燃烧装置，提升空燃比例。（2）烟气余热回收技术。烟气是能耗设备耗用能源的主要途径，原因在于设备排除的高温烟气会将设备内部的热量带走 20%~50%，造成能源的浪费，回收烟气余热也有助于节能。烟气余热回收途径有：一是通过回收的烟气残存的热量来预热设备，在满足工艺需求的同时降低能源的消耗；二是通过能量的相互交换，利用烟气余热来发电或者生产蒸汽。（3）工业余热余压回收技术。如压差发电、余热发电、压差驱动、余热驱动等，广泛采用余热锅炉生产蒸汽技术，透平驱动技术和发电技术。

3. 发展新能源和清洁能源

我国工业化进程中"能源需求—能源供应"的矛盾与日俱增，对于一次性能源的过度依赖也不利于产业可持续发展，使用新能源与清洁能源成为低碳背景下最具潮流的发展方式。1980 年联合国召开的"联合国新能源和可再生能源会议"对新能源的定义为：以新技术和新材料为基础，使传统的可再生能源得到现代化的开发和利用，用取之不尽、周而复始的可再生能源取代资源有限、对环境有污染的化石能源，重点开发

太阳能、风能、生物质能、潮汐能、地热能、氢能和核能等。清洁能源，即绿色能源，指不排放污染物、能够直接用于生产生活的能源，包括核能和"可再生能源"。新能源与清洁能源的广泛使用能够应对当前我国能源短缺、碳排放规模巨大的严峻形势，能够从根源上控制碳排放量的增加。

4. 发展循环经济，提高资源综合利用率

近代历史也是一部工业化进程的发展史，丰富的物质积累的背后潜在着环境破坏、资源枯竭的尴尬局面。在我国工业化发展过程中，由于以往发展模式粗放，以经济效益为单一衡量指标，造成了严重的不可持续性问题。因而，新型工业化的发展方向就是人与自然的和谐共生、人类社会与生态系统的良性循环。要用统筹兼顾的眼光看待问题，整合各类资源，构建综合利用体系；要将绿色发展理念深入贯彻落实在生产生活的各个方面，实现绿色生产、绿色流通以及绿色消费；在从自然中获取资源的同时善待自然，形成良性循环，从根本上转变原有粗放低效的发展模式，开发和推广新能源，推动产业结构升级，探索"低污染、高效益"的经济发展路径。

（三）第三产业低碳化发展

根据三次产业划分和统计数据表明，第三产业除交通运输业、仓储物流等产生较大碳排放外，金融保险、房地产、文教体卫、科研机关、公共管理等其他服务业产生的直接碳排放较少。发达国家实践证明，增加第三产业所占比重、大力发展第三产业不仅对于调整产业结构具有重要意义，而且能够有效地减少碳排放。从总体上看，我国传统服务业对第三产业的发展起主导作用，现代以信息技术为代表的新兴服务业仍处于幼小阶段，还需要一段时间的发展才能发挥主体作用。因此，随着绿色低碳经济的发展，在第三产业内部结构优化的同时，大力发展现代金融、物流、高技术研发、计算机软件开发和服务等现代服务业，是拓展降碳空间的必然选择。

二、低碳主导下的城市建设扩张

随着我国城市进程的快速推进，城市建设也在空间上呈现快速扩张，建筑领域作为我国能源消耗大户，存在总量大、增长快、能耗高的特征，建筑作为与人民群众工作生活关系最为紧密的载体，推动建筑低碳发展是应对气候变化、推进新型城市化战略的必由之路。推广 WELL 建筑、绿色建筑、发展节能技术等都有利于城市扩张的低碳化发展[292-293]。

城市扩张带来的能源消耗以及碳排放的增加主要体现在：一是采光、照明、取暖需求增加，能源消耗和碳排放量增大；二是建筑施工中使用的水泥、钢铁、玻璃等建材使用量直线上升；三是城市规划不科学，建筑重复建设问题严重；四是节能技术和清洁能源的推广有待提高。根据以上特征，政府要加强对居民消费的正确引导，严格控制"炒房"等投机行为，科学城市建设规划，控制建筑能耗，推广节能技术与城市建设相结合，通过合理设计降低能耗与碳排放；加强立法，出台相关调控法律措施，构建更为完善的建筑能耗标识体系和标准，推广节能、绿色、健康、低碳的建筑。

建筑物低碳技术涉及墙体节能、照明节能、采暖节能、采光节能、内部结构节能等方面。保温隔热是衡量建筑性能的重要指标之一，墙体节能指的是通过一些措施来改善墙体的保温隔热的能力，降低能耗与碳排放，达到环保绿色的目标。节能墙体的材料主要是免烧水泥砖类：空心免烧砖（多孔免烧砖）、发泡水泥砖、自保温隔音砌块以及其他轻质环保砖等；建筑照明是耗电量较为严重的环节，从照明耗电入手，采用新技术、新方式转变传统的"不夜灯""长明灯"的照明方式，实现降低电耗的目标。限制低光效的普通白炽灯的使用，广泛推广节能灯，不断改进智能照明控制技术，实现"人走灯灭"，节约用电。LED 被称为第四代照明光源或绿色光源，具有节能、环保、寿命长、体积小等特点，广泛应用于各种指示、显示、装饰、背光源、普通照明和城市夜景等领域，被普遍认为是高效光源利用的未来发展方向。"不夜灯"是传统建筑中耗电大户，利用声控、光控、太阳能发电等方式实现照明控制，起到很好的节能减排作用。城市化与工业化的互动发展，为城市建设提供广阔空间，建筑又成为展示城市建设的重要环节。据统计我国房屋建筑施工面积从 2000 年的 265293.5 万平方米迅速增至 2015 年的 1292371.7 万平方米，总量增长巨大，但满足节能标准的比重较低。房屋建筑在使用过程中对电力、能源消耗最大的部分在于具备保温和隔热的部分，玻璃又能集中体现这一性能，故而改进玻璃技术，发展节能玻璃在未来的房屋建筑建设过程中将会发挥巨大能量，推进我国节能目标的完成。节能玻璃通常具有保温和隔热的作用，种类有吸热玻璃、热发射玻璃、低辐射玻璃、中空玻璃、真空玻璃和普通玻璃等。

三、低碳主导下的城市交通发展

便捷的交通是一个城市发展的灵魂，带动了整个城市的运作。现代交通的发展拓展了城市空间，对城市交通的发展提出更高要求，不仅要扩大规模，还要提升质量。在提供交通便利的同时，城市交通发展所带来的碳排放量激增也成为低碳化发展的重点关注对象。目前，道路及配套设施建设无法满足日益增长的车辆需求，道路堵塞情况时有发生，成为现代城市交通的极大挑战，交通低碳化发展刻不容缓，可从以下几方面考虑。

1. 科学规划城市交通，完善交通体系建设

低碳交通体系涵盖了一整套的基础设施系统、集约化运输组织系统、节能型运输装备系统、智能交通系统、清洁型交通能源系统、科学的交通流管理系统、引导性的公众出行系统、规范化的政策制度系统和完善的公共自行车出行系统等。低碳交通的发展必须以整个交通运输体系的协调、优化与整合为目标，从交通运输体系的规划、建设、管理、运营，交通工具的创新、使用、维护，以及相关保障制度的建设和低碳交通理念的推广出发，实现低碳交通发展的体系化。

2. 大力发展公共交通

机动车辆仪器及其他设备在工作过程中所排放出的废气，已经成为空间污染的重大影响因素。根据相关数据显示，我国民用汽车数从 2000 年的 1608.91 万辆到 10933.09 万辆，仅用了 12 年，每年增长幅度均在 10% 以上，相较于自行车、电动车、公交车，机动车在能耗和排放量上均高于前三者。因此，大力发展公共交通，减少机动车尤其是私家车的运行，就要制定合理的交通政策，协调公共交通、轨道交通等诸多方面，夯实政策实施基础，完善交通设施建设，发展智能交通，打造安全、高效的城市交通网络。加快转变发展方式，发展新能源汽车和电气轨道交通，不断完善以城市公共自行车租赁体系和步行体系为主的慢行交通系统，完备低碳交通基础设施建设，提升基础设施质量，构建立体化低碳交通运输体系，促进城市交通体系不断向低碳化和零碳化发展[294-295]。

3. 培育环保产业

目前，汽车尾气控制和治理已成为世界重要课题，发展环保产业能够有效解决汽车尾气问题，降低大气污染程度。针对汽车尾气中含有大量一氧化碳、氧化氮、其他一些固体颗粒以及铅等有害物质，改善汽车动力装置和燃油质量，采用机外净化技术等可以有效减少汽车尾气排放。其中，脱硫、脱硝行业通过对汽车烟气中的硫元素、氮氧化物进行处理，从而降低对空气的污染。此外，除尘技术的发展，通过过滤、吸附等技术，有助于去除汽车尾气中的烟尘、粉尘等颗粒物，实现汽车尾气低排放的目标。

4. 推广新能源汽车，运用新技术

新能源汽车的"新"体现在动力系统和能源装置两部分，不同于传统汽车使用化石能源，新能源汽车在动力系统上可以划分混合动力车、纯电动汽车、燃料电池车，分别以内燃机和储能电池、储能电池、燃料电池作为提供动力的方式。相较于传统汽车，新能源汽车可以达到废气低排放甚至零排放，是一类环境友好型产品。随着电池技术的逐步成熟，生产成本不断降低，新能源汽车前景可观，对于降低碳排放量意义重大。同时，各种降噪技术和材料的运用也能有效降低碳排放，如轨道隔振技术、消声器技术、新型吸声材料等。

四、低碳主导下的消费方式转变

消费是社会再生产过程中的一个重要环节，也是最终环节。改革开放以来，我国人民物质生活得到极大丰富，消费结构、消费方式、消费心理都呈现出明显的阶段性变化。随着低碳化时代的来临，居民消费方式也呈现出低碳化发展，主要表现在以下几个方面。

1. 避免盲目消费

城市化进程下，城乡居民收入普遍提高，消费支出也呈现上涨趋势，消费层次更加丰富。但是消费扩张却更显理性，如自备购物袋或重复使用塑料袋购物，众所周知，塑料袋是石化产品，节约塑料袋就是节约地球能源；购买本地的产品，减少产品的运输可以降低二氧化碳；减少使用一次性产品，滥用一次性产品会导致严重的环境污染、资源浪费以及卫生问题。最具代表性的例子就是一次性木筷，就世界各国森林覆盖率而言，我国的该项指标值较低，仅为 16.6%，但我国向周边地区出口一次性木筷达到 150 亿双，相当于耗用木材 130 万立方米，成为我国森林覆盖率不断降低的重要元凶，也为我国生态环境失衡埋下伏笔。

2. 消费理念和心理更加理性

消费理念是消费者主体在进行或准备进行消费活动时对消费对象、消费行为、消费过程、消费趋势的总体认识评价与价值判断，它的形成和变革与一定社会生产力的发展水平及社会、文化的发展水平相适应。经济发展和社会进步使人们逐渐摒弃了自给自足、万事不求人等传统消费观念，代之以量入为出、节约时间、注重消费效益、注重从消费中获得更多的精神满足为主的新型消费观念。消费心理是指消费者在寻找、选择、购买、使用、评估和处置与自身相关的产品和服务时所产生的心理活动，主要有从众、求异、攀比、求实四种。随着低碳发展理念的深入人心，大众消费理念和心理更加理性，如避免掉进奢侈品的陷阱，避免过度包装等。

3. 消费结构优化

消费结构优化涵盖了消费结构的合理化和高级化。主要表现为：生存性消费，如恩格尔系数呈现逐步降低的趋势，而其他代表更高层次水平的通信、娱乐、教育等消费水平不断增加。其中，文化消费增长较快，在一定程度上反映居民精神文明方面的不断丰富，文化产业发展形势较好，科教文卫的基础设施建设和服务质量提升明显，文化产品的种类、数量节节攀升。此外，服务消费日益成为消费的重要内容。除了传统的交通、物流等服务行业产值增长趋势显著，新型服务业，如金融、保险、咨询等行业发展势头强劲，服务行业内容不断丰富、质量不断提升。绿色消费这种强调人与自然和谐共存的理念深入人心，成为当代世界理性消费的突出代表，进一步推动环保意识的传播。在这种氛围下还催生出一大批环保产业，既能满足消费者的需求，又有益于生态环境保持动态平衡，在人类社会与自然环境两个系统之间搭起良性沟通的桥梁。与此同时，受绿色消费理念广泛传播和环保产业繁荣发展的影响，经济体系中的生产方式、组织形式、产业结构不断优化改进，促使企业从生产源头到流通环节，再到消费环节，最后到回收利用的各个环节均实现绿色发展，助力整个经济社会的健康协调可持续发展。

第二节 我国快速城市化背景下
经济增长低碳化路径

一、我国经济增长低碳化的路径设计

（一）设计思路

经济增长由高碳化转向低碳化是我国基于国际国内环境深刻变化而

作出的重大战略选择，对于促进我国经济发展方式转型，实现经济社会可持续性发展，推进全面深化改革，实现社会主义现代化建设具有重要的理论意义和现实意义。

就国际环境而言，工业革命以来全世界"高碳发展"为气候变化埋下病因，而世界气候变化潜藏的不可逆影响逐步凸显，全球能源危机不断爆发，严重影响人类的可持续发展。2009 年召开的哥本哈根世界气候大会构筑了联合国气候变化框架公约，划定了 2012～2020 年全球温室气体减排量，延缓全球变暖效应，并就全球长期目标、资金和技术支持、透明度等焦点问题达成了广泛共识。低碳化发展成为世界潮流席卷全球，世界各国都积极调整经济发展方式，制定相关政策，建立碳交易生产，形成碳排放约束机制，大力发展新能源和可再生能源，培育新的经济增长点，"绿色低碳"成为各国经济发展亮点。我国作为世界第二大经济体，新兴发展中国家，加入低碳化发展潮流，与世界各国加强沟通与合作，形成"人类命运共同体"，为更加公平合理的世界秩序构建贡献自己的力量，推动全球治理格局的形成。

就国内环境而言，改革开放以来，我国历经 40 年的快速发展，经济实力不断增强，经济规模不断扩大，经济增速长期保持世界领先。城市化和工业化加速发展推动人口迁移、产业集聚、空间扩张、科技进步，我国综合国力和竞争力大幅提升。然而以经济数量增长为导向的低效粗放型经济增长导致了资源、能源、环境束缚趋紧的严峻形势，经济结构、经济质量发展不均衡、不充分，不足以满足人民日益增长的美好生活需要，贫富差距、城乡差距、区域差距逐步拉大，严重阻碍经济社会健康协调可持续发展。党的十八大提出全面深化改革，指出"以提高经济增长质量和效益为中心，以深化改革和结构调整为动力，推动经济社会平稳健康可持续发展"，还提出"创新、协调、绿色、开放、共享"五大发展理念。党的十九大提出"贯彻新发展理念，建设现代化经济体系"，突出强调"低碳绿色循环发展"。因此，以低碳化发展作为我国经济增长的切入点，落实减排目标、缓解能源压力、提高经济效益、培育发展新动能，将成为新时代转型发展的重要方向[296]。

基于上述背景，我国转变经济增长方式势在必行，要实现我国经济增长低碳化发展，应深入贯彻落实五大发展理念，强调"以人为本"，不仅要关注经济"数量"的增长，更要突出经济运行中"质量"的提升和"结构"的优化。经济增长低碳化鲜明的特征在于：一方面，要注重经济发展的可持续性，推动经济结构调整、优化和产业升级，合理引导就业、消费、分配等一系列社会需要；另一方面，转变经济增长方式既要求从粗放型增长转变为集约型增长，又要求从通常的增长转变为全面、协调、健康、可持续的发展。因此，我国经济增长低碳化可以从"低碳+"入手，结合产业结构、能源发展、技术结构、制度建设以及新型城市化五个方面构建路径体系。

（二）路径设计

根据上述思路，提出我国经济增长低碳化路径体系，如图 5 - 1 所示。

二、我国经济增长低碳化的路径体系

（一）低碳 + 产业结构

1. 低碳化农业

低碳化是继工业化、信息化之后的又一时代潮流，实现经济增长低碳化是全球大势所趋。农业作为其中的重要组成部分，发展低碳化农业意义深远。就我国农业发展现状而言，随着农业资源环境和市场约束逐步增强，农产品供求动态平衡不易把握，要求加速转变农业发展方式；农产品市场竞争日趋激烈，保障农产品进出口适时适度的难度大幅上升，要求加快提升农业竞争力；农业相较于第二、第三产业带来的经济效益不明显，保持粮食稳定发展、农民持续增收难度加大，要求健全农业支持保护体系。因此，我国要根据低碳农业的科学内涵，确立低碳农

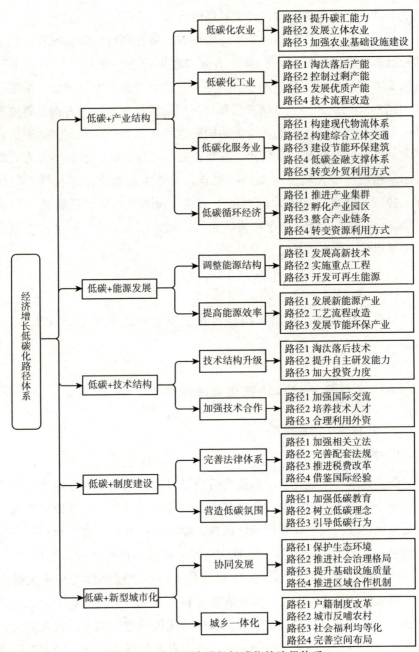

图 5-1 我国经济增长低碳化的路径体系

业的减源型和增汇型发展模式，进行低碳乡村建设，并且明确发展低碳
农业的路径选择，从而顺利实现由高碳农业向低碳农业转型的目标[289]。

（1）提升碳汇能力。碳汇是指通过植树造林、森林管理、植被恢复
等措施，利用植物光合作用吸收大气中的二氧化碳，并将其固定在植被
和土壤中，从而减少温室气体在大气中浓度的过程、活动或机制。农业
低碳化发展就是要利用农业系统天然的碳汇能力，通过林地、耕地、草
地和湿地等进行固碳，大力发展增汇固碳型农业，增强农业在发展低碳
经济中的作用。要提升农业的碳汇能力，一方面，要从数量上增加林
地、草地、湿地等面积。依托天然林保护工程、三北和长江中下游地区
等重点防护林体系建设工程、退耕还林还草工程、环北京地区防沙治沙
工程、野生动植物保护及自然保护区建设工程以及重点地区以速生丰产
用材林为主的林业产业建设工程等六大林业工程，发挥林地"大自然总
调度室"的作用，满足经济发展对森林资源的需求。另一方面，要提升
农业系统的质量，增强林地、草地、耕地等单位面积的固碳能力。相关
研究表明，耕地的固碳能力与有机质含量呈正向关系，贯彻落实耕地保
护政策，坚持实行最严格的耕地保护制度，耕地保护的红线不能碰，实
行作物轮作，发展有机肥技术和秸秆适量返田技术等。通过增加林地、
草地、湿地的有机质，草畜平衡、功能分区、围栏养殖等方式提升碳汇
能力。

（2）发展立体农业。农业是以土资源为生产对象，利用动植物的生
长发育规律，通过人工培育来获得产品的产业。农业的发展受光、热、
水、气、肥等条件的影响，呈现出不同的发展态势。立体农业就是利用
生物间的相互关系，趋利避害，充分将空间和生物种群纳入同一农业体
系，多物种共存、多层次配置、多级物质能量循环利用的农业经营模
式。通过各种条件的合理组装，粗细配套，组成各种类型的多功能、多
层次、多途径的高产优质生产系统，来获得最大经济效益。例如，我国
黄淮海平原的鱼塘—台田模式、珠江三角洲的基塘农业以及江西省泰和
县千烟洲的"丘上林草丘间塘，缓坡沟谷果鱼粮"的模式，都属于立体

农业，不仅取得了较高的经济效益，还降低了碳排放量，实现农业低碳化发展。

（3）加强农业基础设施建设。加强农业基础设施建设对于低碳化农业发展具有重要的支撑意义。农业基础设施建设一般包括：农田水利建设，农产品流通重点设施建设，商品粮棉生产基地、用材林生产基础和防护林建设，农业教育、科研、技术推广和气象基础设施等。农业基础设施建设具有所谓"城市效应"，即能带来几倍于投资额的社会总需求和国民收入。一个国家或地区的农业基础设施是否完善，是其产业经济是否可以长期持续稳定发展的重要基础。加强农业基础设施建设，首先，要加大投入力度。农业基础设施通常具备建设周期长、投入资金大的特点，单靠社会力量很难大幅度推广，只有依靠政府力量推动和引导，举国体制办事，才能又快又好地推进农业基础设施建设，改善民生，催生投资和消费需求。其次，要加强科技创新和科技推广。科技是第一生产力，加强科技与农业的融合，整合科研力量，力争在关键领域和核心技术上实现重大突破，加强产研结合，推广示范范围，扩大服务范围，从源头到餐桌降低碳排放。最后，要提高农业机械水平。我国自给自足的小农经济模式仍旧是发展低碳化农业要解决的问题之一，在今后的发展中应加大农具购买补贴，增强农具推广力度，促进农机服务市场化、专业化和产业化。

2. 低碳化工业

我国经济增长在长期内呈现明显的"双支柱"态势，即三次产业中工业占据支柱地位，工业中重化工业占据支柱地位。这样的发展态势使得我国高速增长的经济呈现出高投入、高污染、高能耗、低效益的特点，致使经济可持续发展与资源生态环境矛盾日渐尖锐。工业低碳化发展是缓解上述矛盾，实现可持续发展的必由之路，也是提升工业化质量、转变经济增长方式的重要驱动力。我国工业经过几十年的发展已经形成一个庞大的体系，实现低碳化发展要针对其发展过程中呈现的症状分门别类地提出发展路径。

（1）淘汰落后产能。所谓落后产能是指达不到国家法律法规、产业政策所规定标准的生产能力：一方面是技术水平低于行业平均水平的生产设备、生产工艺等的生产能力；另一方面指生产过程中污染物排放、能耗、水耗等技术指标高于行业平均水平的生产能力。落后产能资源能源消耗大、环境污染大、安全性能差，是导致我国经济运行质量和经济效益不高、竞争力不强的重要因素。只有加快淘汰落后产能进程，才能为先进产能腾出市场容量，才能促进经济的转型升级。煤炭、机械、化工、纺织、钢铁等传统产业多为落后产能，要强化约束机制，严格制定市场准入标准，强化执法力度、经济和行政手段；完善激励机制，加强市场激励和引导，加强社会监督，完善问责制度。不断提高技术装备水平和国际竞争力，实现我国工业由大变强。

（2）控制过剩产能。过剩产能是生产产品的能力过于饱和，生产出来的产品超出社会需要的能力。部分行业投资明显过热，导致产能扩张速度远远超过需求扩张的速度，表现为投资增长与消费增长的严重失衡。技术进步推动行业成本下降，也致使产能供给能力的增长远远超过市场需求能力的增长。产能过剩不仅严重影响企业经济效益，导致资源闲置浪费，而且长期的产能过剩不利于市场运行质量的提升，影响宏观经济的稳定性。因此，控制过剩产能，贯彻落实供给侧改革意义重大。控制过剩产能要做到：第一，发挥市场配置资源的决定性作用，转变政府职能，打造服务型政府；第二，提高市场准入门槛，通过兼并重组消化部分过剩产能；第三，刺激和扩大需求，推动供给能力与需求能力增长动态均衡。

（3）发展优质产能。优质产能是相对于落后产能和过剩产能而言，其技术水平要高于行业平均水平，低物耗、低能耗、高质量、高效益，供求基本保持动态平衡，能够推动市场有序良好运行，能够不断提升人民对于生活的需求。发展优质产能，就是要不断拓展优质产能的市场份额，不断释放优质产能带来的积极影响，推动落后产能的淘汰和对过剩产能的控制，实现行业的稳定高效发展，在切实保障行业发展需求的基础上，促进产业结构的调整升级。在此过程中实现对高碳企业的淘汰和控制，逐步将行业推向低碳发展，实现工业发展低碳化。

（4）技术流程改造。技术流程改造指的是基于提高经济效益，降低成本，节约能耗，减轻环境污染，增强安全性能等目的，行业或企业通过先进的、适用的新技术、新工艺、新设备、新材料等对现有的生产加工流程、设备和工业等进行改造升级。实践证明，技术流程改造不仅具有投资少、工期短、见效快等特点，而且能有效避免重复建设，降低生产加工过程中的物耗、能耗，节约资源，降低碳排放，同时还有利于优化产业结构、改变增长方式、提高企业的效益和竞争力。

3. 低碳化服务业

服务业是构成我国国民经济的重要组成部分，它与其他产业部门最基本的区别是服务产品具有非实物性、不可储存性以及消费同时性的特点。根据产业发展规律，产业结构越优化，服务业所占的比重越大。服务业规模的扩大和质量的提升都有助于产业结构的优化、社会就业的促进以及和谐社会的建设，因而发展低碳化服务业具有重要意义。物流体系、交通体系、建筑、金融、外贸是构成服务业的重要组成部分，在现代化发展的过程中具有举足轻重的地位，实现服务业低碳化发展，必须从五个方面入手。

（1）构建现代物流体系。受全球气候问题深远影响，转变经济发展方式，走低碳化发展道路已经成为世界各国的共识。物流行业作为我国十大重点行业之一，是经济发展的基础性产业。近年来，随着经济全球化的深度发展和我国经济的快速腾飞，我国物流业发展迅速，同时也因粗放式增长致使物流业成为碳排放较高的行业。中国物流与采购联合会在 2010 年指出"物流业作为能源消耗的重点行业，油品消耗数量约占全社会油品消耗总量的 1/3"。因此，积极探索低碳发展模式，构建现代物流体系不仅是社会发展的必然要求，也是物流行业提高自身竞争力和生命力的必然要求[297-298]。构建现代物流体系要将"低碳经济"内涵融入物流行业，以低碳环保理念为指导，以低碳技术为支撑，以减少能耗为标准，以行业与环境的协调可持续发展为最终目的[299]。现代物流体系的突出特点之一是现代化，相较于传统物流，现代物流使得物流的内涵得到了延伸，不仅仅是简单的产品出厂后的包装、运输、装卸、仓储，更多是包含了产品从"生产"到"终端消费"整个物理性的流通全过程，更加标准化、制度化、专业化、规模化、信息化以及系统化。现代物流体系内涵丰富，涵盖多种物流种类，包括冷链物流、敏捷物流、汽车物流、军事物流、电子商务物流等。以"5S"为目标，即服务、高效、节约、规模效益和库存调节，在运行过程中实现商流、物流、资金流和信息流的有机统一。构建现代物流体系离不开社会环境的支撑，首先，要在制度与机制上打造一个推进物流低碳发展的氛围，完善相关配套法律法规；其次，从硬件设施和软件设施双管齐下，科学规划，合理建设，技术推动，管理支撑，实现系统联动；最终从理念到运营的各个环节实现低碳化发展。

（2）构建综合立体交通。交通运输是国民经济和社会发展的基础性和服务性行业，同时也是石油需求和消费最大、二氧化碳排放增长最快的部门，是我国建设生态文明、发展绿色低碳经济的重点领域。推进交通低碳化发展，就是要将绿色低碳的发展理念融入交通体系的各个环节，以降低碳排放强度、合理控制碳排放总量的双控机制为核心，以加快推进绿色循环低碳交通基础设施建设、节能环保运输装备应用、集约高效运输组织体系建设、科技创新与信息化建设、行业监管能力提升为主要任务，转变发展方式、调整交通结构、推动低碳转型、深化改革创新、加强协调联动、倡导全民行动，加快建设以综合交通、公交优先、绿色出行、创新驱动、智慧管理为主要特征的低碳交通运输体系，为实现交通运输现代化、建设美丽中国提供有力支撑[300]。

构建综合立体交通体系就是发展低碳交通，要扩大交通网络规模，完善基础设施建设，优化交通运输结构，强化运输工具间的衔接，统筹交通组织系统，扩大智能管理系统覆盖面，打造网络化、标准化、智能化的综合立体交通。其中，基础设施建设既是手段又是目标，要整合现有的交通基础设施，科学合理规划，因地制宜地发展低碳交通运输方式，统筹发展水路、铁路、公路、航空、管道等各种运输方式，加快综合交通枢纽和国际通道建设，建成衔接高效、安全便捷、绿色低碳的综合立体交通[301]。通过集约化交通组织体系，优化客运体系、货运体系、城市交通体系等，实现交通运输资源的高效配置，促进低碳交通的发展。扩大信息系统的覆盖面积，引入云计算、大数据管理等现代信息技术，推进电子收费系统、移动支付、紧急救援系统等在交通领域的应用[302]。

（3）建设节能环保建筑。建筑业是与工业、交通运输业并驾齐驱的高耗能产业，随着城市化进程的快速推进，我国已逐步形成了世界上最大的建筑市场。建筑面积的迅速增加以及采光、照明、取暖设施和材料的大范围应用，导致建筑业高污染、高能耗、高物耗的状况持续上扬[292-293]。发达国家的实践证明，随着产业结构的进一步调整和城市化进程加速，建筑行业的能耗、物耗以及碳排放比重都会迅速攀升，节能减排压力从工业行业转移到该行业，低碳发展形势严峻。建设节能环保建筑实质上是将"低碳发展"的理念贯穿于行业发展的整个过程，实现建筑全生命周期的低碳化[292]。节能环保建筑主要通过建筑结构、新技术以及新材料三个方面来实现低碳发展的最终目标。建筑结构节能是通过对建筑的规划布局、平面布置、形体设计、围护结构来降低能耗；建筑涵盖墙体、门窗等结构，利用新的技术和新的材料都是为了在改善采光、取暖、照明等需求条件下，尽可能降低对物料、能源的消耗，从而达到低碳发展。因此要从建筑的结构设计、新技术和新材料方面入手。

（4）低碳金融支撑体系。经济增长低碳化涉及经济社会的方方面面，金融作为一个国家经济社会的重要支撑，实现其低碳化发展意义深远。低碳金融不仅存留了孔特·金等经济学家认为的金融促进经济增长的功能，如促使交易便捷、广泛动员储蓄、优化配置资源、加强公司治理和细化风险管理，还能够很好地契合时代要求，充分发挥金融资源配置的作用，支持低碳经济发展，推进我国减排目标的完成[303-304]。低碳金融支撑体系是一个庞大复杂的系统，构建低碳金融支撑体系可以从政

府和市场两个主体入手，使得政策性金融和市场性金融双管齐下，发挥
政策性金融对于市场性金融的引导和机理作用，发挥绿色信贷、碳基金
以及碳金融工具的杠杆作用，降低低碳项目发展成本，分担低碳市场风
险，最终通过市场力量达到降低碳排放强度，建设环境友好型社会。

（5）转变外资利用方式。全球化趋势下，生产要素国际性流动速度
加快。改革开放以来，我国对外资的强劲吸引力大多来源于我国的"制
度红利""人口红利"，外资利用方式粗放低效，对于我国经济运行质量
的提升并没有起到很明显的作用。在全球低碳化发展趋势下，我国要在
保持外资投入的优势下，从理念到行动上转变原有的外资利用方式，抓
住跨国公司大力投资低碳经济的机遇，制定严格的低碳化投资标准，最
大限度地发展能够达到环境保护要求、符合生态理念、碳排放强度较低
的外商投资项目，对于高污染、高能耗的外资企业坚决抵制，决不能为
了一时的经济利益而牺牲环境。

4. 低碳循环经济

（1）推进产业集群。产业集群是一种空间经济组织形式，无论对经
济增长，企业、政府和其他机构的角色定位，乃至构建企业与政府、企
业与其他机构的关系方面都起到无可比拟的作用。产业集群是区域经济
中集聚效率的产业组织形式，能够从整体出发挖掘特定区域的竞争优
势，在区域内集聚发展，并形成整体竞争优势的经济群体。低碳产业集
群是低碳经济时代产业集群发展的方向，也是提升绿色竞争力的有效途
径[305]。因此，要大力推进创新型和资源型产业集群，实现传统产业集
群和现代产业集群共同发展，凝聚和发挥集约化优势，降低发展成本与
能耗，推动经济增长的低碳化发展。

（2）孵化产业园区。产业园区是区域经济发展、产业调整升级的重
要空间聚集形式，担负着聚集创新资源、培育新兴产业、推动城市化建
设等一系列的重要使命。新常态下，产业园区成为建设低碳智慧城市、
发展低碳循环经济的重要载体与平台，孵化产业园区成为实现经济增长
低碳化的重要路径之一[306]。孵化产业园区，首先，要注重顶层设计，

推出一系列优惠政策和指导意见，完善硬件和软件条件；其次，搭建低碳交流平台，借鉴国际国内成功经验，立足于自身区域特色，科学地选择主导产业；最后，要完善技术支撑体系，推进产城融合[307-309]。

（3）整合产业链条。整合产业链条就是依托产业之间的联系，对现有的产业链进行调整和融通的过程。通过调整、优化上下游企业关系，提升横向或者纵向的协同能力，从而提高整条产业链的运作效能，最终提升企业竞争优势的过程。我国三次产业的产业链以及产业之间的产业链整体上存在着产业链短小、深度不够、集约度低的问题，不利于产业结构调整和产业联动，通过整合产业链条，有助于产业链条延长和深化发展，上下游企业紧密联系有助于发挥集约优势，降低能耗，实现低碳化发展。

（4）转变资源利用方式。资源是人类社会赖以生存的基础条件，我国自然环境先天脆弱，生态环境质量不高，历史上长期开采，再加上现代规模巨大、作用强烈的人类活动，极易遭受破坏。因此，转变资源利用方式就显得尤为迫切。转变资源利用方式就要从源头入手，不能杀鸡取卵，竭泽而渔，而是要采用环境友好型的开发和开采方式获取资源，同时在交换、分配和消费的过程中采用综合利用方式，由粗放型走向集约型。

（二）低碳＋能源发展

发达国家的实践证明，随着工业化和城市化进程的推进，经济社会的发展对于能源的需求和消耗也会呈现指数型增长。我国正处于城市化快速发展时期和后工业化时代，能源需求和消耗巨大。同时，能源行业的碳排放所占比重较大，是降低碳排放强度的重点关注行业。因此，我国面临着经济发展和降低能耗的双重压力，需要从能源结构和能源效率两个方面入手，寻找低碳能源发展路径。

1. 调整能源结构

在新一轮产业革命的背景下，第三次能源革命正悄然发生，我国也已走入能源转型的"十字路口"[310]。我国能源结构的突出特点：以煤炭为主导的化石能源是生产和消费结构的主要占比，新能源和可再生能源虽然增幅明显，但比重仍旧较低，且接入消纳程度远低于化石能源。调整能源结构需要发展高新技术、实施重点工程以及开发可再生能源。

（1）发展高新技术。实践证明科学技术是第一生产力，在能源结构转型中，高新技术起到的推动作用是其他影响因素不可比拟的。一方面，高新技术可以提高化石能源的开采利用率，降低化石能源的消耗；另一方面，高新技术推动清洁能源占领更多市场份额，提升清洁能源对经济社会发展的支撑作用，从而推动能源结构的转型升级。

（2）实施重点工程。重点工程是契合我国现实国情，贯彻低碳绿色发展理念，有利于民生福祉的工程项目。我国能源结构的调整离不开重点工程的实施，如水电开发工程的实施。由于水电的能源属性使得开发水电成为常规能源优质化、高效化利用的重要途径之一，水电开发工程的实施对于建立可持续发展的能源系统也就具有重要的意义。

（3）开发可再生能源。可再生能源是指自然界中可以不断利用、循环再生的一种能源，如太阳能、风能、水能、生物质能、海洋能、潮汐能、地热能等。随着世界能源危机的产生，人们意识到了化石能源的不可再生性，可再生能源的重要性逐步凸显。我国可再生能源丰富，大力开发可再生能源有助于调整能源生产和消费结构，推动能源结构优化，是培育新的经济增长领域、促进经济转型的重要路径。

2. 提升能源效率

（1）发展新能源产业。新能源产业主要是源于新能源的发现和应用，它是衡量一个国家和地区高新技术发展水平的重要依据，也是新一轮国际竞争的战略制高点，世界发达国家和地区都把发展新能源作为顺应科技潮流、推进产业结构调整的重要举措。发展新能源有助于实现我国能源多样化，丰富能源市场，改变能源格局，促进能源独立，实现能源结构转型，推动能源低碳化发展。

（2）工艺流程改造。工艺流程指工业品生产中，从原料到制成品各项工序安排的程序。在我国工业生产过程中，各个工业流程环节具有不同的能耗水平，实行工艺流程改造就是通过科学合理的流程设计和流程管理使得生产过程更加安全高效，应用更加节能环保的技术、材料、设备，尽可能降低各个环节的能耗，匹配相对应的三废治理措施，实现资源能源的循环利用。

（3）发展节能环保产业。节能环保产业指的是为节约能源资源、发展循环经济、保护环境提供技术基础、装备保障以及服务的产业，主要包括节能产业、资源循环利用产业和环保装备产业，涉及节能环保技术与装备、节能产品和服务等。节能环保产业是顺应时代要求产生的新兴产业，几乎渗透于经济活动的所有领域，它能够有效缓解我国经济社会发展所面临的资源、环境"瓶颈"制约，转变能源利用方式和能源结构转型。

（三）低碳 + 技术结构

1. 技术结构升级

技术结构指的是一个国家、部门、地区或企业在一定时期内，不同等级、不同类型的物质形态和知识形态技术的组合和比例。该指标反映技术水平和状况，影响甚至决定产业结构和经济发展。合理的技术结构是国民经济持续、高速度和高效益发展的基础和重要条件。

（1）淘汰落后技术。落后技术实质上指的是现有技术不能为国家、地区或者企业带来相应比率的经济效率，投入产出率明显低于平均水平。落后技术的存在会影响甚至拖累整体技术结构的优化升级。淘汰落后技术可以为先进技术腾出发展空间，也可以推进产业结构、能源结构的优化升级，进而实现经济增长的低碳化，提升经济运行质量。

（2）提升自主研发能力。研发指各种研究机构、企业或个人为获得科学技术、新知识，创造性运用科学技术新知识，或实质性改进技术、产品和服务而持续进行的具有明确目标的系统活动。自主研发能力在当下日益激烈的全球化、低碳化发展中至关重要。提升自主研发能力，有利于我国主动把握时代脉搏，掌握现代科技的发展方向，占领科技发展的蓝海，对于推进技术结构，完成技术升级具有重要意义。

（3）加大投资力度。世界各国研发支出总体上呈增长态势，并仍旧集中在北美、欧洲及东亚和东南亚地区。美国仍然是世界第一研发大国，我国位居第二位且研发开支接近欧盟的总和。先进技术，尤其是高精尖技术的研发和应用，都需要雄厚的资金支持，加大投资力度，有利于营造高新技术发展的氛围，对于技术结构的调整起到推动作用。

2. 加强技术合作

（1）加强国际交流。加强国际交流是争取国际合作项目、培养人才的良好途径。通过频繁的国际交流，可以吸收和借鉴相关国家的先进理论、了解高精尖技术进展以及发展方向，同时也是引进人才、培养人才的重要机遇。

（2）培养技术人才。人才是当今社会中最具活力和创造力的因素，一个国家和社会的发展离不开人才，发挥科技的推动作用更离不开人才。技术人才作为先进技术，尤其是尖端技术的最重要载体，对于推动我国经济增长低碳化的作用不言而喻。要培养相关的技术人才，创造有利于技术人才发展的社会环境，完善相关配套设施，才能最大限度地发挥"科技＋人才"的双重作用，推动技术结构升级。

（3）合理利用外资。我国外资利用方式主要分为三种：外商直接投资、对外借款和外商其他投资。其中，外商直接投资占有很大比例。外商直接投资在对东道国经济与社会发展产生积极影响的同时，也可以通过技术渠道对当地的碳排放量和排放强度产生影响[311]。因此，外商直接投资的技术溢出效果对于我国调整技术结构具有重要的现实意义。要积极引导外资在节能环保产业、新能源产业的投入，促进相关产业技术合作。

（四）低碳＋制度建设

1. 完善法律体系

法律体系是指由一国现行的全部法律规范按照不同的法律部门分类组合而形成的一个呈体系化的有机联系的统一整体。法律体系不是一成不变的，要根据一个国家面临的新形势、新动态而作出调整和完善，使得经济社会能够安全高效运行。面对我国经济社会转型呈现出的新动态、新特点，我国法律体系应作出相应的调整，不断完善。

（1）加强相关立法。经济增长低碳化涉及我国经济社会的诸多领域，要实现众多领域的转型发展需要有法律制度的保障和引导，通过加强相关立法，形成制度保障，稳定社会秩序，协调社会关系，使得低碳产业、低碳能源、低碳技术的发展有法可依，有据可循，推进转型发展进程。

（2）完善配套法规。法规是法令、条例、规则、章程等法定文件的总称，是国家机关制定的规范性文件。法规也是法律的解释、补充和完善。简而言之，法律是对经济社会运行的大框架进行构造，相关法规就是进一步的解释、说明、指导。完善配套法规，有利于更切实引导和保护产业、能源、技术的发展。

（3）推进税费改革。税费改革就是将可以改为税收形式的收费改为规范化的税收，对应当保留的收费加以规范并加强管理，坚决取缔乱收费、乱罚款、乱摊派。税费改革要通过政府机构改革和政府职能转换，政府开支趋于减轻，收费主体趋于减少，税费改革的难度会相应缓解，回旋的余地相应增大。关键在于，税费改革的过程以及所采取的各项措施，既要有利于政府收入机制的规范化，又要实事求是地解决实际问题，争取各方面的认同和支持，既要积极又要稳妥地实施。

（4）借鉴国际经验。从世界发展史来看，除英国之外，美国等发达国家的工业化过程都经历了一个规模化、深度化引进消化吸收国外先进经验的阶段[312]。我国沿海产业发展也经历了这样一个过程，成为我国经济发展的重要驱动力。由此可见，借鉴国际经验有助于我国发挥后发优势，避免发展雷区，加速产业结构、能源结构、技术结构优化升级，推进经济增长低碳化进程。

2. 营造低碳氛围

低碳发展不仅事关政府、产业、企业、社会组织，更事关每一个社会公民。营造低碳氛围需要社会各界共同努力，积极利用各种媒体平台加大宣传力度，加强低碳教育，牢固树立低碳理念，引导低碳行为。

（1）加强低碳教育。教育能通过潜移默化的作用影响人的思维观念，进而引导人的行为方式。人类教育的社会性、目的性，有助于促进个体的发展，进而影响社会人才体系的变化以及经济发展。加强低碳教育，就是使"低碳"成为一种潜意识，指导个体的观念、态度和行为方式。

（2）树立低碳理念。低碳理念是顺应时代发展要求的理念，贯穿于经济社会的众多领域。随后还衍生出低碳经济、低碳生活、低碳能源等概念，为经济社会的可持续发展提供了方向。树立低碳理念在于社会各界的共同努力：政府带头，加强引导；社会宣传，形成示范；公众参与，推动发展。

（3）引导低碳行为。低碳行为代表着更健康、更自然、更安全、更环保的生活，同时也是一种低成本、低代价的生活方式。核心在于加强研发和推广节能技术、环保技术、低碳能源技术等，保护生态环境，实现人与自然的和谐共处，增加森林、草地、耕地碳汇，减少碳排放，减缓气候变化。在全社会形成"同呼吸，共奋斗"的行为方式。

（五）低碳 + 新型城市化

城市的出现是人类走向成熟和文明的标志，也是人类群居生活的高级形式，社会生产力的发展是其发展的基本动力。随着我国城市化进程的推进，单纯的城市扩张已经不足以满足人民日益丰富的需求，人民对于环境优美、生态良好、基础设施建设完善、城乡均衡等方面的要求日益迫切，"以人为本""又好又快"的新型城市化发展战略应运而生。新型城市化是对传统城市发展模式的扬弃，是以城乡统筹、城乡一体、产业互动、节约集约、生态宜居、和谐发展为基本特征的城市化，是大中小城市、小城镇、新型农村社区协调发展、互促共进的城市化。加快推进新型城市化进程是实现我国经济增长低碳化的内在要求，城市是现代各种生产要素集聚和流动的场所，推进新型城市化进程，就是推动各种生产要素以更加绿色、低碳、协调和健康的方式迸发经济活力。

1. 协调发展

协调发展是我国自古以来所追求的目标，它体现了社会的公平与正义。古代儒家所追求的"大同社会"、提出"不患寡而患不均"都反映了这一观点。近年来，党的十八大报告中提出的经济建设、政治建设、文化建设、社会建设、生态文明建设"五位一体"以及创新、协调、绿色、开放、共享的"五大发展理念"都突出体现了协调发展的重要意义。党的十九大报告强调在发展中保障和改善民生、坚持人和自然的和谐共生，实施乡村振兴战略和区域协调发展战略则是进一步提出了协调发展的路径。我国经济社会改革进入关键时期，转型发展进入深水区，各种发展问题的新旧矛盾交织，发展不均衡阻碍了经济的良好运行，"中等收入陷阱"横亘眼前。只有协调发展才能应对现有的困境，只有协调发展才是制胜要诀。

（1）保护生态环境。生态环境是由生物群落及其相关的无机环境共同组成的功能系统，在生态系统演化过程中，各种因素在矛盾中形成对立统一，使得物质循环和能量交换达到一个相对稳定的平衡状态，从而维持生态环境的稳定与平衡。人类作为生态系统中最为活跃的因素，能够通过主观能动性和劳动来影响生态环境。近代以来，生产力和科技发展迅猛，人类改造生态环境的能力呈现指数型上升，对于资源过度索取，其规模和速度超过了生态系统的修复能力，加速了生态系统的弱化和衰竭，反过来遏制了人类社会的可持续发展，最明显的就是全球气候变暖和能源危机。党的十八大提出的生态文明建设和绿色发展都表明了保护生态环境的重要性。良好生态环境是最公平的公共产品，是最普惠的民生福祉。要正确处理好经济发展同生态环境保护的关系，牢固树立保护生态环境就是保护生产力、改善生态环境就是发展生产力的理念。生态环境的保护是一个系统工程，一方面，要切实贯彻落实保护环境的基本国策，牢固红线意识，优化国土空间开发格局，加大宣传力度，营造生态环境保护氛围；另一方面，要对生态破坏、环境污染进行治理。要加大环境治理投资力度，形成行之有效的奖惩机制，改变考核制度，引进先进的设备和技术，培养专业人才，合理制定治理目标，设立重点治理项目，发挥社会监督作用，还人民群众一片碧水蓝天。

（2）推进社会治理格局。党的十八大首次提出社会治理这一概念，指的是政府、社会组织、企事业单位以及个人等多元的治理主体，通过平等的合作性伙伴关系，采用多种治理形式，以更加开放的治理格局，依法对社会事务、社会组织以及社会生活进行规范和管理，实现公共利益最大化[313]。随着我国经济社会的深刻变革，利益格局的深刻调整，社会治理面临的形势环境变化之快、改革发展稳定任务之重、矛盾风险挑战之多前所未有，给社会治理提出了一系列新挑战和新要求，迫切需要进一步加强和创新社会治理，努力打造共建共治共享的社会治理格局[314]。推进社会共商共建共享格局，需要政府加快推进职能转变，其他各级治理主体积极投身于社会实践中去，发挥自身的积极作用，整合社会资源，加强组织联系，形成社会联动[315]。

（3）提升基础设施质量。基础设施是保证国家或地区社会经济活动正常进行的公共服务系统，它为社会生产和居民生活提供公共服务的物质工程设施，是社会赖以生存发展的基本物质条件。随着我国新型城市化战略的实施，"以人为本"和发展质量受到社会各界的普遍关注，提升基础设施质量对推进经济运行质量、促进空间形态演变具有重要意义。提升基础设施质量要加强政策引导和指导，完善法规政策，注重科学规划，合理选择经营模式，最大限度地发挥 BOT、BOOT、BOO、BTO、DBOT、BLT、PPP 模式自身优势和组合优势。

（4）推进区域合作机制。我国幅员辽阔，区域差异显著，区域间发展不均衡是限制可持续发展的重要"瓶颈"之一。目前，南北差异仍然较大，东北、华北、西北一些省域转型还存在一定压力。推进区域合作机制，要深入贯彻落实"东部率先、中部崛起、西部开发、东北振兴"的区域协调发展战略，实现区域自主协商和中央介入协调的有机统一，加强区域间的经济联系，形成区域联动优势，加强区域间的科学技术、管理经验的交流，形成跨区域结对帮扶，规范区域竞合关系，实现区域共同发展。

2. 城乡一体化

城乡二元结构是我国快速城市化进程下的突出问题，表现为城市与农村经济生产模式不匹配、社会基础设施建设和公共服务不均等、城乡消费水平差距过大等。这种结构严重阻碍了我国城市化与工业化的健康、协调、可持续发展进程，实现城乡一体化迫在眉睫。打破我国城乡二元结构，推进城乡一体化要从户籍制度改革、城市反哺农村、社会福利均等化以及完善空间布局四个方面入手。

（1）户籍制度改革。农民工是我国城市化和工业化进程的重要推动力量，然而受现行城乡分割户籍制度的影响，还有数量庞大的农民工被统计为城市人口，却未能享受到城市居民应有的福利待遇。此外，农村留守儿童、空巢老人问题日渐突出，户籍制度改革呼声日渐强烈。加快户籍制度改革，重点是要通过调整完善户口迁移政策，促进有能力在城镇稳定就业和生活的常住人口有序实现市民化，主要任务是解决已经转移到城镇就业的农业转移人口落户问题，稳步提高户籍人口城镇化水平，稳步推进城镇基本公共服务常住人口全覆盖[316]。

（2）城市反哺农村。"三农"问题处于我国实现中华民族伟大复兴历史征程的重要位置，发挥着不可或缺的基础和保障作用。农村作为实现农业现代化的基本载体，具有至关重要的作用。在城乡二元结构下，城市吸纳了丰富的农村劳动力，集聚了资金、技术、人才等要素，在推动城市发展的同时农村经济社会发展逐步空心化，城市反哺农村，首先要调整国民收入分配结构，在稳定现有各项农业投入的基础上，把新增财政支出和固定资产投资切实向农业、农村、农民倾斜，逐步建立稳定的农业投入增长机制；其次要加强城乡互动，城市不仅要将先进的技术和知识反哺给农村，还要加强人才资本的"造血式"投入，为农村发展提供强劲的内生动力[317]。

（3）社会福利均等化。城乡二元结构的表现之一就是社会福利的不均衡，城市占据了社会大部分资源，基础设施建设以及公共服务的种类、质量都远胜于农村。要推进城乡一体化进程，社会福利均等化是前提。要统筹规划，建立城乡一体的要素市场，发挥市场机制的作用，消除人为设置的各种障碍，促进各类生产要素在城乡之间双向自由流动[318]。

（4）完善空间布局。我国城市化的快速发展造成了一些区域城市空间布局不合理，出现城市主体功能不突出、与资源环境承载力不匹配、发展模式低效粗放的问题。要推进城乡一体化发展，就要将城市、城镇、农村由大到小纳入城市体系中，合理规划空间布局，明确功能分区，突出服务功能，推动城市群内部的分工协作，充分发挥经济潜力。

第六章　促进我国经济增长低碳化的政策建议

第一节　转变经济发展方式

改革开放以来，我国不断解放和发展生产力，在诸多行业领域取得瞩目成就。但高碳经济背景下带来经济快速增长的同时，也带来了环境资源发展"瓶颈"问题，经济社会的不可持续、不平衡、不协调特征凸显。此外，我国社会的主要矛盾由人民日益增长的物质文化需求同落后的社会生产之间的矛盾转向人民日益增长的美好生活需要和不平衡不充分的发展之间的矛盾。因此传统的经济发展方式难以为继，转变经济发展方式势在必行。经济发展方式的转变，不仅要突出经济领域中"数量"的变化，更要突出经济运行中"质量"的提升和"结构"的优化。其鲜明的特征在于：注重经济发展的可持续性，推动经济结构调整、优化和产业升级，不断引导就业、消费、分配等一系列社会需要等。转变经济发展方式既要求从粗放型增长转变为集约型增长，又要求从通常的增长转变为全面、协调、可持续的发展。这样一个浩大的社会工程不是单靠某一社会主体就能一步到位，需要社会各界的共同努力。因此，提出以下转变经济发展方式的建议。

一、面向政府层面的意见

(一) 制定和完备相关法律体系

为应对世界气候变化带来的不可逆影响，世界各国基于《联合国气候变化框架公约》《京都议定书》两大国际法，参考《亚太清洁发展与气候伙伴框架公约》《碳收集领导人论坛宪章》等非正式国际法，并结合本国国情通过构建和完善法律体系推动低碳经济的发展。如英国于2003年颁布《我们能源的未来：创建低碳经济》，将"低碳经济"上升至国家战略。美国奥巴马政府在2005年和2007年分别通过了《能源政策法》和《低碳经济法案》，从能源和技术视角推进低碳经济发展。德国实施了"气候保护技术战略"，将提高能效和再生资源作为重点。日本提出了低碳经济发展"福田蓝图"国家战略[319]。

我国作为世界重要的组成部分，应对气候变化，发展低碳经济，转变我国经济发展方式责无旁贷。然而经济发展方式的转变不是一蹴而就的，涉及政治、经济、社会、生态等众多领域，法律是全体国民意志的体现，是一个国家或地区基于本国国情而制定的行之有效的法律及其配套法规组成。转变经济发展方式，政府需要通过制定和完备相关法律体系，针对性地调整和增删相关法律和配套法规，实现规范性与操作性的协调统一，就我国经济发展方式中的经济增长、经济结构、经济运行质量存在的问题对症下药，明确在经济转型过程中的基本原则、指导思想、相关社会主体的权益和义务，用立法的形式将低碳经济纳入我国社会主义现代化建设的整体框架中，做到有法可依，有法必依，违法必究。

(二) 转变政府绩效考核制度

所谓没有规矩，不成方圆。绩效考核制度是根据一定的考核方式，评定员工的工作任务完成情况、员工的工作职责履行程度和员工的发展情况，并将上述评定结果反馈给员工的一种制度。从我国城市化和工业化进程来看，我国追求的"摊大饼"发展模式下，各级政府绩效考核"单以 GDP 论英雄"，虽然刺激到经济总量的增加，但经济发展与社会发展、自然资源的联系被割裂，随之而来的资源、能源、环境、生态制约越发明显，实质上是以极其高昂的环境成本来推动经济的发展。在深刻总结国内外发展经验教训，深刻分析国内外发展趋势的基础上，中央政府及地方政府应该转变原有的绩效考核制度，牢固树立并深入贯彻落实"创新、协调、绿色、开放、共享"五大发展理念，有助于推动政府进一步树立正确政绩观，提高行政运行效率，改进政府工作作风。要进一步构建绩效考核综合评估框架体系，以更科学、更系统的方式来考核政府绩效。要更加关注公众评价，发挥群众监督职能，提高考核制度的透明性和适用性，建立健全责任追究机制，打击政绩工程、形象工程。

（三）贯彻节能减排，发挥示范作用

"十一五"规划纲要提出的"节能减排"具有深远意义，它是我国深入贯彻落实科学发展观、构建社会主义和谐社会的重大举措；是构建资源节约型、环境友好型社会的必然选择；是推进经济结构调整，转变增长方式的必由之路；是维护中华民族长远利益的必然要求。各个政府机关要时刻牢记节约能源、降低能源消耗、减少污染物排放的目标，发挥部门职能，积极落实方针政策，加大宣传力度，创新方法模式；加强节能减排管理，建立行之有效的奖励与惩罚机制，积极稳妥推进资源性产品价格改革，不断完善节能减排的财政政策，发挥税收调节作用；拓宽融资渠道，促进国内及国际金融机构资金、国外政府贷款向节能低碳领域倾斜；调整《政府采购清单》，优先采购低碳、绿色、清洁、高效的产品，发挥政府的带头示范作用。

（四）推进政府职能由"全能型"向"有限型"转变

政府职能转变是国家政府机关应对国际国内社会环境变化，对其发

挥的作用、承担的职能、覆盖的范围、工作的方式等作出的调整。我国政府曾经在较长时间段内扮演"全能型政府"的角色，通过行政手段对经济发展、社会事项进行直接管理，充当生产者、监督者以及控制者的角色，服务职能不够突出。随着改革开放，我国社会主义市场经济的逐步发展，"全能型政府"的弊端凸显，过度干预与管理缺位现象并存，市场秩序和社会秩序真空地带较多，不利于经济社会的进一步发展。为了经济社会稳定有序发展，政府职能必须由"全能型"向"有限型"转变[320]。转变经济发展方式就要进一步发挥市场在资源配置中的决定性作用，推进国家治理体系和治理能力现代化体系，打造"服务型"政府，简政放权，政企分开，充分激发市场活力，使各种生产要素迸发出更多的经济活力。还要科学制定政府干预政策，保持政府在重点领域和重点行业的主导地位，维护国家经济社会安全[321]。

（五）加强国际合作，借鉴有关经验

我国的社会主义市场经济制度发展时日尚短，应对全球低碳化浪潮，转变经济发展方式还存在很多不足，需要借鉴和吸取国际社会的相关经验教训，积极开展国际技术项目合作，做到取长补短，合作共赢。发达国家工业化起步较早，经历了工业化过程中的污染问题，在法律、法规、管理、技术以及发展理念方面具有一定的先发优势，积累了丰富的经验和教训。在我国面临"经济增长—环境制约"的冲突下，可以就立法、管理等方面吸取经验，在技术项目方面加强合作，加快我国经济发展方式转型，推动低碳经济发展。

（六）推动碳交易市场的构建与发展

《京都议定书》把市场机制作为解决二氧化碳为代表的温室气体减排问题的新路径，即将二氧化碳排放权作为一种商品，形成二氧化碳排放权的交易，简称碳交易。碳交易市场可以分为配额交易市场和自愿交易市场两种类型。欧盟、英国和澳大利亚拥有国际性碳交易所，美国地

方性交易所繁多。我国国家发展改革委于2011年10月印发《关于开展碳排放权交易试点工作的通知》，批准北京、上海、天津、重庆、湖北、广东和深圳等七省市开展碳交易试点工作，推动了我国碳交易的相关研究与实践。转变经济发展方式的目标之一就是从"高碳经济"转向"低碳经济"，碳交易市场的发展有助于发挥市场供需的调节作用，从而实现节能减排目标。我国应积极推动碳交易市场的构建与发展，将取得的成功经验因地制宜地进行推广，促进经济发展转型。

（七）立足自身特色，加强区域合作

我国疆域辽阔，各区域自然条件、社会条件、区位优势各有长短，因而低碳经济的区域差异化明显。区域内部经济发展与环境治理呈同步发展趋势，总体上呈现出区域间和区域自身发展不协调。转变经济发展方式需要各级政府立足于各区域自身的特色，因地制宜制定各项法规政策，充分调动各种生产要素的活力。同时，各区域间要加强合作，东部地区发挥丰富的资金、技术、人才资源，结对帮扶中西部欠发达地区，开拓市场容量的同时，推动中西部地区能源、资源、劳动力等要素的流动，逐步缩小区域差距，实现区域协调发展。

（八）推进新型城市化与新型工业化发展

城市化与工业化的发展是现代社会的重要标志，面对国际国内环境的深刻变化，我国实施新型城市化战略和新型工业化战略。新型城市化战略是更为注重城市化质量，强调以人为本的城市化。新型工业化则是低碳经济时代人类社会继农业文明、工业文明之后的又一次重大进步，是生态文明社会的现实要求，必将给经济社会发展带来深远的影响[322-323]。推进新型城市化和新型工业化发展就要统筹协调我国经济运行、社会发展、生态环境、人口质量、城乡一体化、产业结构、空间结构等方面，推动新型城市化与新型工业化协同发展，摒弃以往"高碳式"发展模式，促进经济发展方式转型。

二、面向产业层面的意见

(一) 加快产业结构调整，推动产业结构优化

产业结构的均衡发展对于实现我国均衡发展格局十分重要，产业结构调整则是适应我国经济转型的必然选择[324]，也是保持经济"新常态"的重要影响因素。针对我国产业结构存在的问题，对于我国三次产业及其内部行业，要判断各个行业是否存在落后产能和过剩产能，对于落后产能要逐步淘汰，过剩产能则要加强控制，这样才能为先进产能腾出市场容量，提高技术装备水平和国际竞争力，实现产业结构优化升级。要推进产业集群，培育产业园区，发挥成本优势、交通运输优势、技术优势，实现产业链优化整合，提高产业附加值；要善于利用自然环境与农业发展的联系，提高碳汇能力，发展立体农业。要提高工业，尤其是重工业的能效水平，优化工业流程，实施技术改造；在优化传统服务业的同时，推进新兴服务业的发展，扩充产业内容，转变产业发展动力，最终实现产业结构均衡，实现产业结构优化升级。

(二) 改善技术结构

科学技术是第一生产力，在全球化形势下，国际竞争越发激烈，谁掌握了尖端科技，谁就掌握了发展先机。对于我国而言，科学技术是第一生产力，是必须摆在领先位置的国家战略，改善我国的技术结构意义深远。因此，在产业发展中要不断优化工艺流程，引入先进技术，强化自身对于尖端科技的研发能力，加大对科技研发的投入，逐步改善我国产业的技术结构。

(三) 制定低碳标准，营造低碳发展氛围

在各行业的生产、制造、加工过程中都需要消耗大量的能源和资源，除了得到最终产品以外，还会得到非期望产出对环境造成污染。通

过制定行业低碳标准，将低碳发展的理念深入到行业发展过程中，规范员工的行为，转变思维方式，提高经济能效。通过开展各种低碳活动，营造低碳发展氛围，转变以往的绩效考核方式，将低碳理念纳入考核标准，形成良性循环，实现产业的低碳可持续发展。

（四）引进绿色低碳高技术产业

全球化趋势下，生产要素在世界范围内的流动更加迅速，国际交流与合作更加频繁，产业的承接和转移成为重要载体。在以往我国承接国外产业时，大多承接的是"高投入、高能耗、高污染"的产业，如20世纪80年代，美国、日本的化工行业、冶金行业、制革行业等相继落户于我国长江三角洲与珠江三角洲地区，造成了严重的环境污染，环境舒适程度大幅度下降。由于部分地区片面追求经济利益，产业承接时未设置进入壁垒，非高新技术产业享受高新技术产业的优惠待遇，进一步加剧了我国经济发展与生态环境的矛盾。在未来的产业承接过程中，要设置绿色低碳标准和高技术产业标准，同时设置准入标准，排除高污染、高能耗产业打着"高技术"产业的口号虚假落户，将优惠政策真正落实到有利于我国低碳经济发展的产业中去。

三、面向社会公众层面的意见

（一）积极参与社会治理

党的十八届三中全会明确提出治理能力现代化的要求，构建了"政府—市场—社会"三位一体的社会治理框架，社会协同、社会参与和社会自治特色更为突出。党的十九大以来，构建"共建共享"治理格局正在逐步形成，参与主体多元化给社会公众提供了更多的平台和机会参与基层治理。低碳发展不仅涉及顶层设计，更事关涉及民生建设。因此，社会公众应该投身于广泛的社会实践中，积极参与低碳活动，自觉接受和宣传低碳发展理念，成为低碳发展的参与者、见证者。

（二）发挥监督作用

民众生活质量的好坏可以很好地反映经济运行质量的好坏，进而反映我国经济发展转型的成效。在低碳发展理念广为传播的今日，政府决策执行的效果除了自身考核以外，还需要接受人民的监督和检验。群众监督充分体现了我国的国家性质和宪法精神，通过发挥民众的监督作用，能够很好地激励和规范政府行为，使得低碳发展政策真正的落实，进一步让低碳理念深入人心，成为经济发展的下一个方向。

（三）树立低碳发展的理念

我国资源形势和环境问题引起民众的高度关注，低碳发展是今后可持续发展的必由之路，涉及经济、文化、生活等诸多领域。发展理念是发展行动的先导，只有牢固树立低碳发展理念，社会民众才会在后续的实践中贯彻低碳行动，促进低碳发展。

（四）大众创业，万众创新

创新是一个民族进步的灵魂，是一个国家兴旺发达的不竭动力。纵观历史，世界各国的发展有先后、快慢之分，其根本原因在于创新能力的不同。2015年李克强总理提出的"大众创业，万众创新"，可以扩大就业、增加居民收入，有利于促进社会纵向流动和公平正义。通过"大众创业，万众创新"，可以发现经济新的增长点，转变我国经济增加生产要素投入获得更多产出的发展方式。

第二节　发展低碳能源

物质、能量和信息是构成自然社会的基本要素。随着生产力的发展，生产工具的改进，科技的进步，人类对于能源开发和利用的程度大大加深。同时，优质能源对于人类社会的进步至关重要，能源技术也成为各国竞相发展的重要领域之一。随着我国工业化进程的推进，能源需求与能源消耗呈现出飞速的扩张趋势，我国已成为世界上最大的能源消费国、生产国和净进口国。长期发展过程中形成的以煤炭为主导的化石能源的消耗远大于新能源等可再生能源的消耗，国际石油依赖严重，带来了严重的生态环境问题，也不利于我国能源安全，更严重阻碍了我国低碳经济的发展。低碳能源是应对国际能源危机，改善我国能源结构，维护能源安全的重要武器。

一、面向政府层面的建议

（一）加快推进能源结构转型

推进能源结构转型是我国能源实现可持续发展的重要环节。我国能源结构以化石能源为主导，清洁能源、可再生能源比重和接入消纳比重都较小。要推进能源结构的转型就要不断加强低碳能源发展政策措施，依靠技术、管理等手段提高化石能源的利用率，发展清洁能源、绿色能源。能源的基础性、垄断性、产权性决定了能源结构调整离不开政府主导，政府出台能源政策，编制能源规划，发布技术标准等措施是推进低碳能源结构的有效举措。

（二）继续深化能源市场改革

目前，能源市场的重点改革对象是电力市场和石油天然气市场。虽然我国有《关于进一步深化电力体制改革的若干意见》的文件及配套的可操作文件，但现实情况却不尽如人意。电力市场机制虽然基本建立，但是活跃程度并不明显。石油天然气市场机制更待进一步完善，政府部门应该精准核算天然气管输价格，营造公平的市场竞争环境。此外，还要实现销售和管道输送业务的分离，激活各类市场主体参与竞争，有效监管管道运输成本和上下游价格，推进建设良性油气市场，构建科学合理的能源体制，才能确保能源低碳发展，使用能企业和民众能真正享受到低碳、清洁、优质、高效、价廉的能源服务。

（三）完善可再生能源财政补贴

自工业革命以来，能源的重要性不言而喻，成为经济增长的命脉。目前，由于石油、煤炭等传统化石能源的大量使用而导致能源枯竭，同时新的能源生产供应体系又未能建立，导致能源危机出现。可再生能源成为应对能源危机的有力武器，开发和利用可再生能源是我国落实科学发展观、建设资源节约型社会、实现可持续发展的基本要求，是保护环境、应对气候变化的重要措施，是开拓新的经济增长领域、促进经济转型、扩大就业的重要选择。我国部分可再生能源开发利用技术已经取得了长足的进步，并形成了一定的规模，风力发电、海洋能潮汐发电以及太阳能利用技术在诸多领域得到了应用。但在能源生产和消费结构中比重总体偏低，主要是因为可再生能源技术的成本偏高，尤其是技术含量较高的太阳能、生物质能、风能等，相关企业在进行研发时，受资金掣肘现象时有发生。因此，要不断完善可再生能源财政补贴，有效调节社会能源供求平衡，促进产业结构调整，加快经济低碳发展。

（四）借鉴有关国家的能源转型经验

发达的资本主义国家是工业革命的受益者，也是能源转型的开拓者，相关能源转型的经验可供我国借鉴。例如，英国的能源转型得益于更为清洁和廉价的替代能源来取代煤炭；丹麦的能源转型得益于最大限度地利用本土资源，颁布碳税政策，创新驱动，发展可再生能源；德国政府颁布《可再生能源法》，能源转型正式启动，其核心内容是减少煤电与核电装机，增加可再生能源供给，并降低能源消费。

（五）制定合理的减排目标

节能减排是我国应对国际气候问题、国内经济社会变化的重要战略措施，对于低碳、绿色发展意义深远。政府在推进节能减排目标时，要充分考虑到我国经济社会发展的复杂性，即我国工业化仍处于快速推进过程中，能源需求呈现出进一步扩大趋势，能源结构的调整又需要尽可能减少化石能源的供应，而新型能源还不足以支撑庞大的产业体系。因此，在制定减排目标时要统筹兼顾，不能矫枉过正，不能一味强调降低碳强度、抑制能源需求，最终阻碍经济发展。

二、面向产业层面的建议

（一）降低石油依赖

石油化工产业链涉及众多产业，石油作为基础性能源的意义不言而喻。然而，我国石油资源并不足以支撑我国快速发展的经济，原油供应主要依赖进口，对外依赖度居高不下，给产业发展和石油安全带来很大压力。要逐步降低产业对于石油的依赖，改造工艺流程，寻找清洁的替代能源，降低污染。

（二）降低煤电比重，推动水电开发

在我国快速发展的城市化和工业化进程中，电力产业发展迅猛，为我国城市建设做出巨大贡献。与此同时，我国电力行业的主要动力为煤炭，水力发电、核能发电等比重较小，由此造成的环境污染、资源浪费十分严重。因此，降低火力发电，降低煤电比例，大力开发水电，对于实现节能减排、环境保护具有重要意义。

（三）大力发展新能源和可再生能源

随着能源危机的爆发和低碳经济的兴起，各种新能源和可再生能源的开发利用引人瞩目。在各种新能源和可再生能源的开发利用中，以水电、核电、太阳能、风能、地热能、海洋能、生物质能等新能源和可再生能源的发展最为迅速。我国颁布的《可再生能源法》《清洁生产促进

法》，从政策方面对新能源和可再生能源的发展提供了保障。相关产业要努力创造宽松的发展环境，加强技术合作，攻克开发、转化、储存等技术难题，降低开发成本与提高能源稳定性，大力发展新能源和可再生能源。例如，应用新能源最为广泛的汽车行业，要大力发展混合动力汽车、纯电动汽车、燃料电池汽车以及氢动力汽车，需要整个行业联合起来加强基础设施建设，连同上下游产业，形成产业集聚和技术集聚，从而降低产业成本，推动新能源汽车快速发展。

（四）推进生态园区建设，打造低碳产业链

工业是我国能源消耗大户，其中重化工业更是重中之重。为了推进环境与经济的协调发展，国家环境生态保护部、商务部和科技部十分重视生态园区的建设。生态工业园区是将循环经济理论和工业生态学原理纳入建设框架的新型工业组织形态，是生态工业的聚集场所。推进生态园区建设，就是秉持"绿色、低碳"的理念，有助于推动高碳企业探索能源利用新途径，开发和生产环境友好型产品，增加环保设施投入，发展低碳产业[325]。

第三节　提高能效水平

我国能源利用效率偏低，相较于发达国家落后了将近 20 年，然而能耗强度却大大高于发达国家及世界平均水平，提高能源利用效率对于我国实现经济增长低碳化意义深远。

一、面向政府层面的意见

（一）防止产能过剩，减少无效供给

能源是国民经济的重要组成部分，我国进入"经济新常态"后，能

源结构性矛盾逐步凸显。针对我国能源结构中存在的问题，必须把握市场供需态势，保持二者动态平衡，贯彻落实供给侧改革，践行"三去一降一补"任务；必须调整能源生产结构和消费结构，改善水、火、核、地等能源类型的生产消费的比重分配，扩大市场对于新能源和可再生能源的消费纳入比；必须发挥市场配置资源的决定性地位，防范产能过剩风险，控制落后产能，扩张优质产能。

（二）实施重大战略工程

提高能效水平必须围绕能源结构战略调整，实施一批重大工程项目。水电、核电等工程项目作为重中之重，具备总量规模大、建设周期长的特点，需要科学合理规划，优化项目布局，把握项目进程。此外，要根据我国以"煤炭"为代表的化石能源为主的能源结构，相应地对煤炭、石油产业进行结构调整，进而实现能源结构优化升级；还要保障我国能源安全，降低能源风险，提高自主开发利用能力，发展现代能源工业。

（三）统筹协调能源结构，综合提升能效水平

低碳化发展是我国能源革命的战略方向，推进能源清洁高效利用是实现低碳能源发展的重要手段。我国能源结构侧重点突出，能源系统中可再生能源是显著短板，要不断加强能源系统优化，提升民生服务质量，尽快补齐不足之处。要不断扩大煤电机组灵活性改造范围，加快抽水蓄能电站建设，积极发展大容量规模化储能，着力提升电网调峰能力，促进新能源发电的生产与消费；要贯彻落实能源民生工程，扩大清洁能源供给，提升人民能效水平。

（四）持续推进创新驱动战略

创新是一个民族进步的灵魂，是一个国家兴旺发达的不竭动力。人类文明进步的源泉在于科学发现、技术创新和工程技术的不断进步，得

益于科学技术应用于生产实践中形成的先进生产力，得益于近代启蒙运动所带来的人们思想观念的巨大解放。创新驱动使得经济增长方式通过科学技术创新带来的效益实现集约化，用技术变革提高生产要素的产出率。我国政府应持续推进创新驱动战略，制定配套的法律法规，完善财税政策，制定激励机制，营造创新氛围，鼓励新兴技术、高新技术的发展，推动能效水平提升。

二、面向产业层面的建议

（一）创新能源生产消费模式

随着科技的发展和新能源的兴起，汽车、能源、电网等领域出现新的生产消费模式，能源生产和消费模式得到不断创新。要进一步将能效利用与消费需求有效融合，重点是要通过市场发挥作用，依靠完善的价格机制以及推广大用户直供等措施，提高电力、天然气在产业能源消耗中的比重。

（二）推动科技创新

通过科技创新推动科技进步的贡献率，提升技术效率，进而推动能效水平提高。主要通过三条路径实现：一是科技创新会通过改进或提升能源本身的质量而提高能效水平，如洗煤技术、脱硫技术有利于提高煤炭的质量，进而提高能效水平；二是通过科技创新所产生的新工艺、新技术、新设备作用于能源，有益于提高能源使用效率；三是与科技进步所要求的生产组织的改进也会提高能效水平，如产业低碳标准的制定、生产流程的改进。

三、面向社会公众层面的建议

（一）使用节能设备

低碳是一种生活习惯，是一种节约身边各种资源的习惯，在日常生活中可以通过节能设备的使用来提升能效水平。包括节电设备、节煤设备、节水设备、节气设备、节油设备，采用新型保温材料、节能灯、变频空调、新能源汽车等。

（二）尽量使用清洁能源

转变传统的取暖、照明、采光方式，尽量减少煤炭的使用，尽可能使用天然气、太阳能、风能、潮汐能、沼气等新型能源，降低碳排放。

（三）提升人才资源质量，牢固和提升环保意识

全球越来越激烈的竞争归根结底是人才的竞争，人才资源是一个国家、一个民族、一个区域的核心竞争力。我国正处于经济社会转型的深刻变革时期，经济转型发展离不开人才的培养，社会公众要通过各种平台和媒介，横向联合，巧借外力因素，努力提升自身的教育水平，不断牢固和提高环保意识，形成有效的激励机制，进而在生活、工作中提升能效水平[326]。

第四节　促进节能环保产业的快速发展

低碳化浪潮席卷全球，低碳经济理念深入人心，世界各国积极培育新能源产业和高新技术产业，实质是降低能耗和减少污染物排放，提高能源利用效率，加大废弃物循环使用率，建立健康有效的能源、环境和社会的低碳经济体系，保障人类的长治久安。当全球都在响应低碳发展的号召，致力于寻找低碳、绿色、可持续的发展方式时，中国也在结合自身实际情况，不遗余力地寻求一种适合自己的、长治久安的发展方式。我国长期延续的发展模式呈现出典型的高碳经济特征：高投入、高能耗、高排放。"十一五"以来，我国大力推进节能减排，发展循环经济，建设资源节约型环境友好型社会，为节能环保产业发展创造了巨大

需求，节能环保产业得到较快发展。针对节能环保产业发展提出以下建议。

一、面向政府层面的建议

（一）完善相关法律和政策

节能环保产业尚处于幼生期，面临着巨大的机遇和挑战，该产业的进一步发展离不开相关政策的扶持。我国政府要完善以环境保护法律、节约能源法、循环经济促进法、清洁生产促进法等为核心，配套法规相协调的节能环保法律法规体系。研究建立生产者责任延伸制度，逐步建立相关废弃产品回收处理基金，研究制定强制回收产品目录和包装物管理办法。要加快推进资源性产品价格改革，制定鼓励节能环保产业用电价格政策，完善电力峰谷分时电价政策。对能源消耗超过国家和地区规定的单位产品能耗（电耗）限额标准的企业和产品，实行惩罚性电价，形成有效的激励和约束机制，引导和鼓励社会资本投向节能环保产业，拉动节能环保产业市场的有效需求。

（二）拓宽融资渠道，加大财政补贴

国家政府机关要鼓励银行业金融机构在满足监管要求的前提下，积极开展金融创新，加大对节能环保产业的支持力度。建立银行绿色评级制度，将绿色信贷成效作为对银行机构进行监管和绩效评价的要素。鼓励信用担保机构加大对资质好、管理规范的节能环保企业的融资担保支持力度。支持符合条件的节能环保企业发行企业债券、中小企业集合债券、短期融资券、商业票据等，重点用于环保设施和再生资源回收利用设施建设。要安排财政资金支持和引导节能环保产业发展，安排中央财政节能减排和循环经济发展专项资金，采取补助、贴息、奖励等方式，支持节能减排重点工程和节能环保产业发展重点工程，加快推行合同能源管理。

二、面向产业层面的建议

(一) 技术创新带动

产业发展要完善以企业为主的技术创新体系，注重行业、企业原始创新、集成创新和引进消化吸收再创新，形成更多拥有自主知识产权的核心技术和具有国际品牌的产品，提升装备制造能力和水平，促进产业升级，形成节能环保产业发展新优势。

(二) 规范市场秩序

市场配置资源的决定性作用在于市场价格机制、供需机制的有效发挥，市场秩序的公平合理有助于市场发挥作用。节能环保产业的发展要打破地方保护，加强行业自律，强化执法监督，建立统一开放、公平竞争、规范有序的市场环境，促进节能环保产业健康发展。

(三) 重点工程引领

重点工程是指在一定时期内对社会经济发展起决定作用的重要工程项目的建设。围绕节能减排目标，节能环保产业的发展要适应我国客观经济规律，针对我国经济结构的突出特点，要加快实施节能、循环经济和环境保护重点工程，形成对节能环保产业最直接、最有效的需求拉动，带动节能环保产业快速发展。

参考文献

[1] 王兵, 刘光天. 节能减排与中国绿色经济增长——基于全要素生产率的视角 [J]. 中国工业经济, 2015 (5): 57 - 69.

[2] 刘伟. 和谐社会建设中的经济增长质量问题 [J]. 当代经济研究, 2006 (12): 42 - 45.

[3] 任保平. 中国经济增长质量的观察与思考 [J]. 中国社会科学辑刊, 2012 (2): 80 - 85.

[4] 陈冬益, 陈文仙. 专家预测: 2020 年非化石能源消费达 30% [N]. 中国证券报, 2007 - 05 - 29.

[5] 王铮, 朱永根, 刘昌新等. 最优增长路径下的中国碳排放估计 [J]. 地理学报, 2010, 65 (12): 1559 - 1568.

[6] 韩雪梅. 西部地区 3E 系统协调发展研究 [D]. 兰州大学, 2015.

[7] 郑少华. 我国发展低碳经济对策研究 [J]. 合作经济与科技, 2011 (11): 25 - 27.

[8] 李晓芳. "资源诅咒" 与资源富集地区经济的可持续发展 [D]. 陕西师范大学, 2012.

[9] Solow R M. A Contributon to the Theory of Economic Growth [J]. The Quarterly Journal of Economics, 1956, 70 (1): 65 - 94.

[10] Solow R M. Growth theory and after [J]. The American Economic Review, 1988, 78 (3): 307 - 317.

［11］ Cass D. Optimum growth in an aggregative model of capital accumulation ［J］. The Review of economic studies, 1965, 32 (3): 233 – 240.

［12］ Koopmans TC. Objectives, constrains and outcomes in optimal growth models ［J］. Ecomonetrica, 1967, 35 (1): 1 – 15.

［13］ Kraft J and Kraft A. On the relationship between energy and GNP ［J］. Journal of Energy Development, 1978 (3): 401 – 403.

［14］ Francis B W, Moseley L. Energy consumption and projected growth in selected Caribbean countries ［J］. Energy Economics, 2007, 29 (6): 1224 – 1232.

［15］ Yang H Y. A note on the causal relationship between energy and GDP in Taiwan ［J］. Energy Economics, 2000, 22 (3): 309 – 317.

［16］ Yuan J, Kang J, Zhao C, Hu Z. Energy consumption and economic growth: evidence from China at both aggregated and disaggregated levels ［J］. Energy Economics, 2008, 30 (60): 3077 – 3094.

［17］ Hu A G Z, Jefferson G H, Jinchang Q. R&D and Technology Transfer: Firm-level Evidence from Chinese Industry ［J］. Review of Economics and Statistics, 2005, 87 (4): 780 – 786.

［18］ 莱斯特·R. 布朗. 生态经济: 有利于地球的经济构想 ［M］. 台湾: 东方出版社, 2002.

［19］ Johnston D, Lowe R, Bell M. An exploration of the technical feasibility of achieving CO_2 emission reductions in excess of 60% within the UK housing stock by the year 2050 ［J］. Energy Policy, 2005, 33 (13): 1643 – 1659.

［20］ Treffers T D, Faaij A P C, Spakman J. Exploring the possibilities for setting up sustainable energy systems for the long term: two visions for the dutch energy system in 2050 ［J］. Energy Policy, 2005, 33 (13): 1723 – 1743.

［21］ Koji S, Yoshitaka T, Kei G, Yuzuru M. Developing a long-term local society design methodology towards a low-carbon economy: an application to shiga prefecture in Japan ［J］. Energy Policy, 2007, 35 (9): 4688 – 4703.

［22］ Frankel J A, Romer D. Does trade cause growth ［J］. American Economic Review, 1999, 89 (3): 379 – 399.

［23］ 梁经纬. 非线性视角下能源消费与经济增长关系研究: 基于中国的实证分析 ［D］. 天津大学, 2013.

［24］ 刘亦文. 能源消费、碳排放与经济增长的可计算一般均衡分析 ［D］. 湖南大学, 2013.

［25］ 郭毓东. 能源消费与经济增长——生态环境协调发展研究 ［D］. 中国地质大学, 2015.

［26］ 杨莎莎, 吴功亮, 赵聪. 低碳经济发展下能源消耗、碳排放与经济增长的关系 ［J］. 桂林理工大学学报, 2015, 35 (2): 376 – 382.

［27］ 夏凌娟. 基于系统动力学的中国能源消费与经济增长的关系研究 ［D］. 中国地质大学, 2016.

［28］ 杨景海. 能源消耗、宏观成本与经济增长可持续性研究——基于成本管理的视角 ［D］. 东北财经大学, 2016.

［29］ 刘丹鹤, 彭博, 黄海思. 低碳技术是否能成为新一轮经济增长点——低碳技术与 IT 技术对经济增长影响的比较研究 ［J］. 经济理论与经济管理, 2010 (4): 12 – 18.

［30］ 于晓曦, 孙英隽. 技术创新对区域增长的动力机制分析 ［J］. 企业经济, 2011 (7): 9 – 11.

［31］ 刘小鲁. 我国创新能力积累的主要途径: R&D, 技术引进, 还是 FDI? ［J］. 经济评论, 2011 (3): 88 – 96.

［32］ 张振刚, 白争辉, 陈志明. 绿色创新与经济增长的多变量协整关系研究——基于 1989 – 2011 年广东省数据 ［J］. 科技进步与对策, 2014 (10): 24 – 30.

[33] 李平，李蕾蕾．基础研究对后发国家技术进步的影响——基于技术创新和技术引进的视角 [J]．科学学研究，2014，32 (5)：677 - 686.

[34] 张德茗，白秀艳．技术差距、技术引进与中国工业绿色经济增长 [J]．广西社会科学，2016 (1)：71 - 76.

[35] 马一蕾．技术创新与区域绿色经济增长的实证研究 [D]．南昌大学，2016.

[36] 吴文洁，高丛，杨光磊．绿色技术进步对中国经济增长影响的实证分析 [J]．统计与决策，2017 (21)：121 - 125.

[37] 马大来，杨光明．金融发展、技术进步与中国低碳经济增长效率——基于空间面板数据模型的实证研究 [J]．重庆大学学报 (社会科学版)，2018，24 (3)：13 - 28.

[38] 郭辉，董晔．碳排放和能源消费约束下的中国绿色全要素生产率和经济增长研究——基于扩展的索洛模型分析 [J]．经济经纬，2012 (6)：77 - 81.

[39] 杨志明．节能减排约束下的中国城市经济增长 [D]．山东大学，2014.

[40] 邹庆．经济增长、国际贸易与我国碳排放关系研究 [D]．重庆大学，2014.

[41] 孙猛．经济增长视角下的中国碳排放及减排绩效研究 [D]．吉林大学，2014.

[42] 张尔俊．碳排放约束下中国经济增长路径统计研究 [D]．首都经济贸易大学，2014.

[43] 谌莹，张捷．碳排放、绿色全要素生产率与经济增长 [J]．数量经济技术经济研究，2016 (8)：47 - 63.

[44] 杨万平．能源消费与污染排放双重约束下的中国经济绿色增长 [J]．当代经济科学，2011，33 (2)：91 - 98，127.

[45] 张瑞．环境规制、能源生产力与中国经济增长 [D]．重庆大

学，2013.

［46］周璇．产业区位商视角下环境污染与经济增长关系的研究［D］．中国地质大学，2014.

［47］唐李伟．污染物排放环境治理与经济增长——机理、模型与实证［D］．湖南大学，2015.

［48］杜颖．河北省经济增长与大气污染关系研究［D］．中国地质大学，2016.

［49］张爱华．环境规制对经济增长影响的区域差异研究［D］．兰州大学，2017.

［50］倪曾曾．山西省经济增长与环境污染关系研究［D］．山西财经大学，2017.

［51］Parhta Dasgupta，Geoffrey Heal. The Optimal Depletion of Exhaustible Resources ［J］. The Review of Economic Studies，1974，41（5）：3 – 28.

［52］Baumol W J. On the possibility of continuing expansion of expansion of finite resources ［J］. Kyklos，1986，39（2）：167 – 179.

［53］Bovenberg A，S Smulders. Environmental quality and pollution-augmenting technological change in a two-sector endogenous growth model ［J］. Journal of Public Economics，1995，57（3）：369 – 391.

［54］Ligthart J E，Van der Ploeg F. Pollution，the Cost of Public Funds and Endogeous Growth ［J］. Economic Letters，1994，46（4）：339 – 349.

［55］Stokey N L. Are There Limits to Growth ［J］. International Economic Review，1998，39（1）：1 – 31.

［56］菲利普·阿吉翁，彼得·霍依特．内生增长理论［M］．北京：北京大学出版社，2004.

［57］杨文举．基于DEA的绿色经济增长核算：以中国地区工业为例［J］．数量经济技术经济研究，2011（1）：19 – 34.

［58］虞晓雯．面板VAR模型框架下我国低碳经济增长作用机制的动

态分析 [J]. 中国管理科学, 2014, 22: 731 - 740.

[59] 解晋. 绿色全要素生产率增长、二氧化碳减排与中国经济可持续发展 [D]. 重庆大学, 2015.

[60] 雷明, 虞晓雯. 我国低碳经济增长的测度和动态作用机制——基于非期望 DEA 和面板 VAR 模型的分析 [J]. 经济科学, 2015 (2): 44 - 57.

[61] 程东祥. 朱虹, 陈静等. 基于灰色 VAR 模型的南京市技术创新与低碳经济增长的关系研究 [J]. 生态经济, 2016, 32 (10): 62 - 66, 125.

[62] 公维凤, 周德群, 王传会. 省际低碳经济增长路径优化及碳排放脱钩预测 [J]. 科研管理, 2013, 34 (5): 111 - 120.

[63] 李爱华, 宿洁, 贾传亮. 经济增长与碳排放协调发展及一致性模型研究——宏观低碳经济的数理分析 [J]. 中国管理科学, 2017, 25 (4): 1 - 6.

[64] 陈诗一. 能源消耗、二氧化碳与中国工业的可持续发展 [J]. 经济研究, 2009 (4): 41 - 55.

[65] 袁富华. 低碳经济约束下的中国潜在经济增长 [J]. 经济研究, 2010 (8): 79 - 89, 154.

[66] 朱焕焕. 低碳背景下环境、能源与经济增长研究 [D]. 江苏大学, 2017.

[67] 孙菲菲. 低碳经济下中国经济增长方式转变研究 [D]. 黑龙江大学, 2011.

[68] 乔榛. 发展低碳经济与加快经济增长是否冲突? [J]. 苏州大学学报 (哲学社会科学版), 2012 (4): 92 - 96, 192.

[69] 于雪霞. 低碳时代经济增长与资源约束 [J]. 资源与产业, 2011, 13 (4): 139 - 143.

[70] 李文洁. 中国低碳经济的发展研究——基于能源开发与经济增长的视角 [J]. 经济学家, 2012 (1): 21 - 29.

［71］王甜. 低碳背景下陕西省经济增长模式的转变研究［D］. 西安外国语大学，2013.

［72］Phetkeo Poumanyvong，Shinji Kaneko. Does urbanization lead to less energy use and lower CO_2 emissions? A cross-country analysis［J］. Ecological Economics，2010，70（2）：434 – 444.

［73］Shaojian Wang，Chuanglin Fang，Xingliang Guan，Bo Pang，Haitao Ma. Urbanisation，energy consumption，and carbon dioxide emissions in China：A panel data analysis of China's provinces［J］. Applied Energy，2014，136：738 – 749.

［74］Tahsin Bakirtas，Ahmet Gokce Akpolat. The relationship between energy consumption，urbanization，and economic growth in new emerging-market countries［J］. Energy，2018，147（6）：110 – 121.

［75］Research Group of Sustainable Development Strategy in the Chinese Academy of Sciences. Strategic Outline of Modernization Process of China［M］. Beijing：Sciences Press，1999.

［76］刘耀彬，陈裴. 中国城市化进程中的资源消耗"尾效"分析［J］. 中国工业经济，2007（11）：48 – 55.

［77］关雪凌. 城镇化与能源消费作用机制及协同发展研究［D］. 中国矿业大学，2015.

［78］谢利平. 能源消费与城镇化、工业化［J］. 工业技术经济，2015（5）：95 – 100.

［79］徐盈之，王秋彤. 能源消费对新型城镇化影响的研究——基于门槛效应的检验［J］. 华东经济管理，2018，32（5）：5 – 13.

［80］梁朝晖. 城市化不同阶段能源消费的影响因素研究［J］. 上海财经大学学报，2010，12（5）：89 – 96.

［81］马珩. 中国城市化和工业化对能源消费的影响研究［J］. 中国软科学，2012（1）：176 – 182.

［82］刘江华，邵帅，姜欣. 城市化进程对能源消费的影响：我们

离世界水平还有多远？——基于国内和国际数据的比较考察［J］．财经研究，2015，41（2）：111－122．

［83］黄献松．城市化与能源消费关系的动态计量分析——以陕西省电力消费为例［J］．城市发展研究，2009，16（3）：92－98．

［84］袁晓玲，方莹，张宝山．能源消费与城市化水平关系的动态计量分析——以关中城市群为例［J］．城市发展研究，2011，18（3）：65－71．

［85］杨肃昌，韩君．城市化与能源消费：动态关系计量与贡献度测算——基于甘肃省数据的实证分析［J］．西北人口，2012，33（4）：120－125，129．

［86］Usama Al-mulali，Che Normee Binti Che Sab，Hassan Gholipour Fereidouni. Exploring the bi-directional long run relationship between urbanization，energy consumption，and carbon dioxide emission［J］. Energy，2012，46（1）：156－167．

［87］Yuan Wang，Li Li，Jumpei Kubota，Rong Han，Xiaodong Zhu，Genfa Lu. Does urbanization lead to more carbon emission? Evidence from a panel of BRICS countries［J］. Applied Energy，2016，168：375－380．

［88］Xilong Yao，Dong Kou，Shuai Shao，Xiaoyu Li，Wenxi Wang，Chentao Zhang. Can urbanization process and carbon emission abatement be harmonious? New evidence from China［J］. Environmental Impact Assessment Review. 2018，71：70－83．

［89］许泱，周少甫．我国城市化与碳排放的实证研究［J］．长江流域资源与环境，2011，20（11）：1304－1309．

［90］关海玲，陈建成，曹文．碳排放与城市化关系的实证［J］．中国人口·资源与环境，2013，23（4）：111－116．

［91］张腾飞，杨俊，盛鹏飞．城镇化对中国碳排放的影响及作用渠道［J］．中国人口·资源与环境，2016，26（2）：47－57．

［92］蔡梦宁．中国城市化、碳排放与经济增长的关系研究［D］．

华中科技大学, 2016.

[93] Martinez-Zarzoso, Maruotti, A. The impact of urbanization on CO_2 emissions: evidence from developing countries [J]. Ecological Economics, 2011, 70 (7): 1344 – 1353.

[94] 薛冰, 李春荣, 刘竹等. 全球 1970 – 2007 年碳排放与城市化关联机理分析 [J]. 气候变化研究进展, 2011, 7 (6): 423 – 427.

[95] 赵红, 陈雨蒙. 我国城市化进程与减少碳排放的关系研究 [J]. 中国软科学, 2013 (3): 184 – 192.

[96] 何伟. 城市化发展与碳排放的关系研究——基于上海市、山东省和甘肃省的实证研究 [D]. 上海师范大学, 2015.

[97] 林伯强, 刘希颖. 中国城市化阶段的碳排放: 影响因素和减排策略 [J]. 经济研究, 2010 (8): 66 – 78.

[98] 樊杰, 李平星. 基于城市化的中国能源消费前景分析及对碳排放的相关思考 [J]. 地球科学进展, 2011, 26 (1): 57 – 65.

[99] 张馨, 牛叔文, 赵春升等. 中国城市化进程中的居民家庭能源消费及碳排放研究 [J]. 中国软科学, 2011 (9): 65 – 75.

[100] 徐安. 我国城市化与能源消费和碳排放的关系研究 [D]. 华中科技大学, 2011.

[101] 卫平, 周亚细. 城市化、能源消费与碳排放——基于 STIRPAT 模型的跨国面板数据实证研究 [J]. 生态经济, 2014, 30 (9): 14 – 18.

[102] 马大来. 中国区域碳排放效率及其影响因素的空间计量研究 [D]. 重庆大学, 2015.

[103] 杨小波等. 城市生态学 [M]. 北京: 科学出版社, 1997.

[104] 杨永春. 城市生态研究概述 [J]. 湖南环境生物职业技术学院学报, 2004, 10 (3): 217 – 221.

[105] 卢婧. 中国低碳城市建设的经济学探索 [D]. 吉林大学, 2013.

[106] 吴健生, 许娜, 张曦文. 中国低碳城市评价与空间格局分析

［J］. 地理科学进展，2016，35（2）：204 - 213.

［107］张新莉. 基于 TOPSIS 的中国低碳城市评价研究 ［D］. 吉林大学，2017.

［108］Yin Long, Yoshikuni Yoshida, Liang Dong. Exploring the indirect household carbon emissions by source：Analysis on 49 Japanese cities ［J］. Journal of Cleaner Production, 2017, 167：571 - 581.

［109］Xuemei jiang, Dabo Guan, Luis Antonio López. The global CO_2 emission cost of geographic shifts in international sourcing ［J］. Energy Economics, 2018, 73：122 - 134.

［110］Xianchun Tan, Haiping Lai, Baihe Gu, Yuan Zeng, Hui Li. Carbon emission and abatement potential outlook in China's building sector through 2050 ［J］. Energy Policy, 2018, 118：429 - 439.

［111］Edward B Barbier. Endogenous Growth and Natural Resource Scarcity ［J］. Environmental and Resource Economics, 1999, 14（1）：51 - 74.

［112］Gene M Grossman, Alan B Krueger. Environmental impacts of a North American Free Trade Agreement ［R］. National Bureaus of Economic Research Working Paper, 1991.

［113］Richard Harris. Applied General Equilibrium Analysis of Small Open Economics with Scale Economies and Imperfect Competition ［J］. American Economic Review, 1984, 74（5）：1016 - 1032.

［114］Ferdinand E Bank. Energy Economics：A Modern Introduction ［M］. New York：Springer-Verlag, 2000.

［115］Batara Surya. The Processes Analysis of Urbanization, Spatial Articulation, Social Change and Social Capital Difference in the Dynamics of New Town Development in the Fringe Area of Makassar City ［J］. Procedia-Social and Behavioral Sciences, 2016, 227：216 - 231.

［116］牟晶. 低碳城市化平衡发展研究——以山东省为例 ［D］. 山东财经大学，2012.

［117］郭宁．我国低碳城市化发展的路径探析［D］．山东大学，2012.

［118］杜漪．低碳城市化：四川省的战略选择［J］．河北经贸大学学报，2012，33（1）：85-89.

［119］王玉芳．低碳城市评价体系研究［D］．河北大学，2010.

［120］辛玲．低碳城市评价指标体系的构建［J］．统计与决策，2011（7）：78-80.

［121］王赢政，周瑜瑛，邓杏叶．低碳城市评价指标体系构建及实证分析［J］．统计科学与实践，2011（1）：48-50.

［122］谈琦．低碳城市评价指标体系构建及实证研究——以南京、上海动态对比为例［J］．生态经济，2011（12）：81-84，96.

［123］路正南，孙少美．城市低碳化可持续发展指标初探［J］．科技管理研究，2011，31（4）：57-59.

［124］宋凯．低碳城市评价体系研究——基于陕西省面板数据分析［D］．陕西师范大学，2012.

［125］杨艳芳，李慧凤．北京市低碳城市发展评价指标体系研究［J］．科技管理研究，2012，32（15）：88-90.

［126］刘军．国外低碳城市的建设经验及对我国城市化的启示［J］．科技进步与对策，2010，27（22）：60-63.

［127］郭万达，黄佳军，杨伟等．低碳城市化：我国城市发展新坐标［J］．开放导报，2010（2）：20-25.

［128］罗栋燊．低碳城市建设若干问题研究［D］．福建师范大学，2011.

［129］郝华勇．论低碳城镇化的实现路径［J］．农业经济，2013（7）：33-34.

［130］戴小文．中国低碳城市建设支撑要素研究［D］．西南财经大学，2013.

［131］刘强，李高，陈怡等．中国低碳城镇化的问题及对策选择

［J］. 中国人口·资源与环境, 2016, 26（2）: 42 - 46.

［132］Rui Xie, Jiayu Fang, Cenjie Liu. The effects of transportation infrastructure on urban carbon emissions ［J］. Applied Energy, 2017, 196: 199 - 207.

［133］Dequn Zhou, Xiaoyong Zhou, Qing Xu, Fei Wu, Qunwei Wang, Donglan Zha. Regional Embodied Carbon Emissions and their Transfer Characteristics in China ［J］. Structural Change and Economic Dynamics, 2018, 46: 180 - 193.

［134］Longyu Shi, Jing Sun, Jianyi Lin, Yang Zhao. Factor decomposition of carbon emissions in Chinese megacities ［J］. Journal of Environmental Sciences, 2018（12）: 209 - 215.

［135］辜胜阻, 曹冬梅, 韩龙艳. "十三五"中国城镇化六大转型与健康发展 ［J］. 中国人口·资源与环境, 2017, 27（4）: 6 - 15.

［136］于立. "生态文明"与新型城镇化的思考和理论探索 ［J］. 城市发展研究, 2016, 23（1）: 19 - 26.

［137］张新平. 生态文明视角下新型城镇化建设的思考 ［J］. 管理学刊, 2015, 28（3）: 40 - 45, 57.

［138］中国经济增长与宏观稳定课题组, 陈昌兵, 张平等. 城市化、产业效率与经济增长 ［J］. 经济研究, 2009（10）: 4 - 21.

［139］郑德凤, 臧正, 孙才志. 绿色经济、绿色发展及绿色转型研究综述 ［J］. 生态经济, 2015, 31（2）: 64 - 68.

［140］Hwang C L, Yoon K. Multiple Attribute Decision Making: Methods and Application ［M］. New York: Springer-Verlag, 1981.

［141］何春, 谭啸, 汤凯. "一带一路"节点城市新型城镇化水平测度及优化 ［J］. 经济问题探索, 2017（6）: 184 - 191.

［142］黄秉杰, 赵洁, 刘小丽. 基于信息熵评价法的资源型地区可持续发展新探 ［J］. 统计与决策, 2017（11）: 34 - 37.

［143］关雪凌, 丁振辉. 日本产业结构变迁与经济增长 ［J］. 世界

经济研究, 2012 (7): 80 - 86.

[144] 吕明元, 尤萌萌. 韩国产业结构变迁对经济增长方式转型的影响——基于能耗碳排放的实证分析 [J]. 世界经济研究, 2013 (7): 73 - 80.

[145] 张辉, 丁匡达. 美国产业结构、全要素生产率与经济增长关系研究: 1975 - 2011 [J]. 经济学动态, 2013 (7): 140 - 148.

[146] 刘彦花, 陈伟清. 广西北部湾经济区产业结构演进与经济增长研究 [J]. 广西社会科学, 2017 (1): 16 - 20.

[147] 宋加山, 张鹏飞, 邢娇娇等. 产城融合视角下我国新型城镇化与新型工业化互动发展研究 [J]. 科技进步与对策, 2016, 33 (17): 49 - 55.

[148] 陈志华. 工业化带动新型城镇化的对策研究——以山西省为例 [J]. 经济问题, 2016 (9): 120 - 125.

[149] 刘海龙. 促进我国工业化与城镇化互动发展 [J]. 宏观经济管理, 2016 (6): 72 - 76.

[150] 钟丽娟. 城市化与工业化 [J]. 现代经济信息, 2013 (5): 7.

[151] 梁红秀, 谭培文. 新型城镇化中的工业化、城市化与现代化互动发展问题 [J]. 广西社会科学, 2016 (8): 58 - 61.

[152] 孙虎, 乔标. 我国新型工业化与新型城镇化互动发展研究 [J]. 地域研究与开发, 2014, 33 (4): 64 - 68.

[153] 曾珍香, 顾培亮, 张闽. 可持续发展的概念及内涵的研究 [J]. 管理世界, 1998 (2): 209 - 210, 214.

[154] 刘思峰等. 灰色系统理论及其应用（第五版）[M]. 北京: 科学出版社, 2010.

[155] 刘震, 徐国亮. 新型城镇化中的城市反哺农村 [J]. 甘肃社会科学, 2017 (6): 182 - 186.

[156] 安晓云. 农村生活方式城市化进程研究 [J]. 社会科学论坛, 2002 (1): 44 - 46.

·

［157］王勇．农村生活方式城市化的理路［J］．理论观察，2014（3）：98 - 99．

［158］陈晓春，谭娟，陈文婕．论低碳消费方式［N］．光明日报，2009 - 04 - 21（10）．

［159］谢国萍．农村居民消费升级的表现、特征及对策［J］．商业经济研究，2018（3）：54 - 56．

［160］赵贵府．城乡一体化进程中扩大农村消费研究——以河南省为例［J］．商业经济研究，2018（1）：128 - 130．

［161］胡绍雨，申曙光．农村消费方式变迁及其作用消费增长的机理［J］．西部论坛，2014，24（5）：22 - 29．

［162］袁欣．蚌埠市城市空间形态演变历程与规律研究［D］．天津大学，2016．

［163］冯雪林．1949 年以来榆林城市空间演变研究［D］．西安建筑科技大学，2015．

［164］张立新，朱道林，杜挺等．基于 DEA 模型的城市建设用地利用效率时空格局演变及驱动因素［J］．资源科学，2017，39（3）：418 - 429．

［165］卢时超，戚勇，李冰心．长春市城市建设用地结构演变及驱动力分析［J］．吉林建筑工程学院学报，2010，27（5）：45 - 48．

［166］李善同，王菲．我国交通基础设施建设对城市化的影响及政策建议［J］．重庆理工大学学报（社会科学），2017，31（4）：1 - 5．

［167］时鹏飞．我国城市交通管理现状及其对策探析［J］．决策探索（中），2017（11）：81 - 82．

［168］薛炳勇，张云，孙文君等．城市交通拥堵问题的科学治理方案［J］．河北工程技术高等专科学校学报，2017（4）：51 - 53．

［169］冯雪，刘芳．交通对城市发展的影响机制探析［J］．当代经济，2011（9）：24 - 25．

［170］朱晓明，许山白．我国区域产业结构趋同问题研究综述

［J］. 人文地理，2007（2）：20 – 22，86.

［171］刘英群. 中国城市化、经济、空间和人口［D］. 东北财经大学，2011.

［172］Lucas R E. On the Mechanics of Economic Development［J］. Monetary Economics，1988，22（1）：3 – 42.

［173］Romer P. Increasing Returns and Long-Run Growth［J］. Political Economy，1986，94：1002 – 1037.

［174］Fay M，Opal C. Urbanization without Growth：A Not-So-Uncommon Phenomenon［J］. Policy Research Working Paper，2000（10）：1 – 25.

［175］Jones B，Kone S. An exploration of relationships between urbanization and per capita income：United States and countries of the world［J］. Papers in Regional Science，1996，75（2）：135 – 153.

［176］陈明星，陆大道，刘慧. 中国城市化与经济发展水平关系的省际格局［J］. 地理学报，2010，65（12）：1443 – 1453.

［177］孙东琪，张京祥，张明斗等. 长江三角洲城市化效率与经济发展水平的耦合关系［J］. 地理科学进展，2013，32（7）：1060 – 1071.

［178］刘华军，张权，杨骞. 城镇化、空间溢出与区域经济增长——基于空间回归模型偏微分方法及中国的实证［J］. 农业技术经济，2014（10）：95 – 105.

［179］刘满芝，刘贤贤. 中国城镇居民生活能源消费影响因素及其效应分析——基于八区域的静态面板数据模型［J］. 资源科学，2016，38（12）：2295 – 2306.

［180］李强，王小刚. 静态与动态面板数据模型及其应用［J］. 泰山学院学报，2014，36（6）：13 – 17.

［181］禹四明，李亚诚. 城镇化背景下居民消费水平与经济增长的动态分析［J］. 消费经济，2015，31（5）：86 – 91.

[182] 王亚平, 程钰, 任建兰. 城镇化对绿色经济效率的影响 [J]. 城市问题, 2017 (8): 59 – 66.

[183] 高春亮, 魏后凯. 中国城镇化趋势预测研究 [J]. 当代经济科学, 2013, 35 (4): 85 – 90, 127.

[184] 陈彦光, 罗静. 城市化水平与城市化速度的关系探讨——中国城市化速度和城市化水平饱和值的初步推断 [J]. 地理研究, 2006 (6): 1063 – 1072.

[185] 王建军, 吴志强. 城镇化发展阶段划分 [J]. 地理学报, 2009, 64 (2): 177 – 188.

[186] 陈彦光. 人口与资源环境预测中 Logistic 模型承载量参数的自回归估计 [J]. 自然资源学报, 2009, 24 (6): 1105 – 1114.

[187] 陈彦光, 余斌. 人口增长的常用数学模型及其预测方法——兼谈对 Keyfitz 双曲增长等模型的修正与发展 [J]. 华中师范大学学报 (自然科学版), 2006 (3): 452 – 456.

[188] 刘耀彬. 中国城市化与能源消费关系的动态计量分析 [J]. 财经研究, 2007, 33 (11): 72 – 81.

[189] 林伯强. 中国能源需求的经济计量分析 [J]. 统计研究, 2001 (10): 34 – 39.

[190] Jones D W. Urbanization and energy use in economic development [J]. Energy Journal, 1989, 10 (4): 29 – 44.

[191] Jones D W. How urbanization affects energy-use in developing countries [J]. Energy Policy, 1991, 19 (7): 621 – 630.

[192] 程开明, 张亚飞, 陈龙. 中国城镇化影响能源消耗的效应分解及机制探析 [J]. 地理科学, 2016, 36 (11): 1661 – 1669.

[193] Parikh J, Shukla V. Urbanization, energy use and greenhouse effects in economic development: Results from a cross-national study of developing countries [J]. Global Environmental Change, 1995, 5 (2): 87 – 103.

［194］Ewing R，Rong F. The impact of urban form on U. S. residential energy use ［J］. Housing Policy Debate，2008，19（1）：1 – 30.

［195］王蕾，魏后凯. 中国城镇化对能源消费影响的实证研究 ［J］. 资源科学，2014，36（6）：1235 – 1243.

［196］曹孜，陈洪波. 城市化和能源消费的门槛效应分析与预测 ［J］. 中国人口·资源与环境，2015，25（11）：59 – 68.

［197］王超，蒋瑛. 城市化对中国能源消费效应的作用和机制 ［J］. 甘肃社会科学，2016（1）：80 – 83.

［198］Ang B W，Zhang F Q. A survey of index decomposition analysis in energy and environmental studies ［J］. Energy，2000，25（12）：1149 – 1176.

［199］Carla A，Roberto S. Decomposition analysis of the variations in residential electricity consumption in Brazil for the 1980 – 2007 period：measuring the activity，intensity and structure effects ［J］. Energy Policy，2009，37（12）：5208 – 5220.

［200］Ang B W. Decomposition analysis for policymaking in energy：which is the preferred method? ［J］. Energy Policy，2004，32（9）：1131 – 1139.

［201］李京文，杨正东. "多项连乘和加总"的因素分解法在能源平衡表中的应用 ［J］. 数量经济技术经济研究，2014（5）：117 – 132.

［202］杜立民. 我国二氧化碳排放的影响因素：基于省级面板数据的研究 ［J］. 南方经济，2010（11）：20 – 33.

［203］郭郡郡，刘成玉. 城市化对碳排放量及强度的影响 ［J］. 城市问题，2012（5）：21 – 28.

［204］刘华军. 城市化对二氧化碳排放的影响——来自中国时间序列和省际面板数据的经验证据 ［J］. 上海经济研究，2012（5）：24 – 35.

［205］武力超，巫丽敏，林俊民. 城市化与碳排放的动态关系研

究——基于面板平滑转换模型的新思考 [J]. 中国地质大学学报（社会科学版），2014，14（1）：30 –40.

[206] 林伯强，孙传旺. 如何在保障中国经济增长前提下完成碳减排目标 [J]. 中国社会科学，2011（1）：64 –76，221.

[207] 赵晓丽，胡雅楠. 中国城市化进程中影响 CO_2 排放的政策分析 [J]. 北京理工大学学报（社会科学版），2013，15（1）：5 –11，18.

[208] Ang B W, Na Liu. Energy decomposition analysis: IEA model versus other methods [J]. Energy Policy, 2007, 35 (3): 1426 –1432.

[209] Chambers R G, Fare R, Grosskopf S. Productivity growth in APEC countries [J]. Pacific Economic Reviews, 1996, 1 (3): 181 – 190.

[210] Chung Y H, Fare R, Grosskopf S. Productivity and undesirable outputs: a directional distance function approach [J]. Journal of Environmental Management, 1997, 51 (3): 229 –240.

[211] Oh D H. A global Malmquist-Luenberger productivity index [J]. Journal of Productivity Analysis, 2010, 34 (3): 183 –197.

[212] Tone K. A slack-based measure of efficiency in data envelopment analysis [J]. European Journal of Operational Research, 2001, 130 (3): 498 –509.

[213] Tone K. A slacks-based measure of super-efficiency in data envelopment analysis [J]. European Journal of Operational Research, 2002, 143 (1): 32 –41.

[214] 朱承亮，安立仁，师萍等. 节能减排约束下我国经济增长效率及其影响因素——基于西部地区和非期望产出模型的分析 [J]. 中国软科学，2012（4）：106 –116.

[215] 李婧，朱承亮，安立仁. 中国经济低碳转型绩效的历史变迁与地区差异 [J]. 中国软科学，2013（5）：167 –182.

[216] 钱争鸣，刘晓晨. 我国绿色经济效率的区域差异及收敛性研究 [J]. 厦门大学学报（哲学社会科学版），2014（1）：110-118.

[217] 李兰冰，刘秉镰. 中国区域经济增长绩效、源泉与演化：基于要素分解视角 [J]. 经济研究，2015，50（8）：58-72.

[218] 班斓，袁晓玲. 中国八大区域绿色经济效率的差异与空间影响机制 [J]. 西安交通大学学报（社会科学版），2016，36（3）：22-30.

[219] 李雪松，张雨迪，孙博文. 区域一体化促进了经济增长效率吗？——基于长江经济带的实证分析 [J]. 中国人口·资源与环境，2017，27（1）：10-19.

[220] 张卫东，罗怀芳. 中国区域经济增长效率与趋势分析 [J]. 财经科学，2017（8）：78-92.

[221] 吴齐，杨桂元. 我国区域绿色经济效率的评价与分析 [J]. 统计与决策，2017（17）：67-71.

[222] Tone K，M Tsutsui. Network DEA：a slacks-based measure approach [J]. European Journal of Operational Research，2009，197（1）：243-252.

[223] Fukuyama H，S M Mirdehghan. Identifying the efficiency status in network DEA [J]. European Journal of Operational Research，2012，220（1）：85-92.

[224] 涂正革，谌仁俊. 传统方法测度的环境技术效率低估了环境治理效率？——来自基于网络 DEA 的方向性环境距离函数方法分析中国工业省级面板数据的证据 [J]. 经济评论，2013（5）：89-99.

[225] 李静，倪冬雪. 中国工业绿色生产与治理效率研究——基于两阶段 SBM 网络模型和全局 Malmquist 方法 [J]. 产业经济研究，2015（3）：42-53.

[226] 祝丽云，何枫，张庆芝等. 考虑非期望产出的网络 SBM-DEA 效率评价模型 [J]. 统计与决策，2015（11）：56-58.

［227］王小艳，陈文婕，陈晓春．基于 E-NSBM 模型的中国省际资源环境效率动态评价［J］．湖南大学学报（社会科学版），2016，30（3）：101 – 107.

［228］Fare R，S Grosskopf. Network DEA［J］．Socio-Economic Planning Sciences，2000，34（1）：35 – 49.

［229］Tone K. Dealing with Undesirable Outputs in DEA：A Slacksbased Measure（SBM）Approach［R］．GRIPS Research Report Seires，2003 – 2005.

［230］Chambers R G，Chung Y，Fare R. Benefit and Distance Functions［J］．Journal of Economic Theroy，1996，70（2）：407 – 419.

［231］张军，吴桂英，张吉鹏．中国省际物质资本存量估算：1952 – 2000［J］．经济研究，2004（10）：35 – 44.

［232］Philippe Cuneo，Jacques Mairesse. Productibity and R&D at the Firm Level in French Manufacturing［R］．National Bureaus of Economic Research Working Paper，1983.

［233］朱平芳，徐伟民．政府的科技激励政策对大中型企业 R&D 投入与专利产出的影响——上海市的实证研究［J］．经济研究，2003（6）：45 – 53，94.

［234］Huang J，Yang X，Cheng G，Wang S. A comprehensive eco-efficiency model and dynamics of regional eco-efficiency in China［J］．Journal of Cleaner Production，2014，67（15）：228 – 238.

［235］顾剑华．中国低碳经济增长效率的空间格局与演变趋势［J］．西部论坛，2017，27（2）：39 – 48.

［236］Ye X Y，Carroll M C. Exploratory space-time analysis of local economic development［J］．Applied Geography，2011，31（3）：1049 – 1058.

［237］Rey S J，Janikas M V. STARS：Space-time analysis of regional systems［J］．Geographical Analysis，2006，38（1）：67 – 86.

[238] Rey S J. Spatial empirics for economic growth and convergence [J]. Geographical Analysis, 2001, 33 (3): 195 – 214.

[239] 李慧凤. 中国向低碳经济转型的制约因素及发展模式 [J]. 中国流通经济, 2012 (5): 51 – 56.

[240] 史东明. 低碳经济的运行机制研究 [J]. 国家行政学院学报, 2010 (6): 84 – 88.

[241] 段红霞. 低碳经济发展的驱动机制探析 [J]. 当代经济研究, 2010 (2): 58 – 62.

[242] 吴勋, 刘堃. 中国低碳经济转型: 内生动因、国际趋势与治理机制 [J]. 华东经济管理, 2010, 24 (9): 31 – 34.

[243] 史东明. 中国低碳经济的现实问题与运行机制 [J]. 经济学家, 2011 (1): 36 – 42.

[244] 谭玲玲. 我国低碳经济发展机制的系统动力学建模 [J]. 数学的实践与认识, 2011, 41 (12): 106 – 113.

[245] 熊焰. 低碳转型路线图 [M]. 北京: 中国经济出版社, 2011.

[246] 孙秀梅, 周敏. 低碳经济转型研究综述与展望 [J]. 经济问题探索, 2011 (6): 116 – 121.

[247] 郑佳佳. 低碳经济视角下中国发展模式转型研究 [J]. 经济问题, 2013 (2): 26 – 30.

[248] 黄山, 宗其俊, 吴小节. 低碳转型的驱动机制——研究现状及评述 [J]. 科技管理研究, 2013 (13): 38 – 43.

[249] 王雅莉, 王妍. 新常态的中国低碳经济发展机制及其路径构建 [J]. 求索, 2015 (4): 67 – 71.

[250] 王其藩. 系统动力学 [M]. 上海: 上海财经大学出版社, 2009.

[251] 钟永光, 贾晓菁, 钱颖. 系统动力学 [M]. 2 版. 北京: 科学出版社, 2013.

［252］郝英奇. 管理系统动力机制研究［D］. 天津大学, 2006.

［253］孔晓妮, 邓峰. 人口城市化驱动经济增长机制的实证研究［J］. 人口与经济, 2015 (6): 32 - 42.

［254］沈坤荣, 蒋锐. 中国城市化对经济增长影响机制的实证研究［J］. 统计研究, 2007, 24 (6): 9 - 15.

［255］庄颖, 夏斌. 工业化和城市化因素对碳排放的影响［J］. 科技管理研究, 2017 (5): 203 - 209.

［256］孙健夫, 阎东彬. 京津冀城市群综合承载力系统耦合机理及其动力机制［J］. 河北大学学报 (哲学社会科学版), 2016, 41 (5): 72 - 78.

［257］牛桂敏. 发展低碳经济的制度创新思路［J］. 理论学刊, 2011 (3): 65 - 68.

［258］Koenker R, Bassett G. Regression Quantiles［J］. Econometrica, 1978, 46 (1): 33 - 50.

［259］李金昌, 杨松, 赵楠. 中国能源强度影响因素分析——基于分位数回归法［J］. 商业经济与管理, 2014 (12): 73 - 80.

［260］张子昂, 黄震方, 曹芳东等. 浙江省县域入境旅游时空跃迁特征及驱动机制［J］. 地理研究, 2016, 35 (6): 1177 - 1192.

［261］赵桂梅, 赵杜芹, 陈丽珍等. 中国碳排放强度的时空演进及跃迁机制［J］. 中国人口·资源与环境, 2017, 27 (10): 84 - 93.

［262］Koenker R. Quantile Regression［M］. New York: Cambridge University Press, 2005.

［263］Koenker R. Quantile regression for longitudinal data［J］. Journal of Multivariate Analysis, 2004, 91 (1): 74 - 89.

［264］Erosa A, Cabrillana A. On finance as a theory of TFP, cross-industry productivity differences, and economic rents［J］. International Economic Review, 2008, 49 (2): 437 - 473.

［265］朱承亮, 岳宏志, 师萍. 环境约束下的中国经济增长效率研

究 [J]. 数量经济技术经济研究, 2011 (5): 3 – 20, 93.

[266] 仇娟东. 资源环境约束下中国经济增长效率的异质性研究——基于 Sequential Malmquist – Luenberger 指数的分析 [J]. 工业技术经济, 2015 (7): 94 – 105.

[267] 谭志雄, 张阳阳, 付佳. 环境约束下西部地区经济增长绩效及其影响因素研究 [J]. 华东经济管理, 2016, 30 (1): 71 – 75.

[268] 韩增林, 郭媛媛, 王泽宇等. 环渤海沿海地市低碳转型绩效评价与影响因素分析 [J]. 人文地理, 2017 (3): 108 – 116.

[269] 朱承亮, 岳宏志, 安立仁. 节能减排约束下中国绿色经济绩效研究 [J]. 经济科学, 2012 (5): 33 – 44.

[270] 于伟, 张鹏. 城市化进程、空间溢出与绿色经济效率增长——基于 2002—2012 年省域单元的空间计量研究 [J]. 经济问题探索, 2016 (1): 77 – 82.

[271] 叶仁道, 张勇, 罗堃. 中国绿色经济效率的测算及影响因素——基于偏正态面板数据模型 [J]. 技术经济, 2017, 36 (11): 79 – 85.

[272] 宋德勇, 邓捷, 弓媛媛. 我国环境规制对绿色经济效率的影响分析 [J]. 学习与实践, 2017 (3): 23 – 33.

[273] 李荣杰. 资源环境约束下人力资本驱动经济低碳转型研究 [D]. 中国海洋大学, 2015.

[274] 程莉, 滕祥河, 文传浩. 人口城镇化质量对经济增长影响的实证分析 [J]. 统计与决策, 2017 (2): 136 – 139.

[275] Thomas V, Yan Wang, Xibo Fan. Measuring Education Inequality: Gini Coefficient of Education for 140 countries [J]. Journal of Education Planning and Administration, 2003, 17 (1): 5 – 33.

[276] 杨文举. 引入人力资本的绿色经济增长核算: 以中国省份经济为例 [J]. 财贸研究, 2015 (2): 1 – 8, 84.

[277] 王文博, 陈昌兵, 徐海燕. 包含制度因素的中国经济增长模

型及实证分析 [J]. 统计研究, 2002 (5): 3-6.

[278] 黄清煌, 高明. 环境规制的节能减排效应研究——基于面板分位数的经验分析 [J]. 科学学与科学技术管理, 2017, 38 (1): 30-43.

[279] 潘雄锋, 潘仙友, 李昌昱. 低碳约束对能源强度的倒逼机制研究 [J]. 当代经济科学, 2016, 38 (6): 34-43, 123.

[280] 唐建荣, 程静, 姜翠芸. 能源强度与最优经济增长的耦合研究——基于生产要素可替视角 [J]. 软科学, 2015, 29 (11): 110-114.

[281] 赵领娣, 张磊, 徐乐等. 人力资本、产业结构调整与绿色发展效率的作用机制 [J]. 中国人口·资源与环境, 2016, 26 (11): 106-114.

[282] 夏友富. 外商投资中国污染产业现状、后果及其对策研究 [J]. 管理世界, 1999 (3): 109-123.

[283] 于峰、齐建国. 我国外商直接投资环境效应的经验研究 [J]. 国际贸易问题, 2007 (8): 104-112.

[284] 谢锐, 赵果梅. GMRIO 模型视角下中国对外贸易环境效应研究 [J]. 数量经济技术经济研究, 2016 (5): 84-102.

[285] 杨子晖, 田磊. "污染天堂" 假说与影响因素的中国省际研究 [J]. 世界经济, 2017, 40 (5): 148-172.

[286] 陈佳贵, 黄群慧, 钟宏武. 中国地区工业化进程的综合评价和特征分析 [J]. 经济研究, 2006 (6): 4-15.

[287] 宋周莺, 刘卫东. 西部地区产业结构优化路径分析 [J]. 中国人口·资源与环境, 2013, 23 (10): 31-37.

[288] 邱振卓. 低碳经济视域下加快我国产业转型升级的对策 [J]. 经济纵横, 2016 (5): 57-60.

[289] 许广月. 中国低碳农业发展研究 [J]. 经济学家, 2010 (10): 72-78.

［290］李伟. 低碳经济背景下黑龙江省工业结构调整研究［D］. 黑龙江大学, 2012.

［291］徐栎, 季时宇, 章浩等. 低碳背景下东北老工业基地能源发展思路［J］. 中国战略新兴产业, 2017（48）: 11-12.

［292］马德秀, 曾少军, 朱启贵等. "低碳+"战略研究 实施"低碳+建筑"发展的对策建议［J］. 经济研究参考, 2016（62）: 22-27.

［293］王晓亮, 杜志芳. 低碳理念下绿色建筑发展的对策研究［J］. 建筑经济, 2014, 35（6）: 80-82.

［294］姜子扬. 中国交通运输低碳发展的战略构想［J］. 黑龙江科技信息, 2017（14）: 220.

［295］何柳. 城市低碳交通发展战略［J］. 物流工程与管理, 2018, 40（1）: 115-116, 100.

［296］薄凡, 庄贵阳. "低碳+"战略引领新时代绿色转型发展的方向和路径［J］. 企业经济, 2018（1）: 19-23.

［297］童燕军. 低碳经济背景下物流低碳化研究［J］. 工程经济, 2015（6）: 124-128.

［298］吴剑. 物流企业低碳发展影响因素与路径分析［J］. 商场现代化, 2016（27）: 90-91.

［299］陶晶. 低碳经济下的低碳物流探讨［J］. 中国经贸导刊, 2010（12）: 72.

［300］欧阳斌, 郭杰, 李忠奎等. 中国交通运输低碳发展的战略构想［J］. 中国人口·资源与环境, 2014, 24（S3）: 1-4.

［301］长江经济带综合立体交通走廊规划（2014—2020年）［J］. 综合运输, 2014（11）: 14-25.

［302］李晖. 长株潭城市群交通低碳转型的发展路径［J］. 湖南科技大学学报（社会科学版）, 2015, 18（6）: 103-107.

［303］张丽华, 任佳丽, 王睿. 金融发展、区域创新与碳排放——基于省际动态面板数据分析［J］. 华东经济管理, 2017, 31（9）: 84-

90.

[304] 王保忠，何炼成，李忠民. 金融支持低碳经济发展的一般机理与多维路径研究 [J]. 现代经济探讨，2013（12）：39-43.

[305] 李平. 低碳产业集群的推进路径和策略研究 [J]. 特区经济，2012（10）：185-188.

[306] 赵燕. 中国城市低碳园区建设研究 [J]. 生产力研究，2017（6）：59-62.

[307] 吴雪莲，鲍仁冬，万迎峰. 武汉市低碳产业园发展模式探讨 [J]. 工业安全与环保，2017，43（8）：103-106.

[308] 魏丹青. 国内外低碳园区建设经验的启示 [J]. 浙江经济，2016（10）：44.

[309] 颜晓媚. 低碳发展引领园区经济转型——湘潭高新区积极推动低碳示范园区建设 [J]. 中国高新区，2015（11）：152-156.

[310] 马丽梅，史丹，裴庆冰. 中国能源低碳转型（2015-2050）：可再生能源发展与可行路径 [J]. 中国人口·资源与环境，2018，28（2）：8-18.

[311] 李子豪，刘辉煌. 中国工业行业碳排放绩效及影响因素——基于 FDI 技术溢出效应的分析 [J]. 山西财经大学学报，2012，34（9）：65-73.

[312] 张雄辉. 日本技术引进的经验及对中国的启示 [J]. 现代商业，2011（8）：100-101.

[313] 黄文娟. 深圳龙岗区共青团组织参与社会治理存在的问题及对策研究 [D]. 湘潭大学，2016.

[314] 潘盛洲. 打造共建共治共享的社会治理格局 [N]. 经济日报，2017-11-27（005）.

[315] 陈振明. 公共管理学 [M]. 北京：中国人民大学出版社，2005.

[316] 公安部：2020 年形成新型户籍制度——公安部副部长黄明就

加快户籍制度改革接受专访 [J]. 当代社科视野, 2014 (1): 24 - 25.

[317] 许冰凌. 城市人才要反哺农村 [N]. 光明日报, 2012 - 06 - 02 (007).

[318] 郑新立. 以全面小康为目标加快城乡一体化进程 [N]. 农民日报, 2016 - 03 - 23 (001).

[319] 周杰, 李金叶. 发达国家低碳经济发展的国际法渊源、立法考察及启示 [J]. 世界农业, 2016 (2): 70 - 73.

[320] 尼古拉斯·亨利. 公共行政与公共事务 [M]. 北京: 中国人民大学出版社, 2002.

[321] 马天钰, 李文国. 国外转变经济发展方式的经验分析 [J]. 中国商论, 2018 (4): 65 - 66.

[322] 马卫, 白永平, 张雍华等. 2002—2011 年中国新型城市化空间格局与收敛性分析 [J]. 经济地理, 2015, 35 (2): 62 - 70.

[323] 唐浩, 贺刚. 中国特色新型工业化综合评价指标体系的构建与实证研究 [J]. 软科学, 2014, 28 (9): 139 - 144.

[324] 刘小敏. 区域产业结构优化理论研究综述 [J]. 中国市场, 2013 (3): 75 - 80.

[325] 周健, 张晓微, 杨麦仓. 基于低碳视角的中国利用外资问题研究 [J]. 武汉大学学报 (哲学社会科学版), 2013, 66 (2): 93 - 99.

[326] 沙之杰. 低碳经济背景下的中国节能减排发展研究 [D]. 西南财经大学, 2011.